国际关系中的等级制

HIERARCHY IN INTERNATIONAL RELATIONS

DAVID A. LAKE

［美］戴维·莱克 著

高婉妮 译

东方编译所译丛

上海人民出版社

Shanghai People's Publishing House

献给我的儿子
布伦登(Brenden)和迪伦(Dylan)

译　者　序

一直以来,在国际关系研究中,"无政府状态"几乎是不言自明的"常识性"假设,主流理论——不论是现实主义、新自由制度主义还是建构主义,都建立在对托马斯·霍布斯所认为的"国家处于无政府状态"的普遍认同之上。但自20世纪90年代以来,一些学者却越来越对这一假设不满,频频发起挑战。[1]他们认为,即使在无政府状态下,所有关系也并非完全如无政府般混乱无序,而是存在着各种各样的等级制(hierarchy)。[2]不论是作为因物质能力差异所导致的"不平等的权力关系"[3],还是因集体观念所建立的社会契约关系,[4]等级制都存在于国际政治实践之中。《国际关系中的等级制》是戴维·莱克(David A. Lake)教授在这一领域系统性的研究成果。[5]它是其自1996年在《国际组织》上发表文章呼吁学界重新关注等级制以来,历经十数载笔耕不辍的集成之作。[6]全书视角新颖,论证严谨周密,自一出版便广受学界关注,几乎可以称得上是近年来等级制研究的巅峰之作。

在该书中,莱克从政治哲学的角度出发,对"无政府"假设提出了质疑,认为国际体系的无政府状态并不意味着体系内所有关系都处于混乱无序中——国与国之间存在着与正式—法律型权威不同的"关系型权威"(relational authority),正是这一权威,折射出国际秩序的等级状态。他将构成等级关系的双方命名为主导国(dominant states)与附属国(subordinate states),在主导国与附属国交往的频度、深度与国际等级制的程度之间建立了变量关系;并以1950—2000年间美国与其他国家在安全和经济领域互动的数量为例,对理论进行了检验。用他自己的话说,希望"通过

I

理解国际等级制的本质和实践,更好地解释国家秩序的模式,并尊重它在国际政治中的作用"[7]。

一

国际关系理论中,无政府体系、国家和自助世界的假设一直主导着人们的视域。然而正如一幅图画,站在不同的角度会有不同的收获,国际关系理论也是如此。通过结合多种路径和方法,莱克对国际等级制概念及其在国际关系中意义的论述为人们提供了一种别样的视角,国家仍然会为抵御威胁加强自我防卫,大国关系仍然是无政府状态下的权力政治,但是,它们之间可能存在着某种无形的交换契约,一些国家靠大国庇护而减少自身的防御投入,大国也会因此而获得一些国际权威,建立国际秩序。这样一种等级关系,"展示给人们的是一个不同的、更加复杂的、全面的政治世界"[8]。

为了论述等级制,莱克将其定义为国际权威的存在,从政治哲学和知识社会学角度出发,对国际权威进行了集中论述。[9]

首先,他对权威(authority)、权力(power)和强制(coercion)三个概念进行了比较,指出作为权力的两种形式,权威和强制都可以使作用的对象服从自己的意愿行事[10],但在权力行使的机制方面存在着区别:强制是行为体A威胁或使用暴力使行为体B改变原来行动而按照自己的意愿行事,而B对A尽管可能迫于压力而顺从,但并不一定存在义务上的认同,当A威胁或使用暴力的能力下降时,B将不再顺从,强制也告失败;而权威,则具有权力行使的正当性,行为体A对B具有命令的权利而行为体B对A的命令有顺从的义务,且双方对各自的权利和义务有明确的认识。需要说明的是,尽管可以作理论上的区分,但强制是靠暴力实施而权威同样以武力作为后盾,因此在实践中两者很难辨别。

其次,他将现代世界中的权威分为两种:"正式—法律型权威"和"关系型权威",前者中统治者A对被统治者B命令的能力和B顺从A统治的意愿都遵从于法律或官方的安排,[11]后者中作为主导者的A和作为附属者的 B 之间存在着交换或讨价还价，A 向 B 提供有价值的政治秩序[12]而 B 授予 A 为提供秩序而对自己行为进行必要限制的权利，即 A 对 B 拥有"合法干预"的权力。在现代国际关系中，国家不再像殖民地时期那样对他国进行正式的统治，因此权威的建立不是靠官方授予，而以更加隐蔽的社会契约型的方式呈现出来，存在权威关系的国家也不再是旧式的统治者和被统治者，而是新型的主导国和附属国——这允许甚至鼓励了国家间等级的存在。由此，国家间存在"关系型权威"成为书中的第一个假设。

二

本书核心概念的选择体现了作者的研究思路，即用"关系型权威"涉及的双方——主导国与附属国之间联系的紧密程度来定义国际等级制的高低，也就是说，权威作为自变量而等级制作为因变量，权威的大小决定了等级程度的高低，自变量与因变量之间体现出一种正相关。[13]

首先，要论述国家之间存在着等级关系，就不得不对传统的关于主权不可分割的假设重做一番审视："如果主权不可分割，国家（哪怕拥有少许主权）就谈不上附属于他国。它可能会受其影响，但不会处其权威之下。"[14]主权原则，自威斯特伐利亚和约建立以来，通常被认为具有三个要素：第一，在一国范围内，主权对其国民和领土具有绝对的权威；[15]第二，主权排除外部因素对其所辖国民和领土拥有权威；第三，主权作为一个整体，不能在多个权威间被分解、共享或分割，即在任何政治共同体内，都只能有一个单独的主权或终极权威。由于前两个要素的存在，主权不可分割的假设意味着权威必须在国家层面上凝成一点，这点定义了国家。然而，在国际层面，按照格劳秀斯的认识，"不平等条约会导致主权的分裂，使条约缔结方中的强国受惠"[16]。在国内层面，则存在着公共和私人领域之分，公共领域有"正式—法律型权威"而私人领域有通过私下协商形成社会契约所建立的私人权威。同样，正如国内存在许多私人权威，国际体系中也或多或少地存在着一些主权国家对其他国家拥有部分的权威，从半主权国家到依附国、保护国、受封国、行省、自治殖民地及不完善联盟成员,主导国对附属国权威的行使不仅涵盖其国内政策,同时也包括一些对外事务,因此,不论从理论还是实践来看,主权都很容易受到分割,这是书中的第二个假设。

其次,权威不是一成不变的统一体。A 对 B 拥有权威,并不意味着 A 对 B 的所有行动都拥有合法干预权,它能干预的或许仅是 1—5 的事务,而不包括 6—$n(n > 6)$;当然,这些受 A 干预的行动数量会发生变化,当其变化的时候,权威的大小及等级程度的高低也随之变化。所有政治相互作用的领域都有公共和私人之分,主权也都或多或少地受到分割,等级制便是这种不断变化着的主权的对应物。不受政治权威干预的私人行动越多,等级制的程度越低;反过来,受政治权威合法控制的政策领域越多,等级制的程度越高。由此,等级制是个连续的变量,它以 A 对 B 合法干预而 B 服从 A 干预的行为数量的变化而变化,当这些行为的数量少到极致时,A 便失去了对 B 的权威,两者间不存在等级关系,若所有国家之间均为如此,国际体系便陷入了无政府状态;当 A 对 B 的合法干预接近于所有行动时,B 缺乏独立决策的权利或自治的能力,A 与 B 之间则处于完全的或纯粹的等级关系,比如帝国对附属国大部分的经济和安全事务插手。

以国际权威定义等级制之后,莱克以对国家而言最有代表性的安全和经济领域的等级关系为两个维度,具体说明国际等级制的变化。他从无政府出发,将安全领域的等级关系从低到高依次列为无政府、外交、势力范围和保护,将经济领域的等级关系从低到高列为无政府、市场交换、经济区和依附,说明在两个极端(无政府和保护)之间,随着主导国对附属国影响范围的变化,两者间的等级形态也不尽相同。(见图 1)

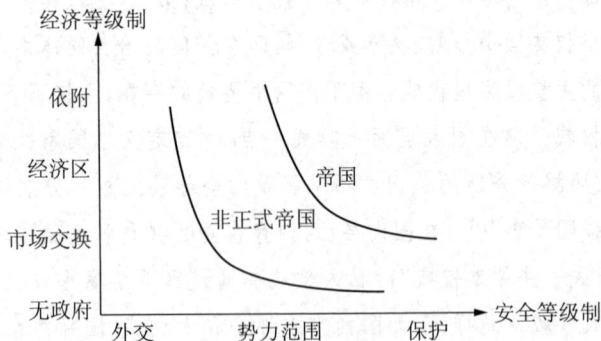

图 1 国际等级制的维度

在无政府关系中,相互作用的政治体对各自行为拥有完全的权威;在安全保护和经济依附的关系中,政治体 B 放弃自己的权威而让另一方 A 拥有,即帝国的存在。这两种情形在现实当中都极为少见,更多的是介于两者之间的部分权威转让的"非正式帝国"[17]形式,A 可能会仅限制 B 与他方的合作,或对 B 的外交和防御政策施加压力进行"弱保护",但没有对 B 的所有行为拥有合法控制权。

通过两个主要假设和一个变量关系,作者的核心论点可以概括为:由关系型权威定义的国际等级制随主导国对附属国合法干预行为数量的变化而变化,附属国受主导国合法干预的行为越广泛,其与主导国之间的等级关系越明显,国际等级程度越高;反之,附属国受主导国合法干预的行为越少,两者间的等级程度越低。

三

理论假说若没有历史检验和验证,其效用就会大打折扣。莱克用三章的内容对其提出的国际等级制模式进行了案例检验,其中一章为第二次世界大战之后美国在世界上享有的等级模式,另外两章则分别从主导国、附属国的角度探讨了等级制为其带来的成本与收益。[18]首先,从自变量出发,莱克从 1950—2000 年间美国与其他国家交往的历史中抽取了两组衡量等级制的操作化指标(安全、经济),包括:安全方面,(1)主导国 A 在附属国 B 领土上部署的军事力量的多少,(2)B 拥有的独立联盟的数量;经济方面,(1)以汇率制度定义的 B 的货币政策的自主权,(2)A、B 之间贸易的相互依赖程度(主要为 B 对 A 的经济依赖度)。这些经验性指标的设置,将主导国对附属国的权威与单纯的强制区别开来,指出了等级关系的核心是权威和"合法的强制"。通过这些指标的考察,可以看出:当今的国际体系中,美国与拉美(尤其加勒比海沿岸国家)、西欧和东北亚的一些国家之间存在着程度不一的安全或经济上的等级关系,而与非洲、中东和亚洲其他地区的国家则很少存在权威关系,几乎没有构成等级制——这验证了在当今的国际体系中存在着等级制,自变量主导国与附属国之间联系的松紧、权威的大小决定了因变量国际等级制的高低,它们之间存在着正相关的论点;同时证明了国际无政府和主权不可分割的假设并不完全可信。

"关系型权威"契约的核心是主导国为附属国提供政治秩序以换得附属国的服从,双方的共同需求是政治秩序。[19]在案例检验的过程中,莱克主要以美国为模型,分别对主导国、附属国在同一政治秩序中的收益和成本作了专门分析(参见表1):

表1 等级关系中双方的收益与成本

	收　益	成　本
主导国	免受附属国对自己安全的挑战与威胁	保证附属国的生存和领土完整,限制第三方对其强制的企图
	建立有益于自己的国际秩序	创造和巩固规则,提供公共产品
	从附属国处获得针对第三方行动的合法权	"自缚双手"遵守规则;惩罚背叛行为
附属国	减少自我防御的成本	顺从主导国命令,放弃部分自主权
	享受与主导国贸易的优惠条件及附国之间的贸易开放	在主导国参与的战争中与其结盟,进入战争
	在与第三方的冲突中获主导国的保护	放弃与主导国不和的第三方结盟;接受惩罚

在1950—2000年间的半个世纪里,美国经历了与苏联的冷战和冷战结束后"一超多强"的两种局面,莱克通过分析基于变量的几个操作化指标在当时历史阶段的表现,检验了它在当代世界中所拥有的广泛的关系型权威,又通过比较等级制中主导国与附属国各自的边际成本与收益,检验了它们对等级的原始偏好。由此,国际等级制的核心论点得到了历史案例的检验。

四

莱克在书中详细阐述了国际等级制的模式,明确了它在现代国际体系中的存在,推导了其中的国家行为的含义,并且对这些假设进行了经验验证。他提出的这样一个不同于以往的研究路径,正如站在不同角度观看国际政治图画,为人们展现了一种别样的风景,也为国际关系理论的多样化发展提供了很大的助力。然而,从理论假设的严谨度与经验验证的周密性来看,《国际关系中的等级制》仍存在一些有待商榷的地方。

其一,莱克对"无政府"假设的挑战包含着对"国家自助"命题的否定,附属国会自愿放弃部分主权换取主导国在安全上的庇护,从而减少自我防御的投入、发展经济或增加国民福利,这推翻了传统理论中国家追求安全最大化、尽量增强自我防御能力的论点。然而,附属国自愿放弃部分主权,甘心受他国领导的最终目的却依然是获得自身安全,免受外部威胁——不论是来自主导国还是第三方,[20]而主导国对附属国的义务之一也是确保其不受第三方的威胁,使其得以生存。因此,从本质上来说,国家依然是寻求安全确保生存的,也依然靠的是"自助",只是手段更加灵活而已。就这点而言,莱克对"国家自助"的挑战并没有跳出这一假设本身。

其二,在概念定义上,莱克将等级制表示成主导国与附属国间的"关系型权威",以"权威"来说明"等级",却并没有对"等级制"本身给出独立的定义,对其属性缺乏系统论述;况且,寻找到的自变量"权威"是一个"关系型"概念,缺乏标准而难以客观衡量。而且,这一定义也没有考虑等级内涵中所具有的强制因素和观念合法性因素[21],使整个等级制理论的建构缺乏"着地"支点,难以得到普遍认同。

其三,在理论验证的过程中,案例的选择偏于狭隘,测量指标有待改进。一个理论固然不可能对所有案例都具有完美的、无懈可击的解释力,然而,它之所以成为理论,其属性之一便是对某种现象或一系列行为形成系统的、规律性的解释。莱克在书中把等级制的检验对象仅限于1950—2000年间美国与其他国家的安全和经济关系,排除了美国在其他历史时期的对外关系,其他政治行为体在1950—2000年间的对外关系,以及其他行为体在其他历史时期的相互交往模式,案例的选择过于单一,理论解释的广度遭到遏制。而且,莱克将衡量等级制程度高低的指标限于安全和经济领域,仍需商榷。不可否认,安全和经济是当代国家相互交往的主要领域,选取这两个领域作为衡量国际等级制的指标具有很强的代表性,然而,在具体的操作化过程中,人们却很难从一国在他国领土上驻军的数量及两国之间的贸易量来辨别出二者间是不是主导与附属的关系,或许是一国强制另一国呢? 又或许两国之间处于平等地位呢? 而且,我们也很难从一国汇率政策的变化中看到他国影响力的大小,这本身是个充满了主观色彩的判断,用它做衡量等级制的一个标准,其效用必定大打折扣。

国际关系中的等级制是一个非常有趣而有待深入发掘的领域。综上,我们可以从以下方面对其议题进行深化:国家为什么会放弃主权(或部分主权)归附他国? 为什么在部分议题上愿意归附他国而在其余领域坚持自主权? 等级制本身存不存在一种机制上的安排? 扩大案例范围,将其他政治行为体(如欧盟、国际托管地等)纳入等级制检验的范畴后,国际权威的模式会不会发生变化? 在操作化过程中,能否找到更加实际、客观的指标? 随着东西方力量对比的变化,中国在"美国的国际权威"体系中扮演怎样的角色,会有怎样的作为? 这些都值得进一步探索。

五

学术从来都不是一人之业,翻译也是如此。本译作虽由译者一人挂名,但却是众人之功。在即将付梓之时,译者谨对以下人士表示诚挚的谢意:

感谢南开大学韩召颖教授。译者初涉著作翻译,途中难免磕磕绊绊,韩教授不仅以导师身份给予莫大的帮助和鼓励,而且以翻译前辈的身份,就翻译原则、语言、自由度的把握等多次给予指点。让译者感动的是,他在百忙之中对译作中的中文版序言进行了逐字逐句的校对。面对满页的修订和批注,译者满心惭愧,却也倍受鼓舞。南开教授严谨的治学精神和对学生的关爱可见一斑。

感谢南开大学王翠文副教授和刘丰副教授。他们在译者心怯意惶之时,给予极大的精神鼓励。刘丰副教授也是译者和出版社编辑之间的搭线人,并对译作导论部分进行了细致的校对。他们不仅是译者在学术上的榜样和引导人,也是译者生活中的朋友。

感谢南开大学政府学院国关系的众位同学。邓子立、李伟帮助翻译了本书部分章节。王石山、董柞壮、姜忆楠通读译稿,并帮助校对。宋晓丽、林迎娟经常充当译者生活上的照顾者和精神上的支持者。王成程博士在与译者同舍期间,忍受译者不规律的生活习惯,也用自己灿烂的笑容为译者营造出轻松的翻译环境。

感谢戴维·莱克教授的信任和鼓励。在邮件联系中,译者深刻感受到作者严谨的学术态度和一丝不苟的作文要求。在译稿初步完成时,莱克教授的儿媳与学生郭铭杰(音译)阅读了导论和第一章,对译者的行文风格及稿中关键术语的翻译,提出了非常细致中肯的意见。

感谢上海人民出版社潘丹榕女士。她为此书的出版倾注了大量心思和精力。潘女士细心考虑到译者在学业上的压力,充分照顾译者的翻译时间。

囿于译者水平,译文难免会有疏漏和差错之处,恳请读者批评指正。

高婉妮

2013 年 4 月于南开大学

注　释

1. 这些学者包括卡塔·韦伯(Katja Weber)、戴维·莱克(David A. Lake)、伊恩·克拉克(Ian Clark)、吴翠玲(Evelyn Goh)、康灿雄(David Kang)、约瑟夫·帕任特(Joseph M. Parent)和艾米利·埃里克森(Emily Erikson)等人。

2. Katja Weber, "Hierarchy amidst Anarchy: A Transaction Costs Approach to International Security Cooperation," *International Studies Quarterly*, Vol. 41, No. 2, 1997, p. 321.

3. Evelyn Goh, "Hierarchy and The Role of The United States in the East Asian Security Order," *International Relations of the Asia-Pacific*, Vol. 8, No. 3, 2008, p. 357.

4. John M. Hobson and J. C. Sharman, "The Enduring Place of Hierarchy in World Politics: Tracing the Social Logics of Hierarchy and Political Change," *European Journal of International Relations*, Vol. 11, No. 1, 2005, pp. 63—98;

Ian Clark, "How Hierarchical Can International Society Be?" *International Relations*, Vol. 23, No. 3, 2009, pp. 468—469.

5. David A. Lake, *Hierarchy in International Relations*, Ithaca and London: Cornell University Press, 2009.

6. 在此之前,莱克关于等级制的论述主要参见 David A. Lake, "Anarchy, Hierarchy, and the Variety of International Relations," *International Organization*, Vol. 50, No. 1, 1996, pp. 1—33; "Beyond Anarchy: The Importance of Security Institutions," *International Security*, Vol. 26, No. 1, 2001, pp. 129—160; "The New Sovereignty in International Relations," *International Studies Review*, Vol. 5, No. 3, 2003, pp. 303—323; "Relational Authority in the Modern World: Towards a Positive Theory of Legitimacy," Prepared for the Workshop on *Legitimacy in the Modern World*, University of California, San Diego, December 8—9, 2006, pp. 1—49; "American Hegemony and the Future of East-West Relations," *International Studies Perspectives*, No. 7, 2006, pp. 23—30; "Escape from the State of Nature: Authority and Hierarchy in World Politics," *International Security*, Vol. 32, No. 1, 2007, pp. 47—79; "The New American Empire," *International Studies Perspectives*, No. 9, 2008, pp. 281—289; "Relational Authority and Legitimacy in International Relations," *American Behavioral Scientist*, Vol. 53, No. 3, 2009, pp. 331—353; "Regional Hierarchies: Authority and the Local Production of International Order," *Review of International Studies* Vol. 35, supplement 2009, pp. 35—58, Reprinted in *Globalising the Regional*, *Regionalising the Global*, Rick Fawn, ed., New York: Cambridge University Press, 2009。

7. David A. Lake, *Hierarchy in International Relations*, p. 2.

8. Ibid., p. 16.

9. Ibid., chapter 1.

10. 即"权力"的作用,按照罗伯特·代尔的经典定义,"权力,即行为体 A 使 B 做一些 B 自己可能不会做的事情的能力",参见 Robert Dahl, "The Concept of Power", *Behavioral Science*, Vol. 2, No. 3, 1957, p. 202。

11. 这一看法源自马克斯·韦伯的《经济和社会》,参见 Max Weber, *Economy and Society*(Berkeley: University of California Press, 1978), pp. 215—226。

12. 政治秩序,被定义为"对个人、财产和承诺的保护",是投资和其他经济行为正常进行的必要条件。参见 Mancur Olson, *Power and Prosperity: Outgrowing Communist and Capitalist Dictatorships*(New York: Basic Books, 2000)。

13. David A. Lake, *Hierarchy in International Relations*, chapter 2.

14. Ibid., p. 46.

15. 绝对的权威并不意味着整体的或完全的权威(从现象来看,这是不可能的),而是最后的、终极的权威。关于这点,可参见 Chris Brown, Nardin Terry,

and Rengger Nicholas eds, *International Relations in Political Thought*：*Texts from the Ancient Greeks to the First World War*(New York：Cambridge University press，2002)，p.273。

16. David A. Lake，*Hierarchy in International Relations*，p.48.

17. "帝国"与"非正式帝国"的区别在于正式的—法律型权威的定义。在传统定义中,非正式帝国的附属成员具有两个特性:第一,它们拥有合法的国际"人格";第二,它们具有独立的政府。而在正式的帝国中,附属成员不能以自己名义与他方谈判签订协议,也不能自己制定政策。参见 Ibid.，pp.57—58。

18. Ibid.，chapters 3—5.

19. 政治秩序的基本内容包含:人身不受暴力伤害的安全、财产不受挑战的保证以及对已有承诺和协议得到遵守的期望。参见 Ibid.，p.94。

20. 面对主导国威胁的可能,趋附它可以获得安全;面对第三方的威胁,依赖主导国的庇护可以吓阻。

21. Paul K. MacDonald，David A. Lake，"The Role of Hierarchy in International Politics,"*International Security*，Vol.32，No.4，2008，p.171.

中 文 版 序 言

等级制是一种常见但并非普遍存在的国家间关系。学者和外交家们（尤其是美国和欧洲的）一直假定国际体系处于无政府状态，缺乏权威。但在现实中，国际政治一直并仍然是一种异质性体系，在这种体系中，国家彼此之间施加着不同程度的权威。本书试图解释国际关系中等级制的本质、模式以及它是如何形成并维持的。

随着中国成为一个全球大国，它在世界政治中面临着获取更大权威的新机遇。中国有着悠久的国际等级制历史。实际上，在长远的历史长河中，国家的内部等级制历经兴衰，当皇帝的中央权威在类似于"战国"时期式微时，这种内部等级制不时地接近于国际关系中的无政府状态。不过，等级制不断反复出现且卓有成效，从而导致今天的中国仍被认为是一个单一行为体国家。同样，中国有时也对亚洲其他国家行使比较有限的权威，在东北亚和东南亚的不同社会中至少形成了自己的势力范围，而且有时甚至建立了比较广泛的等级体系。直到18世纪之后，欧洲殖民主义入侵亚洲，中国实力逐渐衰落，这些等级关系才被推翻。在第二次世界大战中，日本企图自己成为亚洲帝国，但以失败告终。现今中国面临的问题是，在未来的几十年中是否选择去寻求一种新的国际等级体系，以及如何去建立这一体系。

许多人似乎认为，中国的历史使其有资格在今天对其他亚洲国家行使特殊权威。据此观点，中国以前对于区域其他国家的权威并未完全消失，它与这些国家的历史关系将使其很容易和自然地重新确立对这些国家人民的支配。本书的分析得出了不同的看法。国际等级制一旦解体，就不易恢复。其他一些亚洲国家已经摆脱了欧洲帝国主义，成为拥有主权的独立国家。无论新的外国势力有多强大，它们都不愿使自己成为其附属，哪怕只是部分附属。更为重要的是，本书得出的一条经验是，在任何等级关系中，主导国对其他国家的权威无法仅凭口头上的宣称获得，而是要靠自己的努力挣取得到。附属国只有在为了换取一种比失去自主权更值得其珍视的政治秩序时，才会将处理本国事务的权威出让给另外一个大国。主导国可以宣称对其他国家拥有权威，但是，除非附属国得到的回报是一种有价值的政治秩序，否则这样的宣称将不会被视为正当或适宜。这常常要求主导国对自身的政策目标作出妥协，修正其战略和行动，以体现附属国的利益和需求。如果想让附属国承认其统治权利，主导国还必须采取切实可信的行动，限制自身权威。如果没有想要的政治秩序以及主导国对其权威切实可信的限制，附属国就不会承认任何主导国权威的正当性。反过来，主导国影响或控制附属国政策的企图，就会被它们看作强制性的而非权威性的，而且很可能会遭到它们的极力抵制。

如果中国选择追求建立新的国际等级制，那么中国将就会像是要挤入一个业已人满为患的领域一样。本书基本上只关注 1945 年之后美国主导的国际等级制，之所以这样做，既是出于文中曾解释过的数据的可用性，也是因为它是当代最重要的范例。我认为，自 19 世纪后期开始在中美洲和南美洲，以及自 1945 年起在西欧和东北亚，美国已建立多种不同的等级制。根据我的标准，当今世界近半数的国家至少部分地从属于美国。对中国而言，美国的这一等级制网络有两个主要的影响：其一，这些附属国已经接受了美国确立的一些政治秩序，作为交换，它们承认美国支配其外交政策的权威的正当性。如果中国选择寻求对这些国家建立类似的权威，它必须提供更具吸引力的一揽子政策和领导能力，并接受对其想方设法确立的任何权威进行更加严格的约束，只有这样，中国才能在"竞标"中击败美国。这可能需要中国方面作出重大的政策让步，并对其统治进行严格的限制。诚如罗伯特·杰维斯（Robert Jervis 1993）谈及更为普遍意义上的国际主导地位时提到的，"牌戏够不够灯油钱"，这是一个严肃的问题。

其二，美国可能会对中国的新等级制作出反应，或者加强与它既有附属国间的联系，或者甚至可能选择与中国进行竞争，争取该区域其他潜在附属国对自己的忠诚。美苏之间冷战的爆发，至少部分是它们在西欧和东欧争夺专属势力范围的结果。在击败纳粹德国后，苏联在东欧构建了一个非正式帝国。而美国则在西欧建立了一个更为间接的、等级程度较低的势力范围。但是，双方互相威胁着对方的等级制度，这一为争取控制欧洲权威的竞争导致了其后差不多五十年持续不断的危险冲突。直到1989年苏联的非正式帝国解体，以象征性的柏林墙倒塌为标志，这场竞赛方才告终。这里，关键的问题在于两个超级大国都要求建立只能由其自身独自管辖的排他的等级体系范围。

如果中美两国不能小心应对，它们对亚洲主导权的竞争很可能导致一场新的冷战。美国应该(我相信它最终会愿意)承认和接受中国崛起成为全球大国，以及中国在亚洲主导的受到限制的一些等级关系。然而，倘若中美任何一国想要在亚洲寻求一种排他的权威范围，那么存在于这两个新的超级大国关系中的危险性将会上升至极致。假使那样，两国势必会更加强化竞争，吸引附属国站在自己一边，该地区很可能会分裂成为两个分别属于中国和美国权威的不同范围。美国和中国在亚洲的利益本质上并非相互排斥。两国都希望区域内各国政治稳定，开放国际贸易，最大限度地提高专门化水平，实现国际贸易和投资的收益最大化。两个大国都不必通过控制附属国完全排斥对方来实现这些目标。附属国政治和经济上的开放，可以最大限度地保证，两个 21 世纪大国的正当权益得到最好的保障，并避免冲突。

戴维·莱克

2013 年 1 月

英 文 版 序 言

美国入侵伊拉克迫使我撰写此书。2002 年末到 2003 年初,随着战争的日益临近,我越来越担忧,布什的单边主义及其所坚持的预防性战争(虽然美国坚定的盟友对此表示反对)正在破坏美国在国际上的正当性(legitimacy)。我担心,如果没有实现伊拉克国家重建的明确方案,就会在整个地区产生混乱和无序,也将暴露出美国无力实现它向其他国家提供保护和秩序的承诺。这些疑虑当时还并不十分清晰。我难以向愿意聆听的人表达忧虑,而且沮丧地发现,一些专业学科的概念和工具作用有限。当我提到美国的国际权威(international authority)受到削弱的危险时,我却深深地意识到,这一概念遭到了我所教授给学生的那些理论的疏远、否定和排斥,而我自己也把这些理论当作认识世界政治的指南。国际关系学科的核心假设在于国际体系是无政府状态(anarchy)或缺乏权威的。但是,如果国际体系是无政府状态的,并且国家彼此之间缺乏权威,那么,根本就不存在的美国权威如何能够变得更加脆弱?如果说既有的国际关系理论将这些概念的常识性界定排斥在外,那么谈论美国的正当性正在消蚀或者盟国挑战华盛顿,又意味着什么呢?

在思考这些问题的时候,我开始以一种新的视角来透视国际政治,即本书所解释和聚焦的视角。如今,我将权威视为国际权力(international power)的一种形式。它与强制同等重要,或许甚至比强制还要重要。权威作为一项政治建构,如果缺乏下属赋予的正当性,它就不会存在。美国发动针对伊拉克的预防性战争,跨越了它先前赢得的国际权威的限度。

因此,我认识到,权威依赖于政治秩序与正当性跟服从(compliance)之间的交换。如果附属国(subordinates)要放弃它们的部分主权(sovereignty),它们必然要求得到某种同等重要或者甚至更有价值的回报——通常是国际安全。在萨达姆·侯赛因倒台后,美国食言,伊拉克没有实现稳定。美国没有在该地区,甚至更广泛地讲没有在全世界建立秩序。美国为了证明入侵的正当性,夸大了威胁,到本书写作时为止,也没有建立一个新的、有效的政府来取代它所推翻的政府。最后,我认为一国做出让自身附属于他国的决定是审慎之举。因为这样做,附属国不仅向其他国家让予执行命令的权利,而且主导国会投机性地利用这些权威,违背最初达成的协议。因此,为了诱使他国接受其规则,主导国必须诚实可信,有限地使用其权威。美国在遭到国际社会反对的情况下依然发动战争,打破了原有用来自缚手脚的约束,而且违反了仅在正当权威范围内采取行动的承诺。

尽管有对美国滥用权威忧虑的刺激,但本书远远超出了这一单独情节,而是发展成为与国际等级制对国际关系而言所具有的性质和意涵相关的、更为一般化的表述。权威是世界政治稳定而又不断演进的特点,它实质上对国家行为产生着非常重要的影响。国际等级制(international hierarchy)没有在1648年随着所谓的威斯特伐利亚主权国家体系的诞生而消失,也没有在第二次世界大战后随着欧洲海外殖民帝国的崩溃而消亡。无论是否常被人们忽视,等级制依然是现代国际关系的核心特征。我的希望是,通过了解国际等级制的性质和实践,更好地解释国际秩序的不同模式,并且学着尊重其在国际政治中的作用。

本书阐述了国际等级制的概念,确立了它在现代国际体系中的存在,推断其对于国家行为的意涵并实证检验了这些假设。可能会让某些读者不满的是,我并没有提供一套完整的解释国际等级制各种变体的理论,这是我1999年出版的《纠缠的关系:美国在其世纪中的外交政策》(*Entangling Relations: American Foreign Policy in Its Century*)中的主题。本书的研究也将范围限定在主导国和附属国之间的二元关系上。虽然我期望核心逻辑可以付诸应用,但我并没有检验超国家或邦联型权威的建立——在这些类型的权威中,两个或更多潜在的主权国家会创造一个第三方机构来统治它们——尽管我认为这种治理形式在未来可能会十分普遍。我也没有检验再度兴起的对失败国家进行国际托管的实践,这一实践的再现似乎回应了权威与等级制的类似逻辑。通过聚焦于二元关系,我将国家之中国内政治的作用和影响提取出来。就像我在结论中讨论的那样,这显然是国际等级制研究的下一个重要步骤。

有一些读者无疑会发现我将国际等级制描述为不充分的社会。"社会力量"(social power)的分析者关注于利益(interest)——或者用他们的话说,就是身份(identity)——是如何被它们自己社会建构的。就是说,分析的着重点在于行为体的互动和规范性理解如何创造一些特定的身份观念。反过来,行为和结果被认为是通过一种相对直接的途径来源于身份。因为身份部分地依赖于社会上的适当角色,知道行为体应**该**如何行动就有望解释它们将**确实**如何"做"。认识论确信,如果我们理解行为体如何获得确定的身份——或"厚实的"(thick)利益——我们接下来就能理解和回答世界政治中一些有趣的问题。在本书中,我提出了一个不同的方向,它以极简的或"细薄"(thin)的利益观念开头,通常体现在普遍的条款中,而且试图解释作为国家间策略互动产物的行为和结果。此处的认识论确信,有趣的困惑及其解决很大程度上来源于战略互动的两难,在本书中,它来自主导国(dominant)和附属国之间的交易。相似术语的使用意图表明,这些路径上的区别并不意味着真实世界或者权威和等级制的本质存在差别,而是在于我们如何能够更好地学习和理解世界政治。尽管我做了与社会力量分析者不同的认识论分析,哪种分析在我们调查的这一阶段更为有利仍是——也应该是——一个开放的问题。

社会力量的分析者也倾向于在身份的塑造中给予理念和规范的作用以很大权重。我不否认主体间理解在定义和塑造国际权威的轮廓时发挥作用。无论如何定义,它们都塑造了世界政治行为体利益的重要部分。当然,法律主权原则的出现大大限制了当今世界体系中国际权威的范围——常常有策略上的作用,也有自相矛盾的影响,实际上就如我在本书第一章和第四章提出的,"较轻"的等级形式。尽管如此,我坚持,就其根本而言,权威很大程度上依赖于命令和服从与正当性之间的大规模物质交换。如果旨在理解当今世界的等级制,我认为理念和规范并不是特别有望能够走下去的路径。法律主权原则主导了当代国际政治,它明确地与国际等级制为敌,而且否定任何国家对他国统治的正当性。我也不认为在当代话语中任何正面理念的集合能够证明一国对另一国的支配是正当的。在这一情况下,无论跨国的理念和规范如何,国际等级制都会存在,而且,它存在的原因跟跨国的理念和规范毫无关系。

这只是研究国际等级制的形式、成因和结果的第一步。我不认为我的研究路径是思考这一复杂现象的唯一正确方式。但简单断言国内政治是重要的或者理念和规范在起作用,这并不充分。如果其他人认为社会契约并不是理解国家之间等级制的一条充分路径,他们将可能提出替代性的理论,推断这些理论的意涵,比较我所提出的理论,支持和反对他们理论的证据。科学的进步是一个有缺陷的理论被较少缺陷的理论取代的过程。如果本书能够推动这样的进步并引发对国际等级制的更好评价,它就已经满足了我的最大心愿。

在更详细地发展这一观点之前,我想简要提一下写作国际关系等级制的规范意义,尤其是在美国的案例中。在尼克松式的抵赖终会被证实的风险下,我一开始就清楚地表明,我不是一名美国必胜论者,我不是寻找增强美国权力的"新帝国主义"的鼓吹者,也不是美国过去(和未来)对外干涉的辩护者。我承认我对美国领导下的国际政治秩序的偏好甚于任何其他单独国家领导下的替代品。美国对其他国家的统治更加"温柔",而且较于任何一个可行的竞争者,它追求的政策都更接近于一般利益。就美国偏向于其自身的国际秩序而言,我们可以分享其对于民主、经济自由主义和政治自由的一些偏好。

是的,我也承认在政治和外交上,在当代世界政治中公开谈论等级制有时并不合适。即使国际等级制的概念对于当代世界政治的理论化和解释国家行为模式很实用,通过呼吁关注其无处不在的、持久的性质,我也在冒将许多可能被扫入历史垃圾桶的事情正当化(以我自己微不足道的方式)的风险。

承认如今被法律主权原则遮盖的残酷事实无疑是痛苦的,尤其对剥掉平等铜锈的附属国而言。例如,很明显的是,宣称沙特阿拉伯在1991年的海湾战争期间,割让其对自身外交政策的控制权并成为美国的保护国,这在政治上将十分困难,这解释了为掩盖这一事实所采取的一些象征性而又不容轻视的努力。在当时,称呼这种关系可能会导致保护国设定的目标更难实现。同样,命名这种不平等关系以及强调其在国际社会中的普遍存在会冒一定风险,它会将某些试图镇压、尤其是干涉他国国内事务的做法正常化。在国家认为威斯特伐利亚主权充满吸引力的情况下,指出与这一抱负在体系上常有出入的实践,就破坏了威斯特伐利亚主权作为其他实践正当性标杆的显著性和效用。我承认这一问题。但学术不应该仅仅因为在政治上受到指控或争议,就放弃接纳在分析上有用的概念或提出重要的议题。

然而,揭露在国际政治中目前处于隐匿状态的等级制的形式是一柄双刃剑。也许国家在政治上很难公开承认自身的附属国地位。但许多国家一直使用主权原则隐瞒令人发指的行为。很少有国际等级制比腐败的独裁统治者行为更加侵犯人们尊严和福利的案例。事实上,人们常常指责美国不仅容忍卑鄙的独裁者,同时也没有尽力将这些独裁者赶下台。这些人中有许多批评美国"帝国主义"的,同样呼吁美国为推行海外民主做更多事情。现实在于,主权对那些关注人类幸福的人而言,并不是一个时时处处奋斗的目标。

揭示出等级制或许也限制和妨碍了一些大国的帝国计划。这一点也许是更重要的作用。如今的等级制是隐蔽的、浮于水下和散漫的,因为主导国和服从国都不愿承认它的存在。揭示目前处于隐匿状态的等级制将使其暴露于主导国和附属国的辩论和分析之中。在今天的单极世界中,伴随着伊拉克持续的灾难,国际关系学者能够提供的也许没有比对等级制的存在、成因和结果进行深入考察更重要的服务。

致　　谢

学术是一项集体的事业。我的许多朋友、同事和学生都为本书贡献了自己的思想。有时,在走廊里一次偶然的聊天,或者小组讨论(panel)或研讨班上的一个问题都能激发我全新的思路;而在此之余,扩展出来的意见引导我重新思考先前好不容易提出的一些观点。显然,如果没有其他人的智慧和帮助,本书不可能完成。当然,错漏之处由我一人独自承担。

我在撰写本书时欠了很多人情债,包括在专业方面和个人方面。一些人的贡献或许被我不小心遗忘或占为己有,冒着轻视这些人的风险,我必须感谢几个人的特别帮助。我在专业上最大的欠债来自我在加州大学圣迭戈分校——这里是工作和教学的理想之地——一些十分出色的同事和学生。彼得·古雷维奇(Peter Gourevitch)几乎阅读了我在过去几十年来写下的所有东西,常常数小时不停歇地对此项工作的每一个步骤提出审慎的建议。他对本书的视野和构想有很大的影响。迈尔斯·卡勒(Miles Kahler)深深地塑造了我对国际等级制和全球治理更加广泛的思考。本书中的许多主题都是在我们合开的研究生课程中最先提出来的。事实上,2002年关于苏美尔阿卡德萨尔贡王国的研讨班令我记忆尤深,正是那时,我头脑中关于等级制为何会存在以及它们如何维持的想法开始成形。马特·麦卡宾(Mat McCubbins)阅读了本书手稿的早期草稿,并教给我许多关于学术论证的东西。书中等级制的操作化和统计分析的几章直接源于研究生的研究设计课。方娜·福曼-巴尔齐莱(Fonna Forman-Barzilai)和格里·麦凯(Gerry Mackie)通过说明权威与正当性的文语含义对我进行了耐心的引导。曾兰奇(Langche Zeng)相当愉快而又清晰明了地回答了我在统计方面存在的一些困惑不解和含糊不清的问题。

　　我也非常感激我在加州大学圣迭戈分校的研究生们。与他们在一起的时间是我专业生涯中最有意义的时期。在这一项目中，我的研究助理给了我很多帮助。安杰尔·奥马奥尼(Angel O-Mahony)和罗布·布朗(Rob Brown)在一些需要探索的难题上倾注了多年心血。苏珊·海德(Susan Hyde)将这一项目的一手数据集整合在一起，并且在解决出现的一些观念性问题上给予了很大帮助。马克·法拉勒(Mark Farrales)收集了最后的年度数据集。凯尔·比尔兹利(Kyle Beardsley)、珍·基斯特(Jen Keister)和萨姆·塞林(Sam Seljan)也在决定性的时刻给予了支持。2006年6月，在对本书初稿为期一天的研讨会上(非正式地说，这一天称为"回馈日")，研究生们给了我集体的荣誉。我从他们的意见和建议——尤其是罗布·布朗、大卫·坎宁安(David Cunningham)、凯思琳·坎宁安(Kathleen Cunningham)、苏珊·海德、伊桑·霍兰德(Ethan Hollander)、丹尼尔·荣(Danielle Jung)和詹姆斯·朗(James Long)的书面意见中获益良多。我也感谢先前阅读这一草稿的学生里萨·布鲁克斯(Risa Brooks)给出的一些意见。卡梅伦·布朗(Cameron Brown)对倒数第二个版本提供了有益的反馈信息。最后，我要特别感谢一些学生——凯思琳·汉考克(Kathleen Hancock)、伊桑·霍兰德(Ethan Hollander)、查德·雷克托和劳拉·温伯利(Laura Wimberley)，他们采用关系型契约理论，并在自己的论文中扩展了新的方向，这从而使我对这一路径及其意涵有了更多了解。

　　在加州大学圣迭戈分校之外，詹姆斯·莫罗(James Morrow)阅读了我给康奈尔大学出版社的手稿，并提供了一些详细而又有建设性的改进意见。在我深夜咨询统计学和复杂的 Stata 软件时，尼尔·贝克(Neal Beck)和迈克尔·汤姆斯(Michael Tomz)是我耐心的老师。在美国政治科学协会(American Political Science Association，APSA)一次小组讨论后的扩展谈话中，斯蒂芬·克拉斯纳(Stephen Krasner)向我发出挑战如何将权力、强制和权威进行更明确地区分——这证明专业会议远比八卦有用——而这，我认为是本书的主要贡献之一。我也从一些人的论文和书中获益颇多，包括亚历克斯·库利(Alex Cooley)、马蒂·芬尼莫尔

(Marty Finnemore)、本杰明·戈德史密斯(Benjamin Goldsmith)、埃弗里·戈尔德施泰因(Avery Goldstein)、埃米莉·哈夫娜-伯顿(Emilie Hafner-Burton)、斯蒂夫·哈格德(Steph Haggard)、保罗·麦克唐纳(Paul Mac-Donald)、丹·内克松(Dan Nexon)、谢里尔·舍恩哈特-贝利(Cheryl Schonhardt-Bailey)、贾森·沙曼(Jason Sharman)、兰迪·西韦森(Randy Siverson)、马蒂亚斯·斯坦斯克(Matthias Staisch)、汤姆·沃尔基(Tom Volgy),当然,还有其他一些我很抱歉忘记名字的人的论文或著作。在加州大学洛杉矶分校、马里兰大学、南加州大学、斯坦福大学、伦敦政治经济学院、宾夕法尼亚大学、哥伦比亚大学、芝加哥大学、国际和平研究所(挪威奥斯陆)、耶鲁大学和犹他大学举办的一些研讨会上,我也从大家的反馈中得益很多。我很感谢这些机构,尤其是举办研讨会的东道主,他们为我提供了试验最终形成本书思想的一些理念的平台。

彼得·卡赞斯坦(Peter Katzenstein)是本套丛书的编辑,也是我的朋友和以前的老师,他对本书版本的阅读次数超过任何人,而且几乎对每一页都提出了细致的评论。他提醒我要关注读者,不断挑战我对自己项目做更广泛的思考,而且提醒我阅读一些不常阅读的文献。罗杰·海登(Roger Haydon)鼓励我进行这一项目,他阅读了两份完整草稿,而且有益地引导我解决一些表象的问题和实质性的问题。康奈尔大学出版社设置了精益求精的编辑标准。

林恩·布什(Lynne Bush)非常专业地设计了本书的版式。简·洛夫特斯(Jane Loftus)对手稿进行了出色的编辑和准备,对此我很感激。温特罗斯写作服务中心(Windrose Writing Service)的凯文·米勒姆(Kevin Millham)编制了索引。我真诚地感谢所有对本书出版提供及时帮助的人们。

但我亏欠最多的是我的家人。这本书献给我的儿子布伦登和迪伦。他们凭自己的能力在学术上初露头角,鼓舞我努力不辜负他们的厚望。更重要的是,他们是我这些年来巨大喜悦和乐趣的来源。随着他们步入成年,我非常为他们骄傲。当然,和以往一样,我永远感谢我的妻子温迪(Wendy),是她让这一切成为可能。她是我生命中一切美好和意义的源泉。

圣迭戈

2008 年 8 月 1 日

目　　录

导　　论

根据政治哲学家托马斯·霍布斯（Thomas Hobbes）的解释，国家的产生是处于混乱状态的个人逃离无政府状态的一种尝试。通过让他们自己服从于一个君主（sovereign）——"使他们保持敬畏的一种集体权力"——先前处于自然状态中的个人进入到了市民社会（civil society）。[1]

霍布斯认为，当在一个政权下建立起了某种程度的安全时，市民社会自然而然地会发展成为接近于现代领土主权国家的政治单位。尽管脱离无政府状态需要国家的建立，但它并不需要一种普遍的权威。霍布斯断言，当这些国家政权下的人民被从先前的悲惨命运中解放出来的时候，这些国家即使没有共同的权力凌驾其上，也会在自然状态下兴盛起来。虽然霍布斯曾著书立说为他那个时代的君主专制政体（absolutist monarchies）辩护，但他（及其追随者）还是将国家优先作为最初的政治单位。[2]然而，我们并没有内在的理由认为，建立权威的过程必须终止于国家层次。

在霍布斯之后，几乎所有学者都假定世界政治处于无政府状态之中或者在国家之上没有任何权威。[3]让-雅克·卢梭（Jean-Jacques Rousseau）、约翰·洛克（John Locke）以及其他一些经典哲学家在自然状态即无政府状态的认识上与霍布斯并无二致，但他们对人性和市民社会的认识不同于霍布斯。这些分歧对他们如何理解无政府状态和等级制的后果产生了极为重要的意涵。[4]同样，国际关系学者对无政府状态的界定并无差异，只是对其影响的预期不一。对现实主义者而言，各国在不确定状态下追求权力或者安全，必然意味着零和（zero-sum）冲突和"每个人反对每个人"的霍布斯式战争。[5]对新自由制度主义者而言,追求效用或财富最大化的国家面临的困境是合作或协调,而非固有冲突,因而它们致力于制度建设来促进合作。[6]对建构主义者来说,国家的目的是社会建构的,性质多变,而且很可能是善意的。[7]正是国家本质与自然状态互相作用确定了无政府状态的含义,几乎所有学者都认为国家间关系是无政府状态的,而且这是世界政治最独特、最重要和最持久的特征之一。

然而,国际等级普遍存在。无论是在过去还是当下,都有国家自己完全或部分地服从于其他主导国的权威。[8]某些附属国家仅在有限的领域内意识到主导国家的权威,这或许是因为它们认识到主导国家有权利规范彼此与第三方间的互动,如在军事领域上建立所谓的势力范围,或在贸易与金融关系上建立经济区——而形同正当。这是西欧国家在冷战期间加入由美国主导的国际秩序所付出的代价。追随着华盛顿的领导,它们站在美国一边反对苏联,在东西方分裂中排除了可能存在的"第三条道路"(third way),并且放弃了与其当时和以往的殖民地之间在经济关系上的帝国特惠制(imperial preferences)。其他一些附属国授予主导国更深入广泛的权威,它们放弃制定安全或经济政策的权利而受保护获得依附。加勒比沿岸国家是非正式的美利坚帝国的领地。自 19 世纪末开始,华盛顿就对它们的安全和经济政策行使着实质而不完全的权威。在极端情况下,少数国家甚至可能完全放弃它们在安全和经济事务上的权威,比如传统的各个欧洲帝国与今天以微弱形式存在于欧洲的"残余"殖民地、俄罗斯与其"近邻"国家之间或者美国与其正式的依附国之间。这些关系——尤其是这些标签——似乎有些过时,但这样的国际等级制依旧存在于当今世界,并且实际上仍在持续形成之中。等级制仍然是国际政治的现实。它们深刻地影响着主导国和附属国双方的行为。对这些等级制及其后果进行阐述,将会为我们刻画出一幅不同于通常所描绘的国际关系图画。

要想理解目前处于隐匿状态的国际等级制,我们需要采取两个分析步骤。首先,我提出了一种关系型权威观(relational conception of authority),而没有采用当前在国际关系理论占据主导的正式—法律型权威观(formal-legal view)。在关系型路径中,统治权依赖于社会契约,其中统治者向被统治者提供一套有价值的政治秩序,而反过来被统治者承认统治者的正当性，并且遵守这一秩序形成所必须的行为约束。这种权威观与霍布斯关于脱离自然状态的最初构想完全一致，但它并不要求权威必须源于一些早已存在的合法的制度。通过从关系的角度思考权威，我们可以展现等级制的丰富画面，并且揭示其变幻多端的色彩和纹理。

其次，遵循关于国际实践的修正主义研究，我假定主权是众多权利或权威的集合，并可以在不同的治理层次或不同的统治者之间进行分割。9因此，国家可能保留着在某些经济政策领域的权威，诸如财政和就业政策；而在诸如货币或贸易政策等其他领域的权威则可能被转移给某个外国。同样，一个国家可能保持其总体外交上的权威，而将其防卫政策上的权威赋予其他国家。政治哲学家们认为主权在原则上是不可分割的，而且这一假定（assumption）在学科发展之初就被含蓄地引入到了各种国际关系理论之中。然而，没有多少证据支持这一观点（除了欧洲列强之间的关系以外几乎没有证据）。将主权视为可分割的，这使得国家之间的权威可以沿着或高或低的等级序列而变化。

所有理论都建立在一系列简化的假定之上，这些假定有助于将复杂的现实变得易于理解。假定是根据它们所生成的理论的解释力来评判的。10在原则上，假定权威仅仅来源于正式的法律制度，从而假定国家间的所有关系都是无政府的，或者假定主权不可分割并没有什么错误。但我们必须认识到的是，这些并不是对现实的经验描述，而仅仅是我们可以根据其解释力选择接受或拒绝的假定。然而，这些假定掩盖了国际政治的一些重要面向。正如我将在下文中简略说明并在后续章节中详细阐述的那样，认为权威来自于以换取服从和正当性秩序为基础的社会契约，并从而假定主权可以分割，展示了一种新的、重要的世界政治模式。

多米尼加共和国作为一个不足为奇的案例

20世纪初期美国与多米尼加共和国之间形成的非正式帝国关系体现了极为复杂的国家间社会契约。这两个国家之间的关系并没有什么不同寻常,但是这个案例富有启发之处在于,华盛顿和圣多明各都曾反复测试各自权威或自主性(autonomy)的限度,并由此鲜明地展现了等级制的实践。

自1795年第一次被西班牙割让给法国之后,多米尼加共和国就一直不断地寻求外国保护者。它在断断续续地被西班牙、法国和海地统治了几十年之后,曾先后于1854年和1870年把自己献给美国,但两次都遭到了华盛顿的拒绝。由于数十年来腐败的领导人对公共财政的不断掠夺,多米尼加共和国出现了一场迫在眉睫的财政危机,最终导致美国于1904年介入该国事务。[11]由于欧洲列强以武力威胁收回债务,应时任多米尼加共和国总统卡洛斯·莫拉莱斯(Carlos Morales)的请求,西奥多·罗斯福(Theodore Roosevelt)总统承担起了管理该国陷入困境的财政事务的责任。罗斯福在其对"门罗主义"(Monroe Doctrine)的著名推论中为这一行为进行了辩护,他宣称:"慢性的不道德行为,或者导致文明社会(civilized society)的纽带普遍松动的某种无能,可能存在于美洲或者其他什么地方,这最终需要一些文明国家进行干预;在西半球,美国对'门罗主义'的信奉可能迫使美国——无论多么不情愿——在诸如这种错行或无能的公开案例中,去行使一种国际警察的权力……"在两国之间首先签署的行政协定以及后来签署的条约中,美国接管了作为多米尼加政府主要收入来源的海关部门。同时,多米尼加约束自己在未经美国准许的情况下既不会增加债务也不会降低关税,并且还将外债合并为一项新的贷款,使北方邻国成为自己唯一的外国债权人。[12]

1913年多米尼加内战爆发时,美国大幅地扩张了自己的统治。1916年,美国通过派遣海军陆战队来维持在该国的"合法权威",宣布实行军事管制,修订金融接管协议以维持其控制,并最终将该国武装力量置于自己的指挥之下。[13]在美国精心挑选的候选人在1924年新的大选中获胜并且批准了基于军事管制法令制定的各项决定之后,美国军队撤出了多米尼加,而多米尼加则"以作为签署使其自身成为实际受保护国的条约的回报的方式,享有了一种正式的部分独立权"[14]。

今天,当主权准则与民族自决权之音大声回旋于外交论坛时,我们必须认识到,即便美国将多米尼加共和国变成了一个非正式的帝国领属,它真正想要的是从其国民那里获得了实质性支持。[15]两国之间还就多米尼加共和国自主性的限度和美国所拥有的权利达成了广泛协议。1924年之后,多米尼加人在挑选本国统治者方面有了一定的选择权,但由于美国对该国财政的控制以及残留的干预权,其决定还是可以轻易被美国否决。最关键的是,多米尼加在外交政策上受到了限制,在财政和安全方面只能与美国缔结条约。在任何情况下,它都不能采取独立的外交政策而可能破坏美国在该国拥有的排他性权利。

随着美国将非正式帝国扩展到多米尼加,它所面临的挑战由此转变为如何规训(disciplining)一个偶尔试探其附属国地位限度的国家。在1930年的选举舞弊中掌权之后,拉斐尔·莱昂尼达斯·特鲁希略·莫利纳(Rafael Leonidas Trujilloy Molina)将军成功地预料到美国人的意愿,并小心翼翼地避免激怒美国,直到其政权结束。[16]正如据称富兰克林·罗斯福(Franklin D. Roosevelt)总统对这位独裁者评价的那样,特鲁希略可能是一个混蛋,但"至少他是我们的混蛋"[17]。然而在统治期间,特鲁希略逐渐变得越来越专制。由于担心要为特鲁希略的行为负责,美国最终撤回了对多米尼加政府的支持。[18]这位独裁者由此威胁加入苏联阵营——谋求与菲德尔·卡斯特罗(Fidel Castro)缓和关系,将多米尼加共产党合法化,并且派遣特使去苏联。[19]然而,这种威胁脱离非正式帝国的行为是美国无法接受的。根据肯尼迪(Kennedy)总统签署的指令,中央情报局推进、组织并策划了对特鲁希略的暗杀行动,由其盟友中的一群反对者在1961年5月付诸实施。[20]

特鲁希略遇刺后,多米尼加持续的政治动荡进一步威胁着非正式帝国。一系列政变和反政变在1965年4月达到高潮。当美国驻圣多明各大使报告说"卡斯特罗之流"可能掌权、亲美派军政府以对手受"共产党指挥"为由请求军队支援时,美国迅速介入,数日内派遣了500名海军陆战队员登陆,并最终部署了23 000人的军队。[21]就像林登·约翰逊(Lyndon Johnson)总统对美国电视观众所解释的,"共产党专政"可能会造成"美国不能允许,必须不允许,也绝不会允许"的后果。[22]

美国和多米尼加共和国无疑都受益于这样的非正式帝国,尽管由于我在本书第一章和第四章讨论的一些原因,双方的成本和收益通常很难厘清。在美国的管理下,多米尼加海关收入稳步提高,其经济基础设施和日常生活的物质条件也逐渐改善。尽管特鲁希略对其政敌进行了残酷打压,但多米尼加国内政治的暴力循环已被打破,而且该国受到了保护,可以摆脱与邻国海地的历史性对抗。作为回报,美国获得了一个遵循其外交政策调整的顺从的附属国:1941 年结盟反对轴心国,冷战期间反对共产主义,反对卡斯特罗领导的古巴,甚至在 2003 年加入对伊拉克的"自愿联合"(coalition of the willing)。此外,美国确保了自己对于加勒比地区这一战略前哨的专属权,并且阻止了其他势均力敌的竞争者通过这个岛国威胁其南翼。这可是一个不小的好处。

然而,美国和多米尼加在双方关系中所获的收益自然不会均等。显然,美国管理的是其自身的利益,而非多米尼加的利益。但这是否就意味着平均而言多米尼加人的境遇比没有此一关系的情况下更加糟糕?这取决于人们进行的反事实推理。批评美国统治多米尼加的人,无疑是接受了两种理想主义情形中的一个。多米尼加本来可能享有完全的主权、内部的和谐以及与邻国的和平关系,但是考虑到早在美国统治之前就已经存在的政治动荡、派系斗争以及地区对抗,这种情形不太可能出现。即使在 1965 年的内战中,也没有明确的赢家;如果没有美国的干预,结果很可能早已是持久而血腥的冲突了。[23]此外,美国或许可以统治多米尼加,实现其民众福利的最大化。但这不切实际。没有哪个国家会仅仅出于利他主义来为其统治他国买单。处于自然状态下的多米尼加是更恰当的一个反事实。在那样的状态下,当地精英可能早就任意争斗,其他大国随心所欲染指,而如海地、古巴等区域竞争对手也可能早就肆无忌惮地提出无礼的要求或者发动战争了。美国与多米尼加之间的等级关系公平吗?一点也不。但是在自然状态下的生活可能会更为糟糕。

这一不足为奇的案例说明了两个要点。第一,国家的确会心甘情愿地臣服于他国,但通常都只为了得到某些回报——最常见的莫过于保护其免受内部或外部的威胁,正如在多米尼加所见。因而,提供对附属国有益的政治秩序代价高昂,当且仅当主导国也能从中获取一些有价值的东西,特别是服从其命令和其行为的正当性时,它才会提供这样一种秩序。这是关系型权威契约(relational authority contract)的本质。第二,独立自主,或者相反意义上的国际等级制,均不是一种要么全有要么全无的情形。尽管在20世纪前半叶美国的权威已深深地触及多米尼加共和国的政府财政,但它并没有获得对该国的全面和绝对权威。如今,美国在很大程度上只限于确保该国采取对其有利的对外经济和安全政策。主权是可以被分割的,而且它实际是处于分割状态的。

国 际 等 级 制

简而言之,权威就是具有权利的统治(rightful rule)。也就是说,一个权威的统治者有权利命令其下属采取某些行动,并且由于这些命令是具有权利的,因此被统治者有服从的义务。由此,权威就成为一种对他者所享有的权力。

得不到被统治者对其服从义务的认同,权威就不复存在,因此,权威并不是依靠统治者对权利的主张,而是依赖于被统治者对权利的授予。从而,权威关系中不乏强制,但它也是由使用武力时的情形或正当性界定的。鉴于下属有遵从的义务,那么,在必要时,统治者就拥有相应的强制执行命令的权利。权威区别于单纯的强制之处在于,在使用强制的这种特定权威关系中,存在着一束得到认可的权利和义务,即权威的正当性。

正当性是一种政治建构的产物,它有许多来源:传统、神的启示、人格魅力以及正式的法律规则。我认为,在现代国际关系中,正当性根植于一项社会契约,在这一契约中,主导国向构成附属国的个体集合提供一种政治秩序,而那些个体则授予主导国权利,来约束他们的行为并汲取创造秩序所需的资源。更一般而言,尽管我没有证明这一点,但我认为,关系型权威对于其他权威形式的存在是基本的或必要的。

据赫德利·布尔(Hedley Bull)所说,政治秩序就是"一种用以维系基本的、主要的或普遍的社会生活目标的人类活动模式",包括防范造成死亡或人身伤害的暴力,保证财产不受到持久或无限制的挑战,以及期待承诺和协议一旦作出就会得到遵守。因此,用简略形式表述,我们可以将政治秩序视为对人身、财产及承诺的保护。[24]

附属国至少以三种主要方式从政治秩序中获益：第一，附属国的安全与领土完整得到了加强；第二，附属国本土、特别是海外的财产得以更清晰地界定和保护，减少不确定性、潜在的纠纷以及国际交易的交易成本；第三，国际行为的一般标准——包括规则的遵守——都得以界定和执行，即便那些视这些规则为非法的政权也是如此。尽管政治秩序的程度各不相同，并且在国家内部对个人、财产及承诺的保护也可能比在国家之间更全面一些，但附属国面对的自然状态却反过来得以缓解，至少部分如此。作为回报，附属国在这样或其他的问题上让渡其部分主权。为了接受主导国的保护并生活于其施加的规则之中，附属国就必然在那些让渡主权的相同领域中，限制其追求自身政策及设置自己规则的权利和能力。

主导国则在制定政治秩序的规则中受益，它们或是通过规则制定反映自身利益，或是使规则能通过特定途径使自己受益，其局限性是这些规则必须得到足够数量的附属国接受以获得正当性。反过来，它们执行规则的能力也会因这些规则被赋予的正当性和支持而得到增强。对于主导国而言，与其不断地强迫其他国家遵守自己的意愿，不如让它们遵守自己视为合法和适当的规则，这样要低廉得多和有效得多。然而，主导国的治理成本也会相当可观。它们必须向附属国提供有足够价值的秩序以获得这些国家的支持，惩罚那些违反该秩序规则的国家，并且可信地约束主导国自身在未来相机行事和利用附属国的权限。权力越大，责任也越大。

作为一束权利与义务，权威可能是广泛的，赋予统治者在许多问题上正当地发号施令、并采取大范围行动的能力；它也可能是有限的，只给予统治者非常有限的权利。极权国家（totalitarian）与自由民主国家（liberal democratic states）在权威或在合法管理其公民可能行为的范围上存在巨大差异。类似地，一国对他国拥有和行使着或多或少的权威，其范围从禁止附属国与第三方达成特惠协定（比如在势力范围内），到对它们的内政进行更全面的控制（比如在帝国内）。

等级制是根据统治者对被统治者行使权威的范围来界定的。统治者可以正当控制被统治者潜在行为的数目越多，二者之间的关系就越具有等级色彩。在国际关系中，等级制至少在经济与安全政策两个序列中变动，由此产生了一个二维的（two-dimensional）权威结构，这种结构既体现出曾经被称为"有限主权"（restricted sovereignty）的历史形态，也能体现等级制的当代表现形态。[25] 国际经济和安全等级制的指标以及 1950 年以来的等级制模式表明，相对而言，美国在拉丁美洲，尤其是加勒比海沿岸的许多国家建立起了等级制，并在西欧和东北亚的许多国家建立起了某种程度的等级制。与之相反，它在非洲、中东和亚洲其他部分几乎没有附属国。

国际等级制的影响

在"看见"等级制之后，国际关系的面貌大不相同。等级制并没有消除强制，但改变了强制在其所存在的国际关系中的角色与意义。诚如在多米尼加共和国的案例中所指出的那样，等级制并不意味着国家间关系是平等获益的，或者对主导国和附属国而言都是公平的。但尽管如此，等级制还是在一些重要方面改变了主导国与附属国的行为以及国际关系的实践。

国际等级制促进了国家之间的相互援助。在社会契约的基础上，等级制意味着主导国与附属国彼此之间的权利与义务以及相互承诺。从行动角度而言，其彼此之间的承诺更为重要。严格意义上，国际政治并不是一个自助（self-help）地域。[26] 主导国通过建立一套较少使用强制手段的政治秩序来保护其附属国，并且帮助它们应对具体的威胁或实际的暴力。除了在最极端的帝国形式下，主导国所提供的保护不会是不受任何限制的。在主导国的安全保障中，附属国依然保留了相当大的自主权，这就产生了道德风险（moral hazard）的问题，即附属国可能易于采取更具风险性或更具进攻性的行为；反之，它们原本会更加审慎。不过，正如美国在整个冷战期间的所作所为，主导国可能会为其附属国提供延伸性威慑和普遍的防御。

在知道自己部分地受到主导国保护的情况下，附属国会减少自身的防卫努力,随着等级制的增强愈发如此。由于它们保留有或多或少的自主权,并且没有获得主导国不惜任何代价保卫自己的绝对保障,大多数附属国仍然会致力于自身防御。不过,与那些不在等级关系中的国家相比,大多数附属国投入的防御努力较少。这看起来可能像是在"搭便车"(free riding)或是未能支付其在集体防御成本中的应付份额(这种指责经常指向美国的附属国),但当我们追问无政府状态下国际协议为何足以令人相信从而使得一国冒险将自身安全交给他国时,这一认识就会土崩瓦解。[27]相反,更好的理解是,附属国较少的防御付出是其向主导国割让其一定的安全或经济政策权威而获得的关键收益。

更一般而言,附属国不会制衡其主导国,而是选择追随主导国来反对可能出现的挑战者或威胁。[28]尽管主导国拥有更为强大的强制性能力,但由于它们已经可信地承诺约束自己的力量(见表 0.1),附属国不会受到太大的威胁。这有助于解释为何在美国过分使用强制力量的情况下拉丁美洲国家仍只是保持警惕,而没有特别地心怀不满,为何西欧国家在冷战期间没有走"第三条道路",以及为何在两极格局瓦解后没有出现一个制衡美国的联盟。[29]

表 0.1 国际关系中无政府状态与等级制之间的主要区别

无政府状态	等级制
要求自助	促进互助
要求制衡强国	诱导追随主导国
增加防御努力	减少防御努力
限制功能分化	鼓励功能分化
抑制国家间贸易	促进国家间贸易
	鼓励象征性的膜拜行为
	要求规训附属国
提倡权力及利益最大化	要求限制滥用权威的能力

国际等级制在国家间制造了功能分化和相互依赖。对新现实主义者而言,无政府状态必然意味着一种功能上无差别的单元。正如肯尼思·华尔兹(Kenneth Waltz)所写的:"无政府状态必然需要一个体系中各单元之间的协调关系,这意味着它们的同一性……只要无政府状态存续,各国就一直是相似的单元。"[30]然而,除了刚才阐释的附属国的安全依附之外,等级制也孕育着相应比例的安全分工,如德国和日本对美国核保护伞的

依赖,冷战期间美国对英国扫雷艇的依赖,以及许多国家对美国在世界范围内快速部署部队的"投送"能力的依赖。[31]同样,作为对增加安全性以及本质上的自由主义主导国意愿的反映,附属国在贸易上更为开放,也意味着它们享有一种更深层次的经济分工和分化。考虑到安全分工可能带来更大的风险,经济分工很可能相较之下会更深入和重要。

出于认同和实际表现对主导国权威的尊重的目的,附属国不仅会服从主导国的命令,而且要履行象征性的臣服行动,例如追随主导国参战。类似于国内的各种爱国行为——面向国旗敬礼或在奏国歌时起立——象征性的臣服行动既确认了单个国家对权威的遵从,又向附属国群体释放出其他国家尊重那种权威的信号。这样的行为通常成本不大,以免行为者退出并由此削弱它们的群体确认(community-affirming)作用。但也有一些行为需要作出巨大牺牲,比如在战争开始阶段号召个人参军。然而,所有这些行为的重要性在于:一方面,可以巩固权威;另一方面,对于分析者而言,可以揭示可能在其他方面隐藏着的权威——而且这种行为的代价越高越是如此。在国际层面,象征性的臣服可以采取多种形式。最为重要的是那些在重大冲突中加入主导国一方的决定,因为这些决定承载的潜在成本最高。即便附属国对于实际战斗的贡献较小,但追随主导国对一个距离遥远国家的宣战还是具有一定的风险。因此,"追随领导者"(following the leader)是附属国对主导国权威表示尊重的一种有效而有说服力的信号。虽然象征性的臣服行动在既有国际关系理论中尚无相应表述,但它揭示了在国际等级制中可以预期的一类新的行为。

在构建一套政治秩序中,主导国会对任性的附属国进行规训。在均衡状态下,无论主导国还是附属国都会尊重社会契约,前者提供后者所需要的秩序,而后者服从那套秩序下的规则。不过,与此同时,规训是任何权威关系中的固有要素;事实上,正是它将权威与单纯的自愿合作最为明确地区分开来。如果主导国所颁布的规则对附属国构成约束,那么可以预期附属国在背叛不受处罚的情况下会进行背叛。在一个动态的、瞬息万变的世界中,社会契约是不断发展的,均衡则成为一个不断变化的目标。由于社会契约总是不完备的,如同所有的契约一样,因而不可避免地会出现这样的情况:行为者在规则上产生分歧,因此需要用规训来使预期回到原点。[32]最后,权威通常是政治斗争的对象,至少在边际上是如此。在围绕谁对谁拥有什么权威的更为广泛的斗争中,规训是一个固有的组成部分,而且实际上,它在构建这种权威的过程中发挥着主要作用。在经常互动中,附属国对主导国可能不够顺从,而在"日常生活中"无形抵抗或公然藐视;而主导国也有可能会做得过头,或向附属国提出过分的要求。[33]其结果,附属国不够顺从可能会遭到主导国的惩罚,至少从概率上说会如此;而主导国的做事过头会引起附属国的抵制,它们会收回其赋予主导国的正当性。

当然,规训并非常规意义上与国家间关系相联系的一类行为,但它包含了一系列范围广泛的制裁。哪里规训最不明显,哪里权威也就最强。因此,尽管为了维持权威关系有必要采取一定数量的规训,尤其是在动态的环境中,但过多的规训却表明等级制已经开始瓦解并面临崩溃的危险。诚如美国和多米尼加的案例,规训标志着关系已处于失衡状态,并且正在受到来自一方或双方的质疑。尽管如此,通过尽可能地重塑主导国与附属国之间的互动,规训也使人们对原有的国际政治模式有了新的认识。例如,军事干预是任何主导国可能采取的最极端惩罚方式。尽管正如预期的有如美国自身利益和等级制不断变化一样,随着时间的推移会出现不同的辩护理由,[34]但美国更有可能对譬如加勒比沿岸的地区进行军事干预,而非其拥有较少附属国的其他地区。那种认为美国在这一地区拥有更大收益、更加利害攸关以及在外交上可以更加自由行事的反驳性观点,不过是对这一相同观点的重新表述。

主导国必须可信地承诺限制其权威和权力。在一个完全处于无政府状态的世界中,自我约束(self-restraint)是一个矛盾统一体。[35]在霍布斯所说的自然状态下,不能取得足够多的权力会使一国的安全处于风险之中。然而,在一个等级制的世界中,主导国必须证明它们不能、也不会滥用附属国所委托的权威;除非附属国确信它们授予主导国的权威不会被用来对付自己,否则它们不会加入或维持社会契约。一些限制主导国机会主义行为的机制是必要的。这就要求主导国自缚双手,放弃它们在其他情况下可能享有的政策或选择权;或者发出代价高昂的信号,表明自己是善意的,或表明自己愿意只在附属国视为合法的范围内采取行动。

束缚双手或者发出代价高昂的信号的方式有很多。大国对抗和民主的政治制度是天然地束缚主导国的两个外生性约束。主导国与其他大国的竞争使附属国能够更容易地退出任何遭到滥用的关系。如果一个主导国试图凌驾于其权威之上，附属国就可以转变它们的忠诚。这解释了为何冷战的结束增强了美国的权威性；也解释了为何附属国对于潜在的机会主义更加敏感，而美国自身在行动中受到的限制更少。同样，民主国家更为透明，违背承诺可能面临更高的观众成本（audience costs），而且它们拥有较为稳定的政策。作为更加"可靠的伙伴"（reliable partners），它们不太可能逾越附属国所设置的界限。[36]

此外，主导国可以通过让自己承担成本，来表明它们愿意遵守社会契约。自1945年以来，对美国而言，多边主义（multilateralism）已经成为一个关键的信号机制（signaling mechanism）。[37]主导国将拟采取的行动付诸公众监督和辩论后，会面临公众反对的风险，并且可能会全面暴露其缺乏国际支持的事实。这或许不会阻止主导国采取行动——美国与伊拉克战争的案例即是明证，但2003年以来美国时常面临的"帝国主义"指控显示，主导国会为这样的行为付出相当大的代价。[38]同样的，美国也曾在世界政治中采取明确的反殖民主义立场来付出沉没成本（sunk cost）。通过放弃自我扩张的机会以及1945年之后致力于摧毁欧洲的各个帝国，美国让人们相信它在控制外国领土上的目标有限。通过支持反殖民主义以及接受法律上的主权原则，美国使自己成为更值得信任的统治者，而矛盾的是，美国使其建立的等级制受到了更多限制，却对潜在的和实际的附属国更具吸引力。除非将这些自我克制的政策放到建立和维持权威的更大需要中加以考虑，否则它们实在令人费解。

国际等级制并不排除国际谈判，但在国际等级制下，国际谈判已从依靠强力手段，转变为依靠主导国所行使权威的性质和程度及其既定规则。秩序限制了附属国的行动自由。它们不能随意采取自己选择的任何政策，而只能将部分主权移交给主导国。从而，主导国利用其权威建立起一种互惠但不一定平等的秩序，来规制附属国的行为。而当附属国违背主导国的命令时，它们会使自己受到规训与惩罚。正如霍布斯对逃离自然状态的论述那样，人们逃离恐惧的自由需要丧失一定程度的选择自由。

即使附属国需要秩序,它们也会(正如我们在美国与拉丁美洲关系的曲折历史中所看到的那样)因为秩序的约束而恼怒,并寻求重新议定社会契约,使契约能既保留它们从中获益的秩序,又对它们施加较少的约束。在等级制下,政治斗争从单纯的利益摩擦转变为对规则与权利的辩论,而这种辩论反过来又包含并反映了利益问题。与所有的政治关系一样,等级制永远是一个充满争议的领域。

我们都已经看到了经过格式塔(Gestalt)*转换后的图画。在一张图画上,我们很自然地聚焦于白色的轮廓,观察到了一个杯子;但当我们聚焦于黑色轮廓时,我们可以看见(通常一开始有些困难)两张面孔的轮廓。这些"耍把戏"的图画旨在提醒我们,最初的感知可能并不准确,我们所观察事物的实际情形可能比它初看起来更为复杂,而我们需要有区别地观察我们周围的世界。国际关系中的等级制就像这样一幅图画。受主导理论的影响,我们将国际体系视为一个无政府状态、自然状态以及自助的世界。然而,对等级制的重新关注却改变了这种认识。一国对他国拥有并施加权威,对他国发号施令并得到其服从,并且建立了具有不同的作用、责任和益处的政治秩序。就像看见面孔并不意味着杯子真的消失了一样,等级制的出现并不会完全抹去之前的图景。承认等级制能够并且确实存在于国际体系中,并非否定我们之前有关世界政治的一切认识。各国可能仍然会对它们面对的威胁作出反应并调整其防御努力。大国可能仍然在彼此间更加无政府的关系中推行现实政治(realpolitik)。但是,重新审视等级制为我们呈现了一个不同的、更加复杂而又并不那么独特的政治世界,无论我们愿不愿意看到它,等级制都正在深深地影响着国际政治。

本书将多种路径与方法综合起来,以阐明等级制的概念及其对国际关系的意义。第一章和第二章是理论性的,借鉴了政治哲学和知识社会学来考察那些指导国际关系领域研究的关键假定。第一章提出了前文已大致介绍的关系型权威这一概念。在这一过程中,本书对主导国际关系

---

* 该词系德文"Gestalt"一词的音译,主要指完形,即具有不同部分分离特性的有机整体。最先运用到心理学研究中,强调经验和行为的整体性。后扩散至哲学、美学等其他领域,主张研究应从整体出发,从而理解部分。——译者注

学科的正式—法律型路径进行了批评。第二章阐释了等级制这一对本书而言至关重要的概念。在详细阐述这一概念的过程中，我对主权不可分割的假定提出了质疑，并且利用政治思想和实践两个方面的例证，表明了等级制事实上是一个连续变量。第三章使用 1950 年以来美国在世界权威模式中的数据，将安全与经济等级制的概念加以操作化。我们特别注意了各项指标的有效性以及它们与通常被用来衡量国际关系中权力强弱的强制性能力指标有何区别。

　　其余各章讨论了等级制对主导国与附属国的国际行为的影响。第四章考察了主导国如何创建政治秩序——即使规训附属国，约束自身行动自由，并向附属国可信地承诺其不会滥用被赋予的权威等行为，对它而言代价高昂。第五章重点研究了等级制对附属国的影响，在一系列大样本（large-n）统计检验中，发现这些附属国在自身防卫上的开支占国内生产总值的份额较小，在贸易上更加开放，并且更有可能加入美国领导的联盟。最后一章对本书的论点作了总结，并进一步阐述了其对国际关系理论和未来美国外交政策的意义。

注　释

　　1. Brown，Nardin，and Rengger 2002，337.

　　2. 例如，多德尼（Deudney 2007）在区分"第一无政府"（first anarchies）和"第二无政府"（second anarchies）时提供了这一论点的当代版本，前者中暴力的威胁过于严重而致使个人乐于接受权威，而在后者中威胁并没有强烈到足以导致自愿服从的地步。

　　3. 关于国际关系中的无政府假定，参见 Milner 1991 以及 Schmidt 1998。

　　4. 参见 Doyle 1997。

　　5. Brown，Nardin，and Rengger 2002，337. 参见 Jevis 1978；Waltz 1979；Mearsheimer 2001。

　　6. Keohane 1984；Oye 1985；Stein 1990.

　　7. Wendt 1992；Wendt 1999；Reus-Smit 1999.

　　8. 对于其他一些使用相关的等级观的研究，参见 Cooley 2005；Donnelly 2006；Hobson and Sharman 2005；Weber 2000。

　　9. 参见 Krasner 1999；Krasner 2001；Osiander 2001。

　　10. 关于简化假定在国际关系理论中的作用的论述，参见 Waltz 1979，chap. 1。

11. Atkins and Wilson 1998，32—35，42—43.

12. LaFeber 1994，247—248；Smith 1996，57.

13. Smith 1996，57.

14. Nearing and Freeman 1994，10.

15. 在1870年举行的一场全民公决中，多米尼加人以16 000：11票支持被美国兼并。Crandall 2006，41.

16. Atkins and Wilson 1998，79—84，87—92；Lowenthal 1995，10.

17. Lowenthal 1995，24.

18. Atkins and Wilson 1998，87，111—117.

19. Ibid.，88，117—118.

20. 对肯尼迪的讨论，参见 Crandall 2006，48。关于美国在这场暗杀中的作用，更为一般的看法参见 Atkins and Wilson 1998，119—120。

21. Lowenthal 1995，100 and 102；Atkins and Wilson 1998，135；LaFeber 1994，608；Smith 1996，169；Crandall 2006，59.

22. LaFeber 1994，608；Lowenthal 1995，26—31.毫无疑问，美国在这场危机中反应过度。由于担心"第二个古巴"，主要决策者仓促地相信了那些站不住脚的证据，认为反对派是共产党并将与卡斯特罗结盟。Smith 1996，170—171；Hartlyn 1991，198.最糟糕的情况是，左翼的反对派在掌权之后极有可能继续做温顺的下属。Lowenthal 1995，31；Crandall 2006，50.

23. Crandall 2006，38，53—94.

24. Bull 1977，5. 不过，与布尔不同的是，我没有将政治单位的首要目标归结为维持"国家体系和国家社会本身的存在"，也没有将其归结为"维持各个国家的独立或对外主权"（Bull 1977，16—17）。国家可能放弃这些"体系性"目标——甚至可能完全臣服于他国——以追求布尔已经指出的其他一些目标。对人身、财产及承诺的保护是至关重要的目标；个人选择生活于其中的政治单位的规模与独立性应被视为内生的。

25. 关于一些讨论主权面临的限制的著作，参见 Willoughby and Fenwick 1974；Dickenson 1972；and Reid 1932。唐纳利（Donnelly 2006）使其中一些概念重新焕发了活力。

26. 关于无政府状态和自助的讨论，参见 Waltz 1979，111。

27. 关于在联盟之中搭便车的讨论，参见 Olson and Zeckhauser 1966；Hartley and Sandler 1999；Murdoch and Sandler 1982；and Oneal and Whatley 1996。

28. 关于选择制衡还是追随主导国的讨论，参见 Walt 1987；Schweller 1994。

29. 关于冷战后均势重新出现的期待，参见 Mearsheimer 2001；Layne 1993；Waltz 1993；Waltz 2002. 对于不同的观点，参见 Ikenberry 2002；Mastanduno 2002；Risse 2002；and Walt 2002。沃尔特的著作（Walt 2005）对这一难题进行了延伸讨论。最近，这一辩论已演变为各国是否正在对美国实施"软制衡"（soft balancing），它与更为一般的国际博弈几乎很难区分。参见 Pape 2005；Paul 2005；

Brooks and Wohlforth 2005；Lieber and Alexander 2005。

30. Waltz 1979，93.对其批评，参见 Ruggie 1986。

31. Lake 1999a，47—49.在防卫方面的不完全分工并不奇怪；甚至在一些等级更加森严、受到高效警力良好保护的国内社会，个人也会为防范房屋被盗投保，锁闭门窗，安装房屋报警器，有时甚至会聘请私人保安或选择居住在封闭社区。

32. 关于不完备的契约的论述，参见 Williamson 1985。

33. 关于抵抗形式的论述，参见 Scott 1985。

34. Finnemore 2003.

35. 关于将权力最大化的论述，参见 Mearsheimer 2001，32—36；关于国际关系中的自我约束，参见 Ikenberry 2001 and Deudney 2007；关于过多权力的悖论，参见 Hirshleifer 1991 and Durhan，Hirshleifer，and Smith 1998。

36. Fearon 1994；Martin 2000；Schultz 2001.这一表述来自 Lipson 2003。

37. Lake 1999a，217—220；Thompson 2006.

38. Ivo Daalder 和 James Lindsey（2003b）注意到，"美利坚帝国"（American empire）这一表述在 2002 年 12 月至 2003 年 5 月之间的新闻报道中出现超过一千次。快速查看任何一家书店的时事类书籍区域，都可以发现一架关于该主题的新书。有关这类文献的举例，参见 Bacevich 2002；Calhoun，Cooper，and Moore 2006；Ferguson 2004；Harvey 2003；Hoffmann 2004；Johnson 2004；Lal 2004；Mann 2003；Norton 2004；and Odom and Dujarric 2004。

第一章

国 际 权 威

由于缺乏一个单一而最高的政治权威,国际体系经常被人描述为无政府状态。在最广泛的层次上,这是不言自明的道理。[1]但这与该体系中各单元之间的关系都必然处于无政府状态这一事实并不相符。实际上,依照体系是无政府状态的,推断出体系内所有关系也必须处于无政府状态的观点是一个划分的谬论——虽然人们惯常这样做。等级制不会止步于一个国家的边界,或者用外交政策的一句名言来说,"止于水边"(at the water's edge)。相反,单元之间的等级关系与体系的无政府状态是一致的,并且前者有可能存在于后者当中。

国际关系学者长期依赖于一种正式—法律型权威观(form-legal conception of authority),后者通过定义排除国家之间存在等级制的可能性。从最好处来看,这一正式—法律型路径仅是权威的一种可能的见解;从最坏处来看,它具有很深的误导性。本章提出一种不同的关系型权威的概念,它不仅更适于国际政治研究,也让当下处于隐匿状态的国际等级制呈现在我们眼前。我首先对权威、强制与权力的概念进行了概述,接着区分了权威的正式—法律型路径和关系型路径以及它们对国际政治的不同意义。

政 治 权 威

政治权威是具有权利的或正当的统治。[2]当政治权威行使时,统治者

18

(A)命令一组下属(B)改变它们的行为,其中的命令意味着 A 有发布这样一些命令的权利。[3] 从而,这一权利意味着如果可能,B 有遵守 A 命令的一种相关的义务或者责任。正如理查德·弗拉斯曼(Richard Flathman)所观察的,"如果 A 拥有权威 X,那么处于 A 管辖之内的人群 B 因此会有一项或多项义务 Y"[4]。简而言之,B"交出了裁决权",并接受了 A 的命令力。[5]

　　B 的义务意味着,在 B 违规时,A 有使其命令得到执行的进一步相关权利。[6]正如约翰·戴(John Day)指出的:"在政治生活中拥有权威的那些人,即统治者,经过授权,不仅可以制定法律和作出决策,而且在必要时使用强制力来确保人们遵守已制定的法律和同意已作出的决策。"[7]在一种权威关系中,个人可以选择是否服从统治者的命令,但这会受到统治者权利的约束,统治者会对个体的违规行为进行规训或惩罚。例如,很多司机会超速,但如果被发现,他们不会拒绝国家开出的罚单或其他惩罚,因为他们违反了法律。

　　权威以及具体的惩罚违规行为的权利最终依赖于对统治者统治权的集体接受或合法性。正如托马斯·霍布斯本人所承认的:"全能者(利维坦,the Leviathan)的力量基础只在于人们的舆论和信念之中。"[8]弗拉斯曼更充分地发展了这一点,他认为:"对于那些一旦遭到抵制通常需要强制发挥作用的提案,如果社团成员之间不能达成实质性的协议,持续的强制是不可能实现的。"[9]如果被认可是正当的,统治者就会要求获得惩罚个别人的能力,因为有其他人的广泛支持。在极端情况下,单个人可能会否认自己有任何服从 A 制定的法律的义务,但如果其所处的较大社团认可 A 的命令权力,并支持 A 拥有惩罚违反这些命令的人或行为的权利时,那么这个人依旧会被认为附属于 A 的权威并受其约束。[10]同样,只要足够多数被统治者承认统治者命令的主体部分正当,即使遇到反对,统治者也能够强制执行一些具体的法令。在这两种情况下,A 执行其统治的能力依赖于集体的肯定,或许还有被统治者主动的准许。[11]由于相当一部分被统治者承认统治者及其法令合法,因此统治者能够针对个别"搭便车"者,甚至持不同政见者使用强力。反过来,明知有足够数量的其他人支持统治者,潜在的搭便车者和持不同政见者便不敢违反规则,于是公开的强力就不再是必要的,至少不会常见。

在这个意义上说，政治权威从来都不是某个统治者与某单独被统治者之间的二元关系，它源自于一个将权利授予统治者的集体。因此，在国际关系和本书中，附属国更适于被理解为组成独立集体的个人集合。承认对统治者权利的集体授予有助于解决一个明显的矛盾，即从集体的角度来看，服从正当的权威是自愿的；而从任何特定个体的立场来看，服从却是强制性的。即使个人责成他们自己遵从 A 的命令，他们也能够集体选择是否接受 A 的权威。[12] 通过这种方式，权威成为强制与选择之间的桥梁，就如同炼金术士手中的浮渣，通过它，纯粹的强制转化为合法的统治。如彼得·布劳（Peter Blau）所阐明的，从下属集体的视角来看，服从权威是自愿的，因为他们向统治者授予了权利；而从任何单独的下属立场上来说，顺服是根植于集体实践的"无法抗拒的社会压力"的结果。就像布劳总结的："在权威关系中，附属国的顺服就如我们的着衣习惯一样心甘情愿。"[13]

权威的政治本质

权威是一项政治建构，它通过统治者与被统治者的实践得以创造并维持。这包含几点值得注意的意涵。首先，权威不是由统治者作出的一项主张，而是由被统治者授予的一种权利。只有当 B 承认其有遵从 A 意志的义务时，A 才拥有权威。[14] 服从不会从 A 的自说自话中产生。相反，A 期待服从的能力来自于 B 对其统治的授权。

其次，权威不是一个常量，而是一个变量，在不同的时间和地点存在的程度或大或小。最为重要的是，以 A 的命令与 B 的偏好之间的最大分歧（即：在这一分歧下，B 仍然会服从）来衡量的话，权威的强度是多变的。当 A 只能希望 B 做其在任何情况下都会做的事情时，它的权威很微弱；当 B 在 A 的命令下愿意去做原本厌恶的行为时，A 的权威强而有力。同时，权威从来不是绝对的。经常会发生 A 发布命令而 B 可能违抗的情况。当然，从这一意义上来说，基于某些原因，权威的操作化并不容易。在平衡状态下，A 可能只对它所了解的 B 会同意去做的事情发出命令；如果不对 B 的偏好进行调查，就很难识别 B 是无论如何都会采取这一行动，还是只是因为 A 的命令才这样做，而通常 B 的偏好是很难被发现的。

再次，由于统治者与被统治者对双方关系的权利与义务、特权与限度的边际存有争议，权威通常是政治斗争的产物与所在。诚如，即便在像美国那样的完备法律体系下，也有着对生殖权持续不断的斗争，什么是权威性以及统治者与被统治者可能正当拥有的权利，要经过不断的谈判和再谈判。附属国的违规行为被用来测试统治者的容忍度，而统治者的规训行为被拿来划分那些限度，这些都是这一斗争的内在部分。权威是支配与从属的一种动态和不断演变的关系。

最后，在任何等级关系中，关键问题都是限制统治者对权威的滥用。[15]授予统治者发布和执行命令的权威，也给了它基于自身利益使用强制性力量的能力。例如，A可能意欲强迫B以保证其自身实现持续统治，为其自身或其主要支持者汲取经济利益，或者仅仅是为了达到其自身妄自尊大的目的。因而，若将权威授予A，则相应地B必须要确信其所授权威会得到合理的使用。因此，为得到这一授权，A必须承诺限制其权威，使B可接受并信赖之。在各国内部，一种常见的建立信誉的方法是，创建相对较为民主的制度来分散权力，并保证民众偏好在政策过程中得到反映。[16]在国家间，主导国的民主制度及其在海外实行的多边主义同样被用来增强信誉。尽管如此，限制统治者对权威的滥用仍然是必要的，并且是任何权威授予的第一步。正是这一暗含其中的统治者自我限制，对国际关系中的权威与强制、合法的命令与纯粹的权力政治进行了最为明确的区分。

权威、权力与强制

权力是国际政治的主要媒介。正如罗伯特·达尔（Robert Dahl）的经典定义，权力是A使B做它在其他情况下不会去做的事情的能力。[17]权力来自于很多资源，而且有多种形式。[18]权威只不过是权力的一种形式。[19]在一项权威关系中，B虽然受命于A，但它仍然会做一些在A没有命令时不会去做的事情。因此通常所说的权力与权威之间的对立是站不住脚的。[20]

将权威区别于权力其他形式的不是结果（即B的服从），而是权力运行的机制。在国际关系中，对权力的分析通常局限于强制。在强制关系中，A发出威胁或者使用暴力——"伤害的权力"——使B改变自己的行为。[21]B可能选择服从A的要求，以免受到伤害（暴力威胁），或者一旦遭到强迫（实际的暴力）就撤退。事实上，这正是 A 的目标，改变 B 的动机，这样 B 就会选择按照 A 指导的方式行事。强制的一个经典例子是抢劫。抢劫者将被劫者拦在暗巷，问被劫者"要钱还是要命"。这一威胁（或许成本很高）的意图在于，促使被劫者交出自己的钱包（通常成本较低）。尽管面对威胁力量时（选择）服从或许是明智的，但并不存在这样做的义务。很明显，强制可能失败，因为 A 的威胁与暴力使用并不总是导致 B 的服从。A 或许没有办法强加足够的伤害，超过 B 选择服从时产生的损失，或它可能低估了 B 的决心，而没有强加足够严重的威胁。同样，B 可能担心未来还会有各种各样的要求，于是选择当下而不是等到后来再进行抵抗。到最后，（即使）A 承诺不去强加或去掉伤害，也可能不再受到信任。由于种种原因，抢劫犯牺牲了受害人却没有造福自己。尽管如此，作为一般的原则，A 威胁或强加的伤害越大，B 服从 A 命令的可能性就越大。

然而，作为正当的权力，就分析而言，权威在双方的权利和义务上与强制不同。尽管服从一个使用优势力量的抢劫犯的要求或许是明智的，但他的要求是非法的，而作为受害人，被劫者没有义务交出自己的钱财。抢劫者和被劫者都不会将强制视为正当的。相反，通常我们承认政府有权收取我们收入或资产的一部分作为税收，而我们有缴纳的义务。作为纳税人，我们或许会抱怨，寻找漏洞，不愿交给政府应交的份额，但我们一般都会接受国家对我们资源的主张。与抢劫一样，资产从纳税人手里转移给了国家，但在税收的案例中，汲取被认为是具有权利或正当的。正是服从统治者的命令是一种责任——或者换一种说法，那些命令的正当性——才使得权威和强制在概念上得以区分。[22]

尽管二者不同，但政治权威与强制在使用暴力执行命令上密切相关。当受到蔑视规则（其设计是为了约束行为）的刺激时，实施暴力的能力（如果不是实际的暴力）对于支撑或维持权威就成为必要。即使承认自己应当服从 A 的命令，但个人也可能选择违反任何一条规则。一项义务仅仅制造了一种对服从的期望，但这并没有产生或要求绝对的服从。例如，一个人可能会在纳税上作弊，但他并不会对政府征税的权威提出异议。然而，A 命令的强制性也允许其对 B 的违规行为施以惩罚，这意味着下属在选择违反命令的同时，也选择了接受统治者可能施加的制裁。例如，我们通常都会承认，如果没有缴纳适当金额的税收，政府有权惩罚我们。由于受下属在特定情况下不服从的驱动，统治者必须使用暴力执行命令，并且"杀鸡儆猴"以阻止其他下属的背叛。尤其在"搭便车"行为可能出现的大群体当中，对于阻止广泛违反命令以及由此造成的权威腐蚀，暴力将是十分必要的。

然而，当权威和强制超越某些界限互为补充时，它们也能够在短期内或当统治者拥有强制能力的外生资源时互相替代。当权威遇到挑战，统治者可能使用强制试图留在权力的高位，通过在各个角落雇用公共警察或在每个团体中雇用线人来阻止挑战者。在短期内，这种做法通过遏制异议，或许有助于加强权威，但最终还是会失败，因为统治者没法依靠人们对征税或其他必要汲取物的服从而维持这一强制性的机构。一些政权在国内依赖强制而不是权威，经常被（讽刺性地）称为威权主义（authoritarian），或者更生动地称为暴政（tyrannies）。[23]在国际关系中，一些国家在与其他国家的交往中依靠强制而不是权威，常常被认为是帝国主义者（imperialist），这反映了一种统治策略，并非一个国家治理他国人民的事实。[24]在一种帝国主义的策略中，一个国家试图通过武力主导另一个国家。这样，帝国主义就成为暴政的国际翻版。

尽管在分析上它们有着明显的不同，但权威和强制在实践中很难区分开来。它们紧密地交织在一起，使得分析者很难推断（在任何给定的情形下）一个附属国追随一个主导国的命令是出于义务还是武力。没有明确的界限分离这两个分析性概念，而我在这里也没有提供。在第三章中，我将等级制以及构成这一变量的权威以多种方式进行操作化，以此捕捉主导国与附属国之间一种权威关系的正当性。但即使在这样的衡量中，权威也是由使用暴力的能力所支撑的。这并不是分析或衡量的失败，而是反映了政治权威与强制之间的紧密联系。

权威的不同类型

作为具有权利的统治，所有政治权威都具有前文所描述的特征和意义。权威是权力的一种特殊形式,在这一形式下,下属向某个统治者授予一定的权利。反过来,权威的类型由于这一授权的来源而有所区分。统治的权利已被不同地理解为来自个别领导人的魅力(魅力型权威,charismatic authority)、为社会所接受并能通过仪式化典礼可再生的传统(传统型权威,traditional authority)和宗教的神性(宗教型权威,religious authority)。[25]它们都在不同的历史时刻对政治领导人和制度的正当化起到了作用,并继续在当今的世界发挥作用。

然而,在当今世界,政治权威在很大程度上依赖于两个主要基础中的一个——法律,以及我即将提到的社会契约。在政治科学中,特别是国际关系中,根植于国家法学理论的正式—法律型权威是主要的路径,它排除了一国凌驾于他国之上享有权威的可能性;而来源于国家间某种社会契约的关系型权威,则是如今国际关系实践中等级制的主要来源。

正式—法律型权威

在正式—法律型权威中,A命令B的能力、多个下属组成共同体以及B服从的意愿都取决于A所拥有的法律地位或官职。[26]在这一观念中,A,即处于权威当中的那个人(或单元)之所以拥有发布法律和规则的权利,是因为他所占据的官职而不是任何他所拥有的个人特质。权威存在于A身上,不是因为他这个人,而是因为他的官职。正式—法律型路径意味着:"只有当A借助于那些已经建立的规则拥有权威时,权威才能被准确地宣称属于A。"[27]换言之,而且这是我即将转回来讨论的重要一点,这一正式—法律的结构先于权威建立,并且反过来将权威授予其官职。正式—法律的理论是一种自上而下的权威观念,其中,当官员依法行动时,法律将官员正当化。[28]权威的这一见解与制度化政体中的共同经历产生共鸣,反映在公民对其政治领导人的支持表达中,即使他们可能不会尊敬作为个人的领导人。

这一正式—法律的权威观念,或者更准确地说,正式—法律型权威并未在各种主流的国际关系理论中处于核心位置。政治科学作为一门独立的学科开始出现于20世纪之交。[29]此后,国家不仅被视为一种规范性的理念,它也成为政治学实证研究的核心分析单元。[30]现行的法学理论将国家描述为凌驾于一定地域界限内政治共同体之上的最高权威的表现。据此界定,国家被视为等同于一个有其自我意志的法人(legal person)。[31] 早期的这一国家观严重影响了国际关系中关键概念的发展,并且相比在政治学其他领域,其对国际关系理论有着更为持久的思想影响。

通过把国家理解为至高权威的自然化身,法学理论必然暗示着一种形式上平等的国际王国,而且自治国家相互作用于之前提到的一种无政府体系之中。[32] 有如后来的分析者一样,法学理论家首先将那些不符合他们对合法国家定义的实体排除在国家体系之外。他们将诸如缺乏明确建立起来的权威等级或其他不符合欧洲理念情形的"内部的无政府状态"认为是"不文明的",并因此将之排除出国际体系。[33] 基于仅对那些被认为是最高权威的单元所做的有限的分析,法学理论家将这些最初给定的国家等同于个人,并将他们理解为生活于一种自然状态之中。[34] 建立于约翰·奥斯汀(John Austin)的法律观之上而视法律为"通过拥有权力的人进行的用于引导聪明人的一套规则",这一路径更普遍地拒绝了国际法或国际权威的可能性,将其他人所认为的国际法视为人们行为的规范或向导,而不是"真正的法律或者……严格意义上所谓的法律……"由于法律只能来自于正式建立的机构,国际法在概念上便已失去可能。[35] 因此,在其最初的陈述中,特定的国家观念直接导致了特定的国际体系观:只有正式建立的国家才是国际体系的成员,而且所有成员在这一缺乏任何权威的体系中都是形式上平等的。[36] 由于在国家之上没有正式建立的法律权威,国家之间不可能存在权威。因此,甚至早在第二次世界大战后政治现实主义学派主导国际关系研究之前,无政府状态的概念就已牢牢地扎根于各种主流世界政治理论之中。

被称为新现实主义学派奠基人的肯尼思·华尔兹在其著作中,对这一正式—法律的权威观及国际关系缺乏权威的含义赋予了最现代和最明确的形式。在《国际政治理论》一书中,华尔兹提出了国际结构的三个维度:排序原则、单元分化以及能力分配。[37] 在这些维度中,只有第一个直接含有对权威的论述,跟我们相关。通过强调它们的正式属性,华尔兹将排序原则定义为单元在彼此联系中的占位方式。根据华尔兹的看法,在等级体系中,单元"在上下级关系中彼此对立……(其中)政治行为体根据其享有权威的程度不同而受到形式上的区别对待"。在这样的体系中,"有些国家有权发号施令,而其他国家则必须服从"。相反,在无政府体系中,"各个部分……处于协调的关系之中。形式上,各国都是平等的一员"。通过反向三段论,他得出结论:"没有任何一国有权发号施令,也没有任何一国必须服从"。[38]华尔兹以一种通常得不到认可的方式依靠法学上的国家概念,得出了与早先正式—法律学家同样的结论,即一个体系最先且最基本的维度是由单元所拥有(或没有拥有)的权威程度来定义的。国家本身具备内部的等级制及外部的与他国联系的无政府状态特征。

基于国内政治与国际政治不同的排序原则,华尔兹在两者之间画了一条明确的界线。但是,基于这条线重新思考,他后来承认道,"所有社会都要么是零散地组织起来,要么是程度不一地按照等级秩序组织起来……人们既可以构想出近乎纯粹无政府状态的社会,也可以构想出近乎纯粹等级秩序的社会,还可以构想出反映这两种组织类型相互融合的社会"。在一个重要的让步中,华尔兹则暗示权威关系的变化形式能够而且可能就存在于国际体系当中。尽管如此,华尔兹还是回到了一个绝对论者的观点,并且得出结论说:"尽管……纯粹的秩序并不存在,但是依据它们的组织原则来区分不同领域,则无论如何都是合适而又重要的。"[39]华尔兹为国内等级制和国际无政府状态之间的这条界线辩护,尽管他承认会有介于两者中间的情况(通过将后者定义为只有在大国层次才能掌握的方式)。这在分析上相当于之前理论家所指出的文明国家与非文明国家之间的区别。认识到可能存在其他类型的单元或行为体,他指出:"国际结构是以一个时代主要的政治单元的方式来定义的,这些政治单元可能是城邦(city states)、帝国(empires)或者民族国家(nations)",而且,"国家不是、也从来没有成为唯一的国际行为体。而结构的界定并没有通过构成它的所有行为体来进行,而是通过其中主要的国家"。他总结道:"只要主要的国家还是主要的行为体,国际政治的结构就是以它们的方式来定义的。"[40]因此,根据这一相同逻辑,即使一些非无政府状态的关系存在,它们在很大程度上也是无关紧要并被完全忽略的。在他的整个分析中,国际政治是由大国所定义的,在无政府状态的基础上,大国之间存在明确的互动;因此,在华尔兹具有广泛影响力的观点中,体系是无政府状态的。由于依赖于一种正式的法律观念,国际关系拒绝了权威概念,认为其"与国际环境格格不入"。[41]

尽管正式—法律的权威观念可能有助于分析早已建立的国内等级制度,但它对国际关系研究的效用仍令人怀疑。[42]在第一个例子中,它包含着一个内部矛盾;而在第二个例子中,它产生了一些具有误导性的含义。

尽管借鉴了霍布斯的看法,正式—法律的理论仍没有就权威如何从自然状态中产生给出满意的答案。如果政治权威来源于合法的机构,那么法律必须先于权威存在。但如果是政治权威创造法律,那么权威的确立就必须先于法律机构。在建立必要的先决条件以超越自然状态的过程中,我们不能设想没有权威的法律抑或没有法律的权威。就像是先有鸡还是先有蛋的玩笑一样,我们面临着一个难题,它唯一的正确答案是"两个都不是",或者"两者同时出现"。当权威一旦建立,即使一种正式的法律观念有效,这样的一种路径也不能解释其自身的创建。因此,权威的来源必须依赖于一种与正式的法律秩序不同的东西。

从而,认为没有一个正式—法律的结构就不可能有权威,其实是具有误导意涵的。如果先前的结论正确,那么这一弦外之音则必定错误。也就是说,如果权威需要一个正式—法律的结构,那么那个正式—法律的结构本身可能永远不会存在。因此,对权威而言,它必须独立地存在于任何正式的法律结构之外。这对国际关系中关于无政府状态的主流观点构成了巨大冲击。在一般观点中,既然不存在一种国际的正式—法律秩序来向任何国家授予权威,那么,国家之间是不可能存在任何权威的——因此,体系必然是无政府状态的,其中各个单元之间的关系也是如此。但如果权威无法来自如第一个例子中所说的正式—法律秩序,那么,权威必定是与正式 法律秩序并存的,或者至少是伴随或先于正式—法律秩序由自然状态中产生的。这并不必然意味着国际体系中存在权威,而仅仅是说这样的情形中可以有权威。我们不应过快地从自然状态跳入国际无政府状态。

关系型权威

社会契约论当中包含着第二种权威观,其中,权威不是来自于统治者的职位,而是来自于统治者与被统治者之间的交易或者讨价还价。[43]关系型权威以统治者与被统治者之间的交易为前提,其中 A 向 B 提供一套有价值的政治秩序,足以抵消 B 附属于 A 所失去的自由;而 B 授予 A 权力对其行为进行必要的限制,以提供该秩序。在平衡状态下,一个统治者提供恰好足够的政治秩序,来获取被统治者在维持秩序所需的纳税及约束上的服从;而 B 的服从也恰到好处,以驱动 A 确实提供该秩序。A 获取了足够的回报来提供那套有价值的政治秩序,而 B 得到了足够的秩序来补偿由于准许 A 对其施予权威所带来的自由的丧失。如果 A 汲取的资源过多或提供的秩序过少,B 可以收回其服从,这样 A 就会失去权威。通过这种方式,关系型权威视统治者与被统治者二者的行为而定,是一种通过不断互动生产与再生产出来的平衡。

政治秩序,在本书导论部分被界定为对人身、财产及承诺的保护,是投资以及其他经济活动的前提条件。[44]"法治"是目前公认的经济发展的一个根本因素。[45]在个人层次,政治秩序制造了大量的外部经济效应。也就是说,人身、财产和承诺的安全(以及随着这些保护而出现的繁荣)在一定范围的消费中是不完全排他和非竞争性的。因此,个人通常会寻求搭他人努力的便车;纯粹自愿的努力将无法产生满足预期的政治秩序,而且总体而言净结果也不会是最理想的。[46]

尽管自愿努力具有次优性,政治秩序也并不一定非要一个"制定秩序者"(orderer),一个负责生产某种行为模式的实体。赫德利·布尔认为,即便在无政府状态下,一国的社会也会形成一种基本的秩序。[47]正如一代人的研究所展示的,在各国内部或国家之间,形式上平等的各行为体之间显然是有可能合作的。[48]等级制并不是政治秩序的一项先决条件。尽管如此,通常对于生产秩序来说,等级制是一种更为有效的机制。由于政治权威的持有者能够合法地强制执行各项规则,此类行为体尤其需要进行改变,以适于解决集体行动问题。它们可以汲取税收、劳动力或其他必要的资源,用来支付构建政治秩序以及限制那些可能削弱该秩序的个人行为。这可以由统治者直接进行。另外,统治者可以通过人们普遍所说的领导权而间接地生产秩序。举个例子,统治者实际上可能不会保卫财产权本身,但它们可能会促进财产持有者捍卫其自身权利的组织。只要统治者——解决这样的集体行动问题,它们依然会获得被统治者的信任,因为它们履行着社会契约当中自己的那一部分。[49] 从而,由于被统治者预先造就了严格意义上自愿供应的次优性,它们向统治者授予了解决"搭便车"问题所需的权威,并通过实践,同意统治者所施加的资源汲取和行为约束。正是正当使用暴力的这一能力,使现代国家在大规模生产政治秩序上如此有效,也正是同一种力量,使得国际等级制成为可行,甚至可能更受青睐。

自我执行的契约 统治者与被统治者之间的关系型权威是一个自我执行的契约。政治秩序是这一权威关系中连接统治者与被统治者的黏合剂。如果没有想要的政治秩序,被统治者就不会将自己依附于统治者的命令。而如果没有被统治者的服从,统治者也就失去了生产秩序的途径。

由于附属共同体的成员归属于现有的政治秩序,或它们需要一些自己只能从特定秩序中获得的东西,这一自我执行的契约或平衡反而变得更为稳固。无论在个人层次还是国家层次,行为体都需要在日常生活中获取各种各样的资产。个人需要购买财产,接受教育,培养一些适合特定行业的专业知识和技能,并进行养老储蓄。国家需要投资于基础设施,专门从事不同的行业和经济部门,以及发展向世界某一些地区(而不是其他地区)投送暴力的能力。部分资产将是通用的,很容易以很少的价值损失从一种用途转为另一种用途,或从一个政权转到其他政权。其他资产将高度适用于某一特殊的权威关系和其制造的各项政策,它们能够重新配置于其他用途,或在另外的政权下得以利用,只是价值会大大缩水。[50] 由于行为体投资于跟权威有关的专用资产,它们开始依赖生产某套特殊秩序的权威结构,并反过来具有了动机支持统治者、压制可能出现的异见者,后者说不定会颠覆这一权威结构。这样,被统治者(作为一个归属于这套特殊秩序和关系的共同体)进一步将统治者的权威正当化。随着它们依赖权威获取的资产越来越多,等级关系也变得越来越稳固——越来越正当。

例如,在美国,农民因其广泛的地理分布而在国会中拥有相当大的影响力。他们也依靠政府补贴。如果撤销这些在社会上无法获得的补贴,农作物价格就会下跌,土地价值将下降,而一些目前处于贫困状态的农民将被迫转向其他行业并学习新的技能、获得新的资产。为防止他们的人力及有形资本价值下跌,农民们会努力抗争,以维护自己目前的补贴,而一旦他们在国会的代表受到挑战,他们会更为努力地去维护其代表。同样,很多国家内部的各种集团依赖于国际贸易,它们将其利益给予美国所拥有的持续的国际领导权,正如在世界贸易组织中所体现的。管理国际贸易的规则最初由美国及其在西欧和拉美的一些附属国商议设定。[51]而且,美国在这些规则内率先实行贸易自由化。随着自由贸易的增长以及先前帝国特惠制和贸易保护主义的拆除,所有成员国内各种经济行为体逐渐调整了自己的战略和投资,向开放市场的新世界靠近。由于贸易在比较优势的基础上进行了重新分配,输出国扩张;输入国负隅反抗,但最终还是在经济和政治上进行收缩;而跨国公司开始掌握规模经济和由经济开放可能造就的较低的交易成本。由于各国国内经济资产由相对劣势的部门重新配置到比较优势的部门,而且由于企业对其生产链进行拆分,将之扩展至全球,国内反对自由贸易的力量越来越弱,支持开放贸易的力量越来越强。这强化了自由贸易政策,反过来也强化了制定这些政策的国际规则。[52]在一些特定情况和产业中,经济民族主义依然出现。20世纪90年代末,以广大群众为基础的反全球化抗议凸显了反对开放市场的潜在冲突,使其变得更为普遍。然而,全球化看起来不仅速度正在不断加快,而且获得了政治推动力。这并不是因为任何就像地心引力般的自然法则,而是由于全球的经济行为体越来越向国际市场持续开放。

然而,这种自我执行的契约容易受到两种战略失误的冲击。被统治者 B 可以要求更多的自主性(autonomy),比 A 所创造的政治秩序所确保给予的利益还要多。它们在寻求扩展自身自由选择的范围过程中,可能经常试探权威的限度。或许,当 A 的权威被 B 所归化或被 B 欣然接受,以及当 B 没有认识到它对 A 所提供的政治秩序的依赖时,这种不太服从的行为最有可能发生。在这种情形下,A 面对着 B 对规则的违反、不服从,甚至可能出现反抗;A 要么规训 B 并恢复自己的统治,要么最终减小自己提供的秩序的范围。例如,正如在本书导论中所描述的,因为多米尼加共和国威胁要离开非正式帝国,美国在 1961 年和 1965 年两次对其进行了惩罚。违规及规训问题在第四章中将会有较长篇幅的讨论。

此外,统治者会因主张一些不被下属视为正当的权利而出现过度统治,导致失败。[53] 在这种情形下,A认为自己拥有比实际更大的权威。B可以选择不服从A那些缺少正当性的命令,或者更为激进地抵制这些命令,这通常导致其撤销(自己授予的)合法性并解除双方关系。尤其危险的是,A出现过度统治的行为会给其他行为体释放信号,认为其对权威契约的履行不足为信,并可能促使下属更普遍地撤销其对A的服从。当A出现过度统治,或坚持主张不被下属接受的权威时,它所能做的是,或者放弃要求,这样做会暴露其是一个纸老虎;或者通过强制手段执行其意志,这样做的代价高昂。不论哪种情况,A都将自己显示为一个暴君或帝国主义者。现在很清楚的是,乔治·W.布什总统在入侵伊拉克问题上出现行为过度,而没有获得伊拉克人民的支持,也使其他地方对美帝国主义产生了普遍的担心。[54]

在所有的权威关系中,既得利益会构成一个缓冲器(如果你认同这样说的话),减轻各方在战略失误中的损失。对于被统治者而言,既得利益会有效抑制其不服从或反抗行为,并防止权威关系可能出现的破裂,从而避免出现严重的混乱。若统治者出现统治过度,既得利益会迫使其重订束缚。尽管如此,权威始终是脆弱的,易于遭到自上或自下的破坏。

一旦失去,权威就很难重新获得。如果被统治者从统治者那里撤回其支持,它们就不再接受先前的权威契约或不再信任统治者会履行契约。因此,一旦权威赖以存在的秩序遭到破坏,统治者就必须更加努力地重建秩序,而一旦出现统治过度,统治者就必须恢复附属国对其愿意接受契约制限制的信心。第一项任务代价非常高昂。第二项任务要求统治者甚至更紧地自缚手脚,使下属相信,将权威赋予统治者是值得信赖的。两项任务都使得等级制对于统治者的价值卜跌,并因此使统治者不大可能再去寻求建立等级制。

有何益处? 作为政治斗争的关系型权威 在平衡状态下,无论统治者还是被统治者都必须从一项关系型权威契约中获益。统治者受益于政治秩序本身,但为提供这套秩序支付成本。被统治者受益于这套秩序及其产生的更大繁荣,但放弃一定程度的自主权,并接受命令,以它们在其他情况下可能不会选择的方式采取行动。统治者必须获得足够的收益,以抵消其提供秩序的成本。被统治者必须发现政治秩序(可以)提供比其下一个最优选择更大的净收益,根据标准的国际关系理论,这可以被假定为一种无政府关系,其中人身、财产和承诺缺乏安全,完全依赖于自助。[55]

然而,双方行为体都受益,并不意味着每一方都如某些理想世界中可能出现的那么富有。从主导方和附属方的角度来看,统治者行使的权威未必是最优的。一个单独的统治者为所有行为体创建一套统一的政治秩序,这或许比多个统治者指挥一些互相竞争的秩序占有优势,但也可能不是这样,尤其是当这个统治者不太负责任时。然而,最优的选择并不是必需的。对关系型权威而言,要达到一种均衡所必需的是,统治者与被统治者之间的交易使双方均获得比各自次优选择下更好的收益。

这并不要求也不意味着被统治者与统治者从双方关系中平等受益。在一些情形下,被统治者或许能够利用统治者,并且能够从秩序创造的共同收益中汲取不成比例的份额——众所周知的弱联盟中的强力量。[56]但更常见的是,统治者可能利用其能力设置规则,使政治秩序偏向自己的利益。长久以来,制定规则的权力被人视为一种令人敬畏的权力,它或许也是人们在权威当中获得的最重要的利益之一。事实上,在最极端的情况下,统治者可能扭曲规则到这样一种程度,使得被统治者对于留在等级关系之内还是退回无政府状态漠不关心;尽管大多数统治者可能出于对未来收益的足够重视,不会将被统治者推向一个如此脆弱和形势难料,以至于很容易受到外部冲击的均衡状态。对统治者有利的偏向,最终只受被统治者服从其命令的意愿的约束。正如在本书导论中对美国—多米尼加关系的讨论所提出的,在一种关系型权威观中,没有任何东西意味着等级制是"公平"或公正的,或者暗示公平是正当性的一项必要条件。[57]再一次,双方在等级制下的生活稍微优于其可能所处的无政府的自然状态就足够了。

但是,由于秩序并不都是平等创造的,并且具有不同的分配影响,统治者与被统治者会就前者所拥有而由后者所授予的权威的性质、含义和限度不断地进行斗争。即使在一项稳固的、有相当数量既得利益支持的权威关系中,统治者与被统治者也会对所生产的政治秩序的性质争论不已,尤其是对其利益分配和对该套秩序生产与再生产所必要的被统治者的限制。权威始终是必争之地。支配者提供多少的人身、财产和承诺保护？哪些人身、财产和承诺是受保护的？要提供这套秩序，需要对个人自主权或国家主权施以什么样的限制？在任何建立在社会契约基础上的权威关系中，这些可能正是划分统治者与被统治者的问题所在。

关系型权威和国际关系　虽然正式—法律理论中的霸权已经很大程度上避免了分析者将国家描述为权威性的，但学者们肯定辨认出了国际关系中关系型权威的痕迹。这一认知体现在国际关系的几个理论当中。例如，非殖民化的标准说法通常都会强调在帝国宗主国与其领属之间存在着一个不断变化的社会契约。在美国革命中，殖民者最初的激进行为通常被归因为英国的过度控制，后者试图将保卫北美的重担转移到殖民者肩上。[58]同样，战后非殖民化运动被归因为大萧条和第二次世界大战，它导致由英帝国产生的利益流向发生了实质性的逆转：英帝国不仅无力捍卫其亚洲殖民地免于日本的威胁，相反，它还要从其殖民地招募超过500万的兵力加入欧洲战场。[59]为维持它们的支持，英帝国被迫向其殖民地提供史无前例的巨大让步，包括承诺它们最终的独立。

学者们还在国家间其他的、非帝国的关系中观察到了更为微妙的关系型权威痕迹。尽管没有直接联系到权威和等级制，但霸权稳定论也提出了一种社会契约，在这种契约下，霸权被理解为生产一套秩序——英国治下的和平（Pax Britannica）或美国治下的和平（Pax Americana）——它或是基于或是导致对所有或大多数国家均有利的经济开放政策和各国间的和平。[60]权力转移理论也认为，强国通过提供一套国际秩序来巩固其自身地位；在这套秩序中，"每个国家都清楚他国预期的行为类型，各种习惯和模式被建立起来，并且，维系这些关系所需遵循的一些特定规则逐渐被各方接受"。[61]约翰·伊肯伯里（John Ikenberry）在其国际"组织秩序"（constitutional orders）概念中就霸权的生产秩序发展了一套类似的知识，这与迈克尔·曼德尔鲍姆（Michael Mandelbaum）在其《为哥利亚辩护》（the Case for Goliath）中所做的如出一辙。[62]约瑟夫·奈在其"软实力"的概念中捕捉了权威的几个要素，这是利用权威的魅力型特质吸引人们追随一个领导国。[63]即使是如斯蒂芬·沃尔特（Stephen Walt）这样的现实主义者也认识到，正当的权力往往比强制更为有效，而且它部分地依赖于为他国所制造的"积极的后果"。[64]如果对国际关系而言,国际权威确如我所说的那般重要,而在过去又无人触及这一领域,这确实会很奇怪。但是,即便他们抓住了这一概念的某一部分,也很少有分析家将其观点明确地与权威概念及其在国际关系中的实践联系起来。

当代的一些观察家没有全面地领会国际权威的性质和程度,这或许并不完全令人意外。如今的等级制比以往拥有更多束缚或更为微弱,因此更易遭到忽视。发展中国家在捍卫其来之不易的独立中,已经运用人类平等和法理主权的原则性理念,不仅表达了它们对外部权威的反对,也反过来直接形成了一种等级制仍然有待商榷的政治景观。发展中国家成功地将帝国和等级制等概念非法化,以至于如今这些短语在政治话语中很少被使用。分析家接受了威斯特伐利亚主权(参见第二章)的神话,并强化了这一趋势。这些原则性的理念和它们体现的运动无疑有助于限制当代国际等级制的范围。然而,它们并没有导致国际等级制的所有形式都消退,而且自相矛盾的是,它们甚至还可能使受到更多限制的等级制更具吸引力,也更可信。等级制是一种动态的、不断发展的关系,而非在先前某一创建时间就已经冻结的静态制度。

社会契约的各项益处仍然对国家发挥着一股强烈的吸引力,使其让渡部分主权获得对人身、财产和承诺的保护。正如 20 世纪 60 年代早期法国总统戴高乐(Charles de Gaulle)对其助手谈道的:"西欧已经成为——甚至没有意识到这一点——美国人的一个保护领地。如今有必要将我们从这种统治中解放出来。但在这种情形下,困难的是各个殖民地并不真的想将自己解放。"[65]在 1965 年秋天美国入侵多米尼加共和国之后,多米尼加举行的一次民意调查表明,64% 的人口正面看待美国的这一干涉行为。[66]为了换取美国保卫王国免受一场可能由伊拉克发动的侵略,沙特阿拉伯在 1991 年海湾战争期间成为美国的一个保护国。同样,东欧国家鼓励美国在其领土上建立军事基地,以保证自己不受卷土重来的、或许更具威胁性的俄罗斯帝国主义的侵袭,甚至当它们认识到加入美国主导的秩序或许会限制自己的外交政策自主权和国家主权,甚至或许迫使它们在冲突中加入美国一方时(就像在伊拉克战争中一样)也是如此,而这些在其他情况下它们或许可以避免(参见第五章)。

在这一充满争议的政治景观上,过去六十年来,处于发展中世界的各国已成功赢得了比先前设想可能更大的自主政策范围。暗地里,各附属国有意识地推动人类平等的自由主义原则,以此使直接的"外国"统治丧失正当性。欧洲各大帝国长期建立于种族不平等的规范之上,它们甚至以这些规范为其正当性辩护。由于肩负着"白人的负担",欧洲人否认有色人种的自然权利,认为他们在技术上、经济上或文化上劣于更为发达的西方文明。这一"原则性的"帝国主义在 19 世纪晚期尤其强烈,当时社会达尔文主义居于主导地位,而且基督教传教士为了获得对其活动的支持,将原始部落的故事转述给国内的会众。尽管附属国国民从未像其帝国首领那般深深地接受种族不平等的规范,但是欧洲人仍然获得了部分正当性,使其在 16 世纪至 20 世纪征服世界各地的人们。例如,1898 年,只是拥有一个集体向主导国授权的正当性,英帝国用区区 7.5 万人的军队,就统治了所有的南亚国家,以当代的视角来看这太不可思议了。[67]这并不是为了指责受害者,而只是为了确认欧洲各个帝国至少部分地依赖于种族不平等的信仰,这些信仰在主导国和附属国人民那里一样地被内化。

然而,这些信仰在 19 世纪的过程中受到了帝国内部改革者以及领属土著精英们的攻击。在针对奴隶制的斗争中,改革者们提出了人类平等的自由主义理念,认为任何人都没有权利征服其他人。随着奴隶制的废除,这一理念为帝国的评论家们所接纳,而且更为重要的是,为本土的精英们所接纳。[68]随着人类平等原则在各主导国内占据政治结构的中心,尤其是随着民主化的到来,以及它们对各国本身之间的关系来说(见下文),当附属国人民以违背所有人类一律平等准则为理由,开始公开谴责帝国时,它们是在继续推开一扇已由先前就已被广泛接受的自由准则所打开的大门。[69]

种族不平等规范,以及其作为帝国的道德基础,如今已遭到人们广泛的排斥。曾经正当并可接受的东西,如今被视为是非法和无礼的。虽然某些属地通过大众公投仍然认可其附属地位,例如美国对波多黎各的拥有权,但这种外部统治的正当性已越来越难以被证明了。[70]现今,与 19 世纪那些帝国类似的完全帝国至少会在道义上受到质疑。

潜在地,附属国也一直采用所有人类生而平等的自由准则,来推进各国形式上一律平等或拥有独立主权的观念。这一联系拥有悠久的思想根源。艾默里奇·德·瓦特尔（Emmerich de Vattel）在 1758 年的著述中，对个人和国家进行了类比，他认为，既然处于自然状态下的个人拥有一定的自然权利，并由此获得法律面前的平等，那么处于同样原始条件的国家也必然拥有自然权利，并处于严格平等的关系中。在一个富含感情的表述中，瓦特尔断言："作为一个人，一个侏儒和一个巨人是一样的；作为一个主权国家，一个小共和国并不比一个最强大的王国缺少什么。"[71] 基于国际法下的平等权，即无论它们如何弱小或如何强大均是平等的，瓦特尔得出结论，所有国家在形式上都是平等的。瓦特尔的观点成为现代国际法或法理主权观念的核心。[72] 这一观点最终导致了民族自决概念的出现，它是第一次世界大战之后由伍德罗·威尔逊（Woodrow Wilson）总统在凡尔赛举行的巴黎和会上提出的，其后被写入联合国宪章。[73]

与现代国家一同诞生的主权概念，始终是一个服务于政治目的的政治方案。让·博丹（Jean Bodin）、霍布斯以及其他一些早期的理论家主张，主权原则是在严重的冲突之中以及最终的转变中实现的。他们著书立说，在某种程度上为紧随内部动荡和内战（诸如英国的情况）而来的中央权威的创建辩护。在现代性的黎明之中，他们也曾写作，为一个中央集权的世俗国家的合法性正名，并为其宣传，反对封建主义的内部残留，也反对普世教会的外部痕迹。中央集权和最终的权威将给他们的世界带来稳定和秩序，这正是他们的经历使然，也是他们的热切希望。通过这样的方式，这些早期思想家发展提出的——以及我们大部分继承的——主权原则从来没有意味着是对实践的某种描述，或是国际政治实证理论的某项基础，而是一种国家建设过程中随时可以使用的规范理想。今天，法理主权原则同样受到弱国的支持，用以反对殖民主义的残留。正如早期欧洲国家面对互相矛盾的封建和宗教忠诚而不得不团结起来一样，这些新的国家在试图克服先前殖民统治者持续的忠诚和权威过程中使用主权理念，也是如此。[74] 有时，由于缺乏有效支配其领土的能力——其他主权国家认可的一项传统要求，正如罗伯特·杰克逊（Robert Jackson）所称的，这些"准国家"（quasistates）紧紧抓住并推进法理主权这一观念，为其统治辩护。[75]

凡是附属国在使帝国丧失正当性中取得某些成功的地方,它们在推进与积极法理主权原则相一致的实践方面却效果不佳。正如斯蒂芬·克拉斯纳(Stephen Krasner)所表示的,这一原则经常受到试图维护其权威的主导国或前主导国的破坏。[76]大国在追求自身利益时经常忽略平等原则。尽管小一些的国家强硬并一再主张形式平等原则,大国仍然坚持并在联合国及许多其他国际机构中享有特别决策权。[77]即使在宣布各项章程建立于主权平等的基础之上,并承诺与所有成员国协商时,各个大国仍然或是限制较小的国家参与和投票,或是坚持在任何重要政策决策上拥有否决权。最近,关于诸如"保护的义务"等原则的争论反映了对主权平等观念的持续不断的挑战。[78]

如果帝国是正当存在,而支持主权平等原则的力量不是这么强大的话,美国如今对其附属国的统治或许极有可能更为全面和直接。但是,它并没有遵循对国际权威的这些约束,认为等级制不可能存在或所有国家间的关系都必然是无政府状态的。事实上,这些在原则性理念方面的变化,其实践效果或许会推进"更轻"或更低程度的等级制形式,从而实际上鼓励更多国家向他国让渡部分主权。

鉴于主权平等原则仍处于脆弱不堪的地位,对规范的敌视将导致国际等级制终结的这一预期,完全建立在主导国无法对其政策进行调整的假定之上;但也没有什么特别的理由让人相信事情的确如此。为了获得与以往同等程度的等级制,主导国能够在原则上为潜在的附属国提供一种更具吸引力的社会契约,包括一套更为安全和公正的政治秩序。换言之,为吸引附属国,主导国可以为其人身、财产和承诺提供更好的保护,并创建和加强一些不太偏向它们自身利益的规则。实际上,这减少了主导国的净收益,并且含蓄地暗示它们将追求比以往更少的等级关系。然而,正如吉尔·兰德斯塔德(Gier Lundestad)将战后美国外交政策描述为一个"受邀请的帝国"(empire by invitation)所暗示的,这并不意味着美国或其他潜在主导国将放弃所有的等级关系,而仅仅是它们将采取一种比以往更轻微或更具吸引力的方式。[79]

另一方面,通过作出限制统治使其更为可信的声明,对国际权威新的敌意实际上可能增强主导国建立有限等级制的能力。如上所述,建立任何权威关系最关键的考虑之一是,限制统治者将来采取机会主义的可能性。正如在第四章中所讨论的,美国已有效利用其自身反殖民主义的立场标榜自己对统治他国少有野心。附属国越是相信少量的权威授予不会在未来被用来获取更大的权威,就越愿意加入有限的等级制。在这一等级制中,只有某些、部分的主权转移到主导国。我们不应从敌视原则的存在推断出当前世界流行等级制的结论。人类平等规范和法理主权原则可能有助于限制等级关系的程度,但恰恰是这些同样因素,可能会使得较之以往更为有限的(等级)形式,甚至比以往更具吸引力。

国内政治和国际政治中的关系型权威 对关系型权威的关注表明,国内政治与国际政治的主要区别并非权威的本质或合法性的来源,而是等级制的程度,以及反过来支持等级制的既得利益的深度。相比在国际上对他国行使的权威,一国在国内对其公民行使权威的程度通常更深,涉及的政策领域也更多。尽管国内和国际等级制都发生了变化,但即便在公民有着很大私人活动空间的最自由的社会中,国家权威也很可能较(比如说)美国对多米尼加共和国行使的权威要大。[80] 只有在以往的强大帝国中,国际权威才有可能达到现今国内权威的程度。值得关注的是,这些是对权威程度而不是种类的评估。

于是,国内等级制中的既得利益比国际等级制中的要更为强大。[81] 简单而言,有更多的团体,它们在与其政府的关系中经受的风险要比其在与主导国的关系中经受的更多;而且,可以预期的是,它们在维系国内契约方面,要比其在维系国际权威契约上更加努力。因此,国际等级制一般在政治上较大多数国内等级制更为脆弱。由于支持者数量很少且不够坚定,国际权威更容易遭到挑战并被改变。这并非表明国际等级制不合法:国际等级制很有可能比无政府状态下的国际制度发挥更多的作用,而随着等级程度的增加,其作用也会更大。作为统治集团,各个主导国确实对附属国行使(或多或少的)权威,并将最终创造等级关系中的既得利益者。

然而,由于通常在国际等级制中的既得利益比在国内等级制中的少而且浅,国家之间的权威比国内权威更为脆弱,也更具有流动性。国际正当性要持久,就必须谨慎地加以培育和保护。如果一旦失去,只有经过大量努力,正当性才能恢复。大多数情形下,在权威关系中创造既得利益的那些特定资产不会贬值或一夕之间失去全部价值。即使这些资产在某套新的关系,甚至在无政府状态下有所贬值,但它们也至少能通过恢复原状重获部分原有价值。因此,既得利益者即使面对改革,也将继续为旧制度(ancien regime)摇旗呐喊。举个例子,卡斯特罗革命过后半个世纪,在美国的一些古巴流亡者仍旧支持推翻现有政权,并主张恢复美国主导的非正式帝国,这样他们的农业出口与资本世家都会繁荣兴盛。既得利益者能够在很久一段时期内保持强大的政治影响力。尽管如此,与国内等级制相比,国际等级制中的既得利益者比较稀少,这使后者比前者更为羸弱,也更易折损。

同时,相比各主导国在与其公民关系中出现过度统治,它们相对更容易、也有可能在与其附属国的关系中出现过度控制。因此,战略失误在国际政治中比在国内政治中更为频繁,也使国际权威更加脆弱和短暂。

大多数现代国家都依赖于其国民以获得必要资源,用于生产作为权威契约核心部分的政治秩序,并惩戒那些可能出现的违规成员。在以秩序换支持的交易中,在很大程度上服从就是为国家实行统治之事缴纳必要的税收。这并非总是如此,当然,如今也不常施行。例如,在封建体系中,国王通常在征税上拥有微弱的权力,资源在很大程度上来源于他自己的土地。这给予了国王更多的自由,但相对于社会中的其他团体甚或个人,这又对国王权力造成了严重的制约。随着战争规模的增长,国王需要的收入超出其个人土地的产出。他们通过授予在税收使用方式上的发言权,逐渐提升自己在征税科目上的能力。从这种需求到征税,(其中各个环节)都促进了早期政治透明制度的发展。[82] 国王如今拥有更多的资源,通过这些资源他可以对其人民行使权威,并将其统治扩展至他国人民,但是,这样做的代价是通过新的制度约束缚伴自己的双手。今天,食利者国家(rentier state)处于——如果这是个正确的术语——一种类似于封建君主制的境况。自然资源(如石油和矿产品)或初级产品(如咖啡)要么归国家所有,其收入由政府直接占用;要么极易在出口点上征税。拥有一股稳定并容易利用的收入流,食利者国家——就像封建领主一样——在它们能够潜在控制的资源上受到更多限制,但不需要直接与其公民讨价还价,也不需要发展政治透明制。这制造了广为人知的"资源诅咒"(resource curse)，通过这一"诅咒"，汲取的财富中饱了国家精英的口袋，也允许透明度的缺失，且经常加剧腐败和政府低效。[83]然而，如今对大多数国家而言，为了获得必要的收入以履行其维持秩序、执行各项规则的责任，政府依赖于本国公民和纳税人。统治者与被统治者的这种互相依赖约束着国家，使其对自身所获支持的有限度更为敏感。

相反，比起国家从其公民中汲取资源而言，国际等级制中的主导国对从其附属国汲取资源的依赖性通常更小。尽管主导国仍旧依赖于附属国服从它们创建并推行的各项规则，并因此而存在于一种社会契约当中，但它们通常并未从其附属国中征用重要的资源，以作为提供秩序的回报。只有在极少数情形下，例如西班牙帝国在拉美、第一个十年计划中的苏联帝国在东欧，[84]以及现今的德国和日本（它们为维持美国在其土地上的基地和军队费用作出了相当大的贡献），主导国确实通过类似于国家处理与其自己国民之间关系的各种方式，直接对其附属国"征税"。相反，就像封建领主受限于自己领地的财富或食利者国家受益于自然资源一样，主导国依靠自身内部资源提供秩序并对附属国实行统治。例如，正是美国公民缴纳的税收，资助美国使用的军队，建立和维护其对他国的等级制。相比附属国统治者，这种资源的独立性赋予主导国更小或更少限制的约束。主导国更为直接地向自己的公民负责，而不是他国之中的附属公民。这种对附属国国民责任的缺失使主导国很有可能犯错——越过权威——当遭遇抵抗时，试图通过强制手段将自身意志强加于他国。这些独立的资源并不必然导致专制统治或暴政——统治者可以是品行高尚的——但它确实使主导国更易于从权威滑向帝国主义。

将国际无政府状态视为一种体系条件的主流观点来自一种正式—法律的权威观，它在最初的年代里被引入这一学科。但这仅是数种可能的权威观之一。它的提出，用来描述并且也适用于这一权威模式——现代国家正是以该模式为特点——但是，我们没有理由在国际关系中给予其特权。

本章关键的分析步骤在于揭露一个在当前分析中固有的假定，即权威只能来源于法律；并在一个更为合适的基础上为国际关系重建理论。在这一另辟的路径中，权威被界定为一种统治者与被统治者之间的契约，并且，基于由统治者建立以换取被统治者服从命令的秩序提供，以及维系该秩序所需的资源汲取，权威被不断地进行重新协商。在定义上，正式——法律权威观排斥国家间存在权威的可能性，而关系型权威则允许甚至提倡国家间的等级制。

接下来的两章提出了国际等级制的概念并加以操作化，而且描述了美国在过去半个世纪以来的等级制模式。所有这些权威关系中的社会契约都建立在主导国政治秩序与附属国服从的交易基础上。这对于主导国和附属国双方的政策都具有明确的意义，这在导论中已有介绍，并将在之后的章节中给予更加细致的描述。那里呈现的证据不仅证实了国际关系中等级制的存在，而且也表明了其在解释世界政治模式中的重要性。

注　释

1. 这一惯例可能的例外或许是古罗马和中华帝国，它们在其已知的世界掌控着绝对权力。然而，即使这样，这些文明也承认存在着一个不受自己统治的边缘地带，而且它们实际上也很清楚彼此的存在。参见 Buzan and Little 2000。

2. 关于权威的文献数不胜数。对于各种路径和争论的介绍，参见 Simmons 2002。许多最有用的部分重印在 Raz 1990b。

3. 在本书中，A 将被用来指代统治者，B 将被用来指代被统治者或下属。尽管 B 被用为单数，但它通常是一组被设想成将个人作为基本分析单位的下属。否则不可避免地，我会用性别代词"她"来指代 A 而用"他"来指代 B。

4. Flathman 1980，35.

5. 由于权威只能存在于认可权利和义务的有感知的人类之间，这一关系及之后的政治斗争在原则上被描述为独立于一些具体的命令，这些命令或许是由统治者发布的。它们用来评估是否满足统治者正当行为的条件，而被统治者没有办法对命令本身做出判断。参见 Friedman 1990，64；Raz 1990a，125；Finnis 1990，176。

6. 安斯库姆（Anscombe 1990，162）深刻地指出，权威的独特之处在于人类在自然状态下所不能拥有的强制性权力。因而，进入一种权威关系，并不是向统治者出让权利，而是创造一种在其他情况下不可能存在的集体权利。

7. Day 1963，260.

8. 引自 Wllliams 2008，265。

9. Flathman 1980，29.关于惩罚和规训两者都是由一个共同体所创造并强加于共同体身上的论述，可参见 Foucault 1977。

10. Flathman 1980，30.

11. Bernard 1962，169；Lasswell and Kaplan 1950，133. 建立在同意基础上的各种权威理论一直受到人们批评，理由是没有哪一个人或甚至团体能被理所当然地认为"准许"受到一个持续并长期存在的国家的统治。参见 Green 1990。然而，在我看来，权威（及正当性）是一种由统治者和被统治者各种行为所生产并再生产的平衡。当然，这并不需要是有意识的图谋或同意的结果，但仍可以被视为一种对统治者统治权利的集体肯定形式。

12. Day 1963，268.

13. Blau 1963，312.

14. Bernard 1962，163—165；Simon 1976，146. 不受被统治者支持的权威主张有时指的是事实上的权威，参见 Raz 1990a，3。我在本书中没有使用这一术语或含义。

15. Simon 1976，134.

16. North and Weingast 1989.

17. Dahl 1957，202.

18. 参见 Lukes 1977；Barnett and Duvall 2005。

19. Friedman 1990，59.

20. 参见 Reus-Smit 2007，160。

21. Schelling 1966，2.

22. 权威与强制的区别在肯尼思·华尔兹现实主义政治结构的第一及第三维度中得到了很好的体现。第一维度是排序原则，或是单元彼此间存在的方式。在华尔兹的观念中，这是指单元之间的权威关系，体现在等级制和无政府状态之间的差异之中。第三维度是能力的分配，经常被误认为权力的分配。对华尔兹而言，能力起作用是因为它们为强制创造了机会。拥有较多能力的国家能够将它们的意愿强加于他国，直到以及包括将国家剔除出独立实体；拥有较少能力的国家则忍受他国的意愿。华尔兹在强调权力时仍然忠于其现实主义；但在某种程度上没有得到广泛认可的是，其政治结构的维度是通过不同的权力形式而定义的。

23. Day 1963，265.

24. Howe 2002，22—28；参见 chap.3。

25. 关于权威类型的讨论，参见 Weber 1978，31—38，215—254。

26. 权威的这一观念源自于马克斯·韦伯（Max Weber）的著作，他将其视为理性或法律的权威。参见 Weber 1978，215—226。它后来被纳入并发展为国家法律学说。

27. Flathman 1980，35；亦可参见 17。

28. 卢克斯（Lukes）认为，权威的正式—法律观完全来自统治者的视角。参见 Lukes 1990，207。

29. 这一讨论大量借鉴了施密特（Schmidt）在 1998 年著作中对这一领域思想史的论述。也见 Kahler 1997。

30. Schmidt 1998，69.

31. Ibid., 79, 88.

32. Ibid., 79, 90, 171, 173.

33. Ibid., 148—149.

34. Ibid., 84, 159.

35. Ibid., 65. 韦伯认同这一观点,他写道:"众所周知,人们经常否认国际法可以被称作法律,正是因为在国家之上缺乏能够执行它的合法权威。从目前术语学的角度来看,这或许并无不妥,因为我们不能将'法律'称作一个制裁的系统,其中完全包括受害方的各种反对和报复的期望;而它因此在缺乏一个专门执法机构的情况下,(仅)通过协议和对自身利益的追求得以保证。"参见 Weber 1978, 34—35。

36. 这一法律上的国家观受到了两次世界大战之间多元主义者的挑战。他们否定国家的原始状态,并拒绝将国家权威置于许多构成社会并反过来构成国家本身的团体之上。这是一种激进的重新定位,直到 20 世纪 70 年代末至 80 年代间国家被"带回原轨"才不再盛行。参见 Evans, Rueschemeyer, and Skocpol 1985。尽管如此,国际关系是形式平等的各国所处的无政府状态的观念依旧持续,没有发生任何重大变化。多元论主要是对国家内在本质的批评,而不是其外部身份。法学理论界和多元主义者就国际法的可能性产生了冲突,后者认为法律可以由成员团体自身形成,而其结果是,国际法成为可能。然而,没有一个学派就国际体系是无政府状态及缺乏权威而产生争议。Schmidt, 1998.

37. Waltz 1979, chap. 5.

38. Ibid., 81, 88.

39. Ibid., 114—115.

40. Ibid., 91, 93—94.

41. Clark 2005, 11.

42. 在国际关系中,类似的对正式—法律型权威的批评,参见 Onuf and Klink 1989。

43. 这一社会契约的主张受到了政治理论家的质疑,理由是在长寿的政体中,我们无法合理地对待属民,因为他们已经同意了统治者的权威。我在这里仅从其积极意义上使用这一术语,将统治者和被统治者之间的交易理论化。关于实证的社会契约理论,参见 Auster and Silver 1979; Barzel 2002; Levi 1988, 1997; North 1981; and Olson 2000. 对这一路径近期的扩展,参见 Lake 1992; Lake and Baum 2001; Baum and Lake 2003; Timmons 2004; Gilley 2006a; Hechter 2006; Levi and Sacks 2006. 关于帝国的施行,参见 Barkey 2008. 另外,社会契约的权威理论(通常是隐含的)在考古学和人类学中占据主导地位,参见 Diehl 2000; Earle 1997; Feinman and Marcus 1998. 关于接触时代的美拉尼西亚,参见 Godelier and Strathern 1991; Sahlins 2000. 关于早期的美利坚,参见 Redmond 1998. 关于美索不达米亚的讨论,参见 Mann 1986, esp. 146—155。

44. 就政治秩序是一种先决条件的讨论,参见 Olson 2000。

45. 对于这一日益增长的文献回顾，参见 Carothers 1998。

46. 关于外部经济效果的各种理论，参见 Olson 1965；Cornes and Sandler 1986。

47. Bull 1977.

48. Ostrom 1990；Oye 1985；Snidal 1985.

49. Blau 1964，213—215.

50. 关于资产专用性，参见 Williamson 1975，1985。关于国际等级制中特定资产的作用，参见 Lake 1999a。

51. 1948 年底加入关税和贸易总协定的所有 18 个国家都来自北美、西欧、南美，或美国和英国的前殖民地。到 1953 年第三轮谈判结束时，该组织及其各项规则已具体化，（各国加入的）模式基本上雷同，只有印度尼西亚（前荷兰殖民地）和土耳其是例外。关于国际贸易机制的演变，参见 Barton et al. 2006。

52. 关于进口竞争利益集团的清洗，参见 Hathaway 1998。关于越来越多的出口企业的存在，参见 Destler and Odell 1987；Milner 1988。随着技术的不断发展，通过比较优势而进行资产重新分配始终是一个动态的过程，它不断地将一些新近产生的弱势部门和企业抛置身后，这意味着普遍自由贸易联盟将十分难得。

53. 主导国的做事过头与帝国过度扩张的观念（虽然）类似但并不等同，在后者中，一个大国越过了其边际收益等于边际成本的临界点。参见 Kennedy 1987；Snyder 1991。

54. 关于在伊拉克的做事过头和在国内巩固支持的失败，参见 Allawi 2007；Chandrasekaran 2006；Packer 2005；以及 Ricks 2006。

55. 德沃金批评了权威是通过与自然状态下的生活相比较而进行合法化的这一假定。在他看来，满足这一条件"过于容易"，因此"正当得过头"。参见 Dworkin 1990，221。然而，正是这一薄弱的条件将许多理论划归国际关系。我在第四章为各国评估了等级制的价值，思考自然状态的替代观念。

56. Keohane 1971。当可占用的准租金有利于附属方时，这事最有可能发生。参见 Klein，Crawford，and Alchian 1978。

57. 关于合法性的心理学著作强调公正观念，对此可能持有异议。参见 Tyler 1990；Tyler 2001。但是，在这一路径当中几乎所有的实证研究都已经在安全政治秩序的设置中一起完成。

58. 历史上来看，英国曾经向美洲殖民地提供了安全公共产品，大部分自掏腰包。在七年战争胜利后，不列颠迫使法兰西割让魁北克给自己，并阻止其在大英帝国与美洲定居者之间的战争中向土著美利坚人提供援助；不列颠试图强迫殖民地支付它们自己保护的成本。换言之，正好在殖民地居民不再要求这一保护的历史时刻，英国决定向他们收取成本。关于英国与其殖民地之间不断变化的讨价还价，参见 Tucker and Hendrickson 1982 and Cook 1995。

59. Ferguson 2002，304，341。关于大英帝国在印度围绕这一不断变化的合同的近代历史，参见 James 1994；James 1997。

60. Gilpin 1981，30—31，吉尔平在《世界政治中的战争与变革》一书中的观点与我的构想最为接近。他虽然没有阐述权威的基础或其对国际关系理论的意义，但他介绍了这一概念，将其重新定义为威望（prestige），然后将威望看作一种对权力的声誉。

61. Organski 1968，354；正文中的楷体字部分。

62. Ikenberry 2001；Mandelbaum 2005.

63. Nye 2002，8—12.

64. Walt 2005，160—178，esp.163—166.

65. 引自 James 2006，67—68。

66. Crandall 2006，92.

67. Ferguson 2002，245.在该帝国的其他地方还有 41 000 人的军队。

68. Crawford 2002，esp.chap.7.

69. 关于人类平等的自由主义规范的重要性，参见 Keck and Sikkink 1998，27。关于新的规范与既有规范之间如何配合以便于这些原则的出现，参见 Finnemore and Sikkink 1998，897。

70. 近几十年来，波多黎各已经举行了三次公民投票，在追求独立、增强联邦地位或保持美国一州的状态间做出决定。继续保持联邦地位现状的选项以微弱票数击败保持美国一州的选项。支持完全独立的人数仍然不多，在占所有投票者总数的 3%—5% 间徘徊。

71. In Brown，Nardin，and Rengger 2002，322—323.关于瓦特尔的观念，参见 Goebel 1923；Dickenson 1972；Hinsley 1986。在格劳秀斯和早期理论家认为国家在国际法中享有平等地位时，瓦特尔最先提出了各国拥有平等的权利。Efraim 2000，66，69.

72. Krasner 1999，14—20.

73. United Nations Charter，chap.1，art. 2§1.

74. 主权原则也被作为一种与部落、族群、氏族或其他次国家或跨国家忠诚的平衡物而在民族主义计划中得以推进。

75. Jackson 1990；同时参见 Herbst 2000；Boone 2003。

76. Krasner 1999；Krasner 2001.迪肯森提供了一个许多方式的详细总结，其中平等原则已被删减。Dickenson 1972，221—279.

77. Simpon 2004，chaps.4—7.

78. Evans and Sahnoun 2001.

79. Lundestad 1990.

80. 当然，我们在这里缺乏一个进行精确比较的标准。这一评估是凭印象得出的。

81. 正是在这一意义上，国际制度——在现存文献中通常被当做无政府状态的——所起作用小于国内制度，这是很多辩论和先前分析过的一个主题。参见 Martin and Simmons 1998。与许多无政府制度在国家之上行使少许权威一样，大多数的国际组织制造的既得利益微乎其微,而反过来,它们的支持力量也极为微弱。由于支持者不多,这些机构能够较为容易地放弃及改变,因而行为体缺少动力去向那些依赖于这些机构的维持及其相应政策的资产进行投资。一个难以逾越的障碍横亘于此。无政府制度施加的权威有限,没有发展出强有力的既得利益,并因此而易于改变;由于这些制度易于改变,行为体就不会投资对这一关系而言特定的一些资产。因此,在无政府状态下,政治常常是没有"标签"的,因为缺乏一些在特定制度中拥有大量利益的行为体。

82. 参见 Downing 1992；Ertman 1997；Tilly 1990。

83. Ross 1999；Sachs and Warner 2001.

84. Brzezinski 1967，285—286.

第二章
国际等级制

权威是统治者与被统治者之间的一种关系。统治者对日益增多的、其他情形下留待被统治者处理的事务拥有权威,而等级制是由这一权威定义的一个变量。当统治者合法规制的行为相对较少时,等级制程度就低。相反,当统治者能够合法命令的行为较多时,等级制程度则高。各个国家在其内部等级制的程度上各不相同,自由民主国家等级程度较低,而集权国家等级程度较高。[1] 各国同样在对他国的权威上也存有差别,在等级上,对附属国统治或多或少取决于主导国能够合法规制的问题的数目多少。像 1945 年之后的美国,少数几个国家对许多附属国至少拥有某种程度较低的等级制,这一模式在下一章中将予以更多介绍。

在提出国际等级制这一概念的过程中,我首先检验了广为流传的主权不可分割观念。这一观念无论是在原则上,还是在实践中都不足为信。随后,我详细概括了自己对等级制的定义,并提出等级关系在安全和经济政策序列上的一种类型学。紧接着,我简要讨论了国际关系中等级制的其他观念,它们几乎无一例外地关注强制能力的变化,等级制就成为了能力分配的同义词。

国际关系中的主权

理解国际等级制的障碍之一在于古典学者及许多当代研究者所做的

一个假定,即主权内在地不可分割。如果主权不可分割,那么,即便国家拥有一点主权,也不能附属于他国。国家或许可以受到他国的影响,但不能处于它们的权威之下。然而,在原则上,主权显然可以分割,而且在实践中也早已被以各种方式进行了分割。就像更为一般的法理主权观念(见第一章)一样,不可分割的假定是那些想要成为国家建设者的人们希望如此的一种政治诉求和规范工程。

主权原则一直被认为确立于威斯特伐利亚和约(1648年),该条约由明斯特(Münster)条约和奥斯纳布吕克(Osnabrück)条约组成。秘密会议和一系列条约结束了信仰"普救说"(universalist)的哈布斯堡王朝与新兴"特殊神宠论"(particularistic)国家间的三十年战争,前者与罗马教皇联盟,而后者则试图摆脱帝国霸权。[2] 在确立"王国即宗教"(cuius region, eius religio,第一次明文表述于1555年的哈布斯堡合约)原则的过程中,胜利一方聚集在威斯特伐利亚,被广泛认为提升了世俗统治者的地位,使其拥有了王国内的最高权威,并巩固了其对其他可能存在的权威,尤其是普世教会的权威的控制。诚如利奥·格罗斯(Leo Gross)所描述,威斯特伐利亚是一座"雄伟的门户",正是通过它,主权国家的时代才得以到来。[3]

通常,主权原则被认为包含三个主要的组成部分。[4]这些部分常常被人们认为是构建性的,即主权赋予国家这些特性。第一,主权对给定范围内的人民和领土拥有绝对权威。绝对权威并不是指整体或完全的权威——诚如我们在第一章所见,这是不可能存在的一种现象——而是决定性或终极的权威。正如让·博丹在其1576年的《国家六书》(关于这一问题的首要论述)中所指出的:"拥有主权的人们不能受到他人任何形式的命令,而且必须能够给予属民法律,阻止或撤销不利的法律,并以其他法律来代替之——这都不能由从属法律或对其拥有命令权的人来完成。"[5]套用哈里·杜鲁门(Harry Truman)总统的话,主权是"责无旁贷"(the buck stops)的所在。

第二,在对主权管辖的人民和领土拥有或行使权威上,外部行为体被排除在外。这是第一部分的必然结果。如果拥有主权意味着一个行为体在给定范围内拥有终极权威,那它必然意味着其他行为体不能在同一地域或对该地域中的人民行使权威。扩展开来说,除了主权以外,没有任何权力可以正当干预一个主权国家的"内部"事务。斯蒂芬·克拉斯纳将这一排他原则形容为威斯特伐利亚主权原则的首要特征。[6]

第三,主权是不可分割的——它是一个单独的部分,一个不能在不同权威间分解、共享或分割的整体。无论最高权威落于何处,是某个国王还是人民手中,任何政治共同体内都只能有一个单独的主权或最高的权威。单一或不可分割的主权观念起源于博丹,他推断,如果主权是绝对的,那么就不能在政府的各个分支或不同层次间分割,也不能在不同的行为体之间分割。他主张,就主权特殊的本质而言,它只能归属一个政治共同体内的某个单独的个人或机构。[7]这一观点得到了其他法学家的共鸣,包括荷兰法学理论家胡果·格劳秀斯(Hugo Grotius),其《论战争法权与和平法权》(*De Jure Belli ac Pacis*,1625 年)一书成为最主要的国际法著作,他写道:"主权是一个其内在不可分割的统一体。"[8]

与前两部分一致的是,不可分割的假定意味着权威必须在国家层次上达到单一顶点;事实上,正是这一顶点定义了国家。这一结论成为国家法学理论的基石之一。约翰·奥斯汀(John Austin)特别坚定地信奉这一观点,他嘲笑主权可被分割的观点是"荒谬的"、"有名无实的"和"虚假的"。[9]作为法学理论的一部分,主权不可分割的主张被引入国际关系理论基础中。[10]

这一经典的主权看法极具争议。修正主义学者曾探求格劳秀斯神话通往现代世界的道路,但却徒劳无功。[11]甚至明斯特和奥斯纳布吕克条约本身也包含许多对新生主权原则的侵犯。如今很清楚的是,在威斯特伐利亚实际达成共识并编入条约的那些内容实质上与通常的看法大相径庭。各个君主在威斯特伐利亚是否真正有意建立国际秩序的各项原则,是一个不断争论的话题,但这一记录让人明了的是,他们并没有打算创建具体的主权原则,就如现今我们所知的那样。然而,尽管如此,后来的观察者和实践者已将威斯特伐利亚(合约)解释为(有意或无意地)建立了一种特殊的主权观念,这一观念如今已被代代相传。在今天,人们对主权原则的理解依赖于威斯特伐利亚神话,而并不是威斯特伐利亚本身。

虽然接受了主权的前两部分——它形成了最终和排他的权威,然而,第三部分仍有可能遭到挑战及松动。也就是说,权威能够被分解成由政策或问题领域定义的各个部分,但是每一部分或许会归于不同的行为体,这些行为体在其领域内拥有最终专有权。

不可分割原则自其开端便因不切实际而遭到批评。事实上,格劳秀斯在赞成博丹关于主权不可分割性的观点之后,立即承认,当讨论主权时,"有时候会划分为不同的部分,可命名为潜在的和主观性的"。随后,他列举了几个例子,其中主权的授予并不是绝对的,而实际上是分开的。最为重要的是,格劳秀斯承认,在实践中不平等条约能够导致一种有益于优势一方的主权分割。"在条约中占有优势的人,如果他在权力上大占优势,那么就会逐渐篡夺所谓的主权。"格劳秀斯也承认,除非弱势一方奋起抵抗,不然随着时间推移,"较弱的一方会将自己的统治权递于较强的一方……然后,要么是之前的盟友成为下属,要么主权在不同程度上遭到分割"[12]。就像格劳秀斯自己在著作中所暗示的,甚至自其开端,不可分割原则就与人们观察到的现实不太一致。

其他一些法学理论家重复并进一步阐释了格劳秀斯的实际观察,尤其当他们不得不面对处于欧洲之外的权威关系的多样性时。19 世纪末的一位法学理论家亨利·索姆奈·梅因(Henry Sumner Maine)对那时占据主导地位的法学观点进行了质疑,他写道:

> 对奥斯汀的理论而言,毋庸置疑的是,共同体中制定法律的拥有至高无上权力的那一部分应当是不可分割的,它不应当与其他任何实体分享其权力,而且奥斯汀本人在提及古典国际法学家所公认的不完全主权(semi-sovereign)或半主权(demi-sovereign)时带有某种意味的轻蔑。尽管主权的这一不可分割性属于奥斯汀的理论体系,但它并不属于国际法。主权权力是一束或许多权力的集合,而且它们可能彼此分离。因此,一个统治者或许会掌控民事和刑事司法,或许会为其臣民和领土制定法律,或许会行使生杀大权,亦或许会征收税费,但他仍不能在发起战争或维持和平、处理与其领土之外各权威之间的外交关系上随心所欲。[13]

针对英国自治领的各种情况,亚瑟·贝里代尔·基思(Arthur Berriedale Keith)赞同并观察到,"主权可以被分割,而且在任何国家,无论内部还是外部主权或许都可以由各种权威共享"。赫希·劳特帕特(Hersch Lauterpacht)声称,"国际法已经长期受困于主权不可分割的理论,"他在1940 年坚持主张,"从国际法的观点来看,主权是被授予的一束权利……因此是可分割、可修改和有弹性的。"[14]正如这些法学家所提倡的——尤其是那些关注实践多于原则、认为世界是一个整体而不仅仅是欧洲的法学家——现实当中主权极易被分割。[15]

主权的可分割性在实践中甚至更为明显。在各国内部,存在公共领域和私人领域,后者有时受"私人权威"的控制。以一种与正式—法律路径很不一致的方式来看,在所有社会,哪怕是最集权的社会中,也存在一些由被统治者对国家的统治进行限制的领域。通过约束其统治者的权威,人们开拓出一片私人行动的空间(例如在市场当中),或私人权利,就像当今在美国的堕胎行为。当然,公共领域或私人领域的界定范围是统治者与被统治者之间社会契约的一部分,而且经过了不断竞争和重复谈判的过程。被统治者齐心协力,能够拒绝统治者将其权威延伸至先前私人领域的企图。并且,随着技术、规范和利益的改变,私人领域可能发生扩张或缩减。相应地,在这些私人领域内,会出现各种权威统治各个集合体,例如公司、工会、家庭、宗派和其他各种形式的联合会。私人领域不需要完全自由化。然而,这些权威并不是存在于统治者的默许之下,就像在假设主权不可分割的案例中可能出现的,其出现是作为统治者与被统治者之间更大契约的一部分。[16]

同样,正如私人权威能够在一国内存在并创造多个权威顶点一样,国家也能够对其他的部分主权国家行使或多或少的权威。古典外交承认地位上的大变动,其范围从部分主权国家到受保护的独立国(和依附国)、被保证国、属国、行省、自治殖民地和属地,再到不完全邦联成员。[17]主导国所行使的权威不仅涵盖附属国的外部关系,也包括其内部实践与政策。这一权威有时会被编入所谓的不平等条约,就像欧洲列强与中国、日本、奥斯曼帝国及暹罗之间发生的那样。不过,在更多的情况下,这一权威依赖于一些非正式的统治行为。唐纳利(Donnelly)曾对主权的限制类型进行了有效的归类,包括:(1)保护或担保的权利,它将权力授予保护国或保证国,以确保附属国通过一定的行动,来保持一种特殊的内部地位或外部结盟(例如美国与麦克罗尼西亚联邦国家和马绍尔群岛共和国,以及印度与不丹);(2)经济和金融控制权,包括对海关部门的监管和对国家资源的优先主张权(例如美国与多米尼加共和国在 1904—1941 年间、美国与厄瓜多尔等其他将本国经济"美元化"的国家);(3)征役的权利,要求附属国允许外国军队通过其领土,为其提供河流等其他水道的通行权,保持自由城市,建立非军事区,以及采取中立政策(例如美日之间关于军事基地的权利);(4)干预权,允许主导国采取行动维持权力、公民权等的均衡,但最近已延伸至人道主义行动(例如美国—巴拿马)。[18]

正如其批评者所主张并由外交官所实施的那样,主权可以、而且已经很容易地在整个历史上遭到分割。主权不可分割的假定并不是安保无虞的。由于阻碍分析者理解国家之间的等级制,它实际上已对国际关系研究造成了一种有害的影响。有必要识别异例,突出反常,以挑战世界政治中大行其道的主权观念。这是对在主权实践中进行越来越多的经验调查的有力贡献。[19]但在目前,我们缺乏一定的度量标准,以便将反常轶事一起计入类似或雷同案例的群组,并最终计入各种模式和数据之中。等级制提供的正是这样一种度量标准。

定 义 等 级 制

当一个行为体(统治者,或如第一章所说的 A)对另一行为体(被统治者或 B,被定义为一个由许多个人组成的集合)拥有权威时,两者之间就存在等级关系。当然,权威从来不是绝对的,而是不同程度地发生变化。或许,A 对 B 拥有权威,是对其可能进行的 1—5 的行为发布命令进行规制,而没有包括其 $6-n$ 的行为,后者继续作为 B 的"私有领域",而 A 不能对其期望得到服从。[20]换言之,B 或许会承认 A 在规制自己与第三方经济关系上发布命令的正当性(例如,A 命令 B 不要与其他国家进行贸易),但并不是承认 A 对与自己经济合作可能发布或不发布的任何命令(例如,

A不能命令B遵循其货币政策)。在这一案例中,存在部分等级关系。反过来,等级制会随着A对B合法规制行为数目的增加而增加。如果A先前就已对B的1—5行为拥有权威,如今又对1—10的问题施以权威,那么它对B的等级关系就会升级。继续这一例子,如果现在A获得权威,命令B采取一种特殊的货币政策,那么A对B的等级关系就得到了扩张,至少到了我所定义的一种弱依赖的程度。

政治互动的所有领域都可以被分为公共和私人领域,在前者中政治权威对下属单元行使权威,而在后者中政治权威被排除在外。或多或少,一切主权都会受到分割。等级制仅仅是这一不断变化的主权的对应物。不受政治权威规制的私人行动数目越多,双方关系的等级色彩就越少。反过来,由政治权威合法控制的政策领域数量越大,它们关系的等级色彩就越强。这样定义的话,等级制就是一个连续的变量,它随着A能够对B合法发布命令,并期待B可以服从的行为的数量而变化。在一个极端,A不会对B可能采取的任何行为拥有丝毫权威。这是“威斯特伐利亚主权”的理念,也被普遍(但错误地)认为是表明国际体系中所有关系特征的无政府状态的条件。在另一个极端,A对B可能采取的所有行动都拥有权威加以规制。在这一完全或纯粹等级制的极端,B没有独立权或自治能力决定任何事情,在政治生活的所有方面都听命于A。除了在邪教和极权国家可能存在例外,一般而言,这一极端很少能够被接近。即便在通常被认为是等级制的现代国家内,[21]也有大量的私人行动领域得以保留。因此,通俗点来说,即使在等级程度相对较高的关系中,A也只是对B的许多行为而不是全部行为拥有权威。在国际关系中,等级制程度最高的关系采取的是帝国形式,在这一形式中B在各种经济和安全行为上都附属于A。

权威能够被分解,而等级制可以通过多种方式得以形成。遵循国际关系中的普遍做法,我首先在广泛的安全与经济问题领域之间进行了区分,通过这样,正如我们即将看到的,同样的政体通常以不同的等级程度构建彼此间关系。[22]随后,这些广泛的问题被分解为B或许采取的接近于无穷多的行为当中,这些行为定义了安全或经济政策(参见图2.1)。

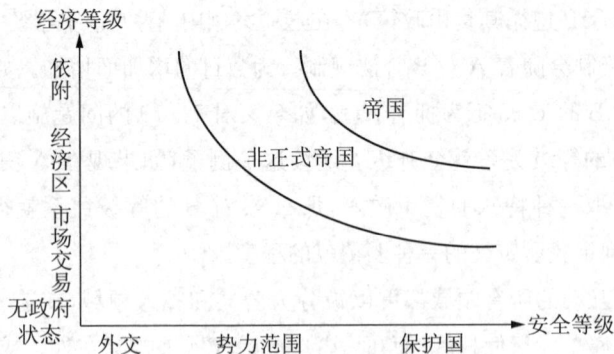

图 2.1 国际等级制的两个维度

安全等级

安全政策包括一个国家可用来降低风险、增强对他国(外部行为体)强制效力的所有外交、军事以及经济行为。它需要付出各种努力,增加一个国家自身的各项能力,汇集本国能力与他国能力,或者简单采取虚张声势的战略,蒙骗那些本可以使用暴力达成自己目标的国家。[23]因此,可以界定,在可能采取的各种行动中,有非常大的一部分构成了安全政策,所有这些行动都是在降低外国强制威胁的目标下统合在一起。

在等级制的序列中,安全关系(图 2.1 中横轴表示)从无政府状态一端(外交)到等级制一端(被保护国)之间不断发生变化。[24]在无政府关系中,各个政权的互动是在其对自身行为保持完全权威的情况下进行的。这又是威斯特伐利亚主权的理念,但仅局限于安全政策领域。依此,冷战期间美国与苏联之间进行的外交就完全是无政府状态的。尽管这两个超级大国彼此之间广泛竞争,它们仍会通过对军备控制协议的谈判而进行合作,以期在成本上升的军备竞赛中悬崖勒马。然而,即便双方可以达成极为细致的协议,但任何一国都不会允许对方对自己的外交政策有丝毫控制。美国、中国和其他许多国家间的关系如今也采取类似的方式。

在一种保护关系内,某政权 B 将自己安全政策的权威让渡给另外的政权 A。换言之,A 对 B 可能采取的所有行为都拥有权威,这样减少了成功强制发生的可能性。如上所述,这样极端的权威关系很少可以被观察到,而我在安全等级上使用了被保护国这一术语,其中 A 对 B 可能采取的许多安全行为(但并不一定是所有安全行为)行使权威。例如,密克罗尼西亚联邦和马绍尔群岛共和国如今是美国的完全被保护国。[25]尽管它们具有主权身份,美国仍对其外交政策行使实质的权威。事实上,在独立四年之后所签订的自由联合协议(Compacts of Free Association)之下,美国对它们的防务和安全关系正式承担了所有权威,并为之履行义务。密克罗尼西亚和马绍尔群岛保留与他国独立的外交关系,但有义务抑制自己采取的行动,以避免与美国承担的安全和防御责任发生冲突。

在两个极端之间,有一系列等级程度不断增加的安全关系。在历史上有一种特别突出的关系是势力范围,其中,一个主导国拥有权威仅是为了限制附属国与第三方的合作。在这样的势力范围内,附属国并不需要积极主动地与主导国合作,但是被禁止加入联盟或与他国进行其他的互动。《门罗宣言》(Monroe Doctrine)下的美国和拉美之间的关系就是势力范围(至少是势力范围)的一个显著例子。1945 年之后,为阻止共产主义政府的选举,美国在西欧(尤其是在意大利和法国)进行秘密或外交干预,这表明在该地区至少也存在着某种的势力范围。[26]

第二种干预形式是一种"微弱的"保护,在这一关系中,主导国对附属国的外交和防务政策实行实质而有限的控制。例如,沙特阿拉伯曾邀请美国于 1990 年 8 月遣送逾 25 万人的军队,用以抵御萨达姆·侯赛因(Saddam Hussein)的军队可能发起的侵袭,这样它成为了一个微弱的被保护国,而且丧失了自己对伊拉克和科威特采取独立政策的能力。事实上,对冲突的控制几乎完全转向华盛顿,是它后来决定了与伊拉克的谈判是否会出现,以及会在何种条件下出现。老布什(George H. W. Bush)总统象征性地(但仍表明了沙特阿拉伯的附属地位)确定了空中和地面行动开始的时机,并在开战前的数小时才在形式上与法赫德国王(King Fahd)交流了他们的进攻。[27]冲突期间,沙特阿拉伯失去了自己在伊拉克和周边地区进行独立外交政策的能力。然而同时,美国的权威也受到了限制,甚至未能扩展到密切相关的问题,比如沙特阿拉伯与以色列的关系。

在整个后 1945 年时期,美德关系和美日关系同样采取了一种微弱的,但在此情况下却更为持久的被保护国的形式。[28]彼得·卡赞斯坦(Peter Katzenstein)将二者都视为嵌入战后"美国最高统治"(American imperium)的最重要的地区支持者或媒介。[29]美国对这些地区性大国所拥有的权威巧妙地显示在围绕臭名昭著的"吉田信件"（Yoshida letter）所开展的协商之中；在该信件中，日本首相保证不会与中国的共产党政权缔结单独的双边条约。后来的国务卿约翰·福斯特·杜勒斯（John Foster Dulles）在与其英国同僚的通信中认为："难以置信的是……日本会越过美国的外交政策追求（自己的）外交政策。"随后，杜勒斯将1951年与日本的安全安排描述为"占领的一种自动延续"。[30]美国对其前敌扩展防御保护伞的代价是对日本外交政策的独立性进行彻底限制。西德同样受到约束。尽管就像卡赞斯坦所证明的德国与美帝间的联系在性质上更为多边，直到1963年，美国军队才从占领军转变为联邦德国的特邀嘉宾。[31]在其新东方政策（Ostpolitik）中，维利·勃兰特（Willy Brandt）领导的社会民主党政府通过在理查德·尼克松（Richard Nixon）总统自己的缓和政策之前，谨慎地向苏联及东欧国家实行开放，率先展示了一项外交政策独立性的举措；勃兰特小心翼翼地宣布，自己将"拒绝任何降低北约（NATO）团结度或限制美国在维护欧洲自由中的决定性参与的德国外交政策"[32]。勃兰特对美国的容忍限度了然于心。

经济等级

经济政策相当广泛，包括影响资源积累和分配的所有行为。它从建立产权和货币体系延伸到基础设施建设、宏观经济管理、监管，再到一个极端的设定价格和产量。尽管这一清单远不及详尽，但它也表明了，从概念上来说，国家管理本土和海外经济可以采取难以置信的多种多样的行动。

在等级制的序列中，国家之间的经济关系从无政府一端的市场交换到等级制一端的依赖之间不断变化（图2.1中的纵轴所示）。在市场交换下，通过与安全事务中的外交类似的一种方式，各方选择贸易、投资或其他形式来进行经济互动，同时，对自身行为保持完全的权威。和外交一样，市场交换也采取了类似威斯特伐利亚主权的理念。这里的例子包括当前美国、西欧和非洲各国的经济关系。美国与西欧的交换关系活跃，而与非洲各国的交换关系不活跃，但美国对这两个地区国家的经济政策都没有施加显著的权威。

在序列另一端的依附关系中,附属国将自身所有经济政策(包括其货币政策)的权威都割让给其他政权。不过,"纯粹的"依附关系非常罕见,而我使用这一术语涵盖的是大致地将权威从附属国转向主导国的一系列关系,而不是一定地要将权威全部从附属国转向主导国。在 20 世纪最初的几十年中,美国和多米尼加共和国之间的关系接近于完全依附,美国实际上控制了多米尼加所有的政府财政。在"美元化"过程中,附属国采用了主导国的货币政策,作为自己的货币政策,并因此而输入主导国的货币制度,以及间接地输入其财政政策,这同样建立了一种依附关系。当下,最突出的完全美元化的经济体案例是厄瓜多尔和巴拿马,它们专门依赖于美元,将其作为自己的法定货币。[33]

就如在前文中所分析的,当认识到在每一理想类型周围存在相当数量的不一致时,我们可以界定一些经济关系的中间形式。在经济区中,大致相当于安全领域内的势力范围,附属国在授予第三方市场优先权和参与那些影响他国事务的经济交易时,均受到诸多限制。虽然最终远远超出了这一有限的关系,美国自 1890 年起就在许多拉美国家创建了经济区,取代欧洲成为他们主要的贸易及金融伙伴。美国成功打破了欧洲列强建立的帝国特惠制,将这一经济区扩展到了欧洲和一些发展中世界。

在"弱"依附关系中,附属国政权将自己在外部经济关系和国内经济政策上的部分权威让渡给主导国。这一关系可能包括一个关税同盟,主导国设定共同的外部关税,或者附属国将自己的汇率和主导国的货币进行绑定,这样,附属国对货币政策的部分权威就转让给了主导国。通过转让对政府财政的控制权,国家实行的许多主权债务限制,同样意味着一种微弱的依附。[34]现今,最突出的弱依附实例来自俄罗斯与白俄罗斯、哈萨克斯坦和吉尔吉斯共和国的关系,它们因处于一个有着共同外部关税的关税同盟而被锁在一起;这一关税同盟由莫斯科单独控制。[35]

帝国

帝国是一个富有争议的术语,容易受到许多相互竞争的定义的影响,这些定义在广度上各有不同。迈克尔·多伊尔(Michael Doyle)提供了一个广为引用的共识性的帝国定义,即"两个政治实体之间相互作用的一套系统,其中充任主导中心的那个政治实体,对另一个附属边缘实体的内外政策施行政治控制——有效主权"[36]。这一定义在许多方面和下文中等级制的一些替代性概念相似,过于宽泛地关注了政治控制。鉴于拉丁文词根中帝国(imperium)的意思——统治而非控制——帝国(empire)这一术语在我看来能够更妥善地限定权威关系。然而,多伊尔的定义确实准确地捕捉了作为贯穿国内与外交政策的帝国的特质。当两个政权间同时存在安全和经济等级时,它们的关系会表现为一种通常所称的非正式帝国,或者处于极端的帝国(见图 2.1)。

正式与非正式帝国的区别,通常是从正式—法律的权威方面加以界定的,就像这两个形容词本身所意味的。在这一传统的界定中,非正式帝国的附属成员国保留了两个特点。首先,它们拥有一种国际法人资格。也就是说,即使它们可能附属于另外某个国家的权威,但它们仍保留权利,以自己的名义参与国际协议,以及以完全和平等的成员国身份加入国际组织。其次,在各个非正式帝国当中,附属国在名义上拥有独立的政府。即使帝国可能主动选择其政府领导人及其定位,但一个民族国家的政府客观存在。虽然这一政府通常都很弱势,而且依附于主导国,但也正是这一弱势确保了它对帝国保持忠诚和服从。[37]正式帝国在这两个维度上都有不同:附属国政权既不拥有一种国际法人资格,也不拥有名义上的独立政府。不言而喻的是,在一种正式—法律的帝国定义下,附属国无法以自己的名义洽谈条约或制定自身各项政策。例如,当大英帝国在 1914 年和 1939 年宣战时,英属印度跟着自动参战。反过来,在直接统治之下,附属国或许会拥有某些下放的决策权,但最终权威仍归于帝国中心。这两个特征有利于识别不同的帝国,尤其是区分正式与非正式帝国的各种变体。但正如这里所提出的,在一种关系型路径中,帝国的形式并不是由正式—法律的特征来界定,而是由权威的模式以及经主导国和附属国双方政权协商得出的各项权利来界定。非正式帝国,正如我将使用的这一术语,仅将中等水平的安全和经济等级结合在一起,附属国政权将这两个领域当中实质的但非全部的权威让予主导国。而帝国则同时将高度的安全和经济等级制纳为一体。

正如在对安全和经济等级的分别讨论中所显示的,美国与加勒比沿岸国家(比如多米尼加共和国)间的关系往往采取非正式帝国的形式。在1898—1934 年间,为了建立或保护友好和顺服的政府,美国在这一地区的军事干预超过了 30 次。它在巴拿马持续派军,并将其作为一支快速反应部队,不仅是为保护巴拿马运河,也要在必要时对该地区其他地方进行干预。这些国家也被禁止与美国之外的其他国家建立联盟,而那些试图摆脱美国势力范围的国家则已通过经济制裁(例如在古巴的例子中)或代理人战争(例如 20 世纪 80 年代的尼加拉瓜)受到惩罚(见第四章)。在经济上,地区内各国高度依附于美国,并且大多数将其汇率和美元绑在一起,从而输入美国的货币政策,或实际上采用美元作为它们的主要货币。尽管拥有合法的主权,但这一地区内各国事实上在很大程度上放弃了它们的地位,接受而且有时主动地支持美国对其国际和国内事务的权威。冷战期间苏联对东欧的控制提供了另一组的例子。

当然,帝国的经典例子,当属最先创建于大发现时期并一直延伸至第二次世界大战之后的欧洲各大帝国。俄罗斯帝国仅是在 1991 年内部不稳定而允许其各加盟共和国自由离去并形成独立国家时,才得以清晰的显现。其中,许多独立后的共和国仍与莫斯科保持着一种至少是不完全的等级关系。[38]

由于伊拉克战争,人们越来越多地将美国形容为一个帝国,但这并不准确。把美国或其他任何国家描写为一个帝国或一个非正式帝国都是令人遗憾的一般化处理。相反,正如这里所构想的,一个主导国能够与不同的国家拥有一系列不同的关系,而且它们会随着时间的推移发生变化或演进。就如上文中引用的各个例子所显示的,现今美国在全球各地拥有各种各样的等级关系。然而,只有在极少数的二元关系中,美国拥有的一些东西才接近于一个帝国。巴拿马、密克罗尼西亚联邦国家及其正式的依附可能会归入此类。处于占领之下的阿富汗和伊拉克或许也被认为是美帝国当中的领属,但人们对这些关系莫衷一是,因而不具有权威性。然而,即便美国缺乏许多达到全面的帝国式的双边关系,但是,正如我们将要看到的,它的确与世界各地的众多国家拥有广泛的权威关系。

国际关系中其他的等级制观念

尽管在国际关系中,人们早就对无政府状态和主权的含义及影响进行辩论,但等级制并没有受到广泛关注。鉴于学科历史上的这些假定,对等级制的讨论变得很有意义。[39] 如果主权国家间的关系以无政府状态为特征,那么等级制毋庸置疑会被忽略,或交付于国内政治的范畴。然而,至少还有三种长期屹立于国际关系领域中的分析路径采用了等级制这一术语,它们彼此非常接近,但都不同于这里提出的等级制。[40] 通过将我的观点线索串在一起,将有助于将之前的等级制观念与本书讨论的等级制进行对比。

权力转移理论认为在全球和地区层面存在等级关系,它们为获得体系的领导权而制造了很多斗争,也制造了许多激烈的战争时期。[41] 霸权稳定理论预言,一个单一的主导性国家将会生产出更高层次的国际公共产品和经济开放。尽管这一理论聚焦于霸权,从来没有正式或共识性地定义这一特点,但它至少含蓄地表明了等级关系。[42] 依附理论以各种不同的方式假定,在发展层面,国际经济中存在等级制。[43]

尽管所有这些路径在多个方面暗示了权威,它们都将等级制认为是由强制能力所定义的一种结构特征,无论是在全球体系还是地区体系中,都被安排为一个对于所有相关国家而言存在的单一的金字塔。综合现有文献,伊恩·克拉克(Ian Clark)提供了一个共识性的等级制定义,如下:

> 一种以分层化为特征的政治安排,就像不同的天使,其中有着能力与荣誉的不同次序;而且社会按照次序被分为不同的从属等级。这一等级关系通常被归为政治战略力量方面,产生了传统的列强集团、中等国家和小国。在经济方面,它同样可以被描述为产生了第一、第三和第四世界的分层。跳出国家经济统治论者的角度来看,它或许可以被分析为中心或核心、半边缘及边缘几个方面。[44]

同样,国际法学者格里·辛普森(Gerry Simpson)写道:"等级制这一术语……（通常）被国际关系学者用来形容一种体系，其中各个行为体之间的政治、经济和政治地位高度分化，即使这些行为体享有某些正式的主权平等。等级制，这里……仅仅是指建立在相对能力基础上的国家等级。"[45]因此，等级制最常被作为能力分配的代名词来被使用，尤其是作为一个高度不对称或单极分配的代名词。[46]

反过来，由于在能力上存在多种变化，等级制与现实主义以及其他大多数现有的国际政治理论并不矛盾。最为重要的是，作为分层化的能力，等级制与国际政治是一种自助体系的观点完全一致。正如克拉克（Clark）最清楚不过地再次认为：

> 将国家体系视为等级化的描述……并非想否认其"自助"的无政府特征：等级制，因此可以被认为，在大国行列中将决策制定集体化，而同时在该行列与其他国家之间保留了政治的无政府形式。从小国的角度来看，强权政治丝毫没有缩水。[47]

然而，若以这种方式来对待，等级制这一术语对我们理解国际关系而言并无多少助益。事实上，就像无政府状态，它好似一个常量，因此而在解释世界政治的各种动力中鲜有用途。诚如罗伯特·塔克（Robert Tucker）准确指出："国际体系的历史是一部卓越的不平等史。事情成为这样，不仅是由于政治集体在有助于其权力和财富的自然禀赋上有着巨大不同，也在于它们始终所处的基本条件。"[48]而且，作为能力分配的一个代名词，等级制概念必然与其他更为清晰和更易掌握的术语一样，具有同等的分析意义。

由于权威完全被理解为权力的一种，将等级制视为在强制能力上的不同，与将等级制视为权威的不同形式的两种观点紧密相关。尽管如此，这两种观念也截然不同。首先，正如这里指出的，等级制是两个政权之间的一种二元关系，在从彻底的无政府状态到完全统治的各种体系中，成对地发生变化。不像其他路径将等级制视为一种体系范围的属性，一个单一的国家可能会拥有许多交叉成对中的不同程度的等级关系，诚如今天的美国。一个单一国家可能仅对其他的某一个国家行使权威，但在我的界定中，这一关系仍可以构成一种等级关系。

其次，也是对这一讨论更为重要的是，正如我所设想的，等级制依赖于权威,而不是简单依靠强制能力。权威尽管是权力的形式之一,它并不同于强制和造成强行影响力的物质能力。为了更明确地将我的等级制观点与其他的进行区分,我将等级制定义为无政府状态的反义词,因此,等级制的多种情形体现在华尔兹政治结构的第一维度,即排序原则层面,而非体现在其定义的第三维度,即能力分配层面。[49]与克拉克在上文中所强调的相反,等级制的这一观点确实挑战了将国际关系视为一种自助体系的主流观念。我并不是认为体系作为一个整体是等级制的(那将可能成为一个构成的谬论),而是认为体系内的等级制关系减轻了自助,并允许某些国家逃离无政府状态。虽然作为分层化能力的等级制肯定不能减少强权政治,但作为权威不同变化形式的等级制却可以做到这一点(即限制强权政治)。

等级制是一个变量,它是根据统治者对被统治者越来越多的行为数目所拥有的权威来进行界定的。统治者对附属国的行为能够正当规制的范围越大,它们的关系就越具有等级色彩。

等级制建立在本书第一章提出的关系型权威观的基础之上,它能够以两个连续的维度存在于在不同的国家之间,从对安全和经济事务没有任何等级(无政府状态)到接近完全权威,不断地发生变化。在本章中以及在更一般地理解国际等级制的过程之中,关键的分析步骤在于承认主权是可分的,并已在不同层次的各个权威之间(包括国家之间)受到分割,这正是一些批评家一直主张的观点。这样,这种二维的等级观,就捕捉到了传统外交中所定义的"有限主权"的许多类型,及其在当代的各种形式。

下一章提出了安全及经济等级的各种操作化指标,并描述了美国在当今世界中的权威模式。随后的几章检验了等级制在世界政治运行中的不同影响。

注 释

1. 这重塑了弱国—强国之分,参见 Katzenstein 1978 and Lake 1999b。
2. Osiander 2001.
3. Gross 1948.
4. 形式平等可被认为是第四部分,但它是第三部分不可分割性的衍生物。这一构想与第一章讨论的瓦特尔的著作紧密相连。

5. 参见 Brown，Nardin，and Rengger 2002，273。

6. Krasner 1999，20—25.

7. Keene 2002，43.

8. 引自 ibid.，44。

9. 引自 ibid.，107。

10. 参见 Schmidt 1998。如今这一观点仍然大行其道。举个例子，德德尼（Deudney）写道："主权因其定义不可分割。"参见 Deudney，2007，52。

11. 尤其参见 Krasner 1993；Osiander 2001。

12. 引自 Keene 2002，44—45，49。

13. 引自 ibid.，108。

14. 引自 ibid.

15. 进一步的讨论，参见 Donnelly 2006，145—146。

16. 政治现实主义者依然坚持国家在原则上对其领地内的所有事物施加权威，这反映了法学理论在国际关系当中经久不衰的重要性。例如，吉尔平就曾在1971 年和 1975 年的文章和著作中相当有说服力地提出，相互依赖是一项政治抉择，它的持续仅仅是因为国家允许。他主张，一旦对国家利益再无用处，创造相互依赖的巨大的经济流动将可能遭到禁止或更为严加管制。如果国家想要最终依赖于权威归属且只能归属于国家这一假定，那它可能会控制相互依赖。考虑到权威多重的独立范围，可以分割的主权将相互依赖视为权利谈判的一种结果，其间国家内部——以及越来越与它平起平坐的——公司已开辟出一片可观的"私人"实践领地，公共权威对其鲜少染指。参见 Lake 1999a。

17. Willoughby and Fenwick 1974，5—13；Dickenson 1972.

18. Donnelly 2006，149—151.历史上的案例不胜枚举，我所关注的当代美国等级制的几个例子意在表明有限主权这些形式的持续相关性。役权（Servitudes）等同于对私有财产的"地役权"。参见 Reid 1932。

19. 参见 Krasner 1999，2001；Osiander 2001；Philpott 2001。

20. 在更多叫法不一而意义相关的体系中，就像封建制度，可能会有一个次要的统治者 A 也对 B 在某些问题上拥有权威，比如 6—8，而仅保留 $9-n$ 的问题作为 B 的私人问题。在现代国家体系中，通常仅有一个外部政治长官，如果有的话。我将我自己的分析整个限定在这一范围。但在原则上，国家可能会受到一个以上的外部权威的影响，这些权威支配不同的问题领域。参见 Ruggie 1986。

21. Waltz 1979，81.

22. 汉考克（Hancock）最先在这两个维度之间进行了区分。参见 Hancock，2001。在 2003 年的文章中，关于政治权利，我加入了一个第三维度，在这里我并未提及。关于这一维度的大多数问题，都可纳入前两个维度之中。参见Lake 2003。

23. Waltz 1979，118.

24. 参见 Lake 1999a，24—41 and Weber 2000，4。在对这一序列的早期版

本中,我将这一范畴越过受保护国而扩展至非正式帝国及帝国。就像这里定义的受保护国,鉴于 A 对 B 安全政策完全的控制,非正式帝国和帝国由 A 对 B 国内政策越来越多的领域的权威所定义。移到安全和经济政策两个维度,让人明了的是,安全序列真正的终点实际上是受保护国。正如我在下文详细阐述的,非正式帝国和正式帝国是同时由安全等级和经济等级的高水平界定的。

25. 这些岛屿国家原先以"托管领土"受美国管辖,在 1979 年 5 月 1 日获得独立。1983 年 6 月美国与两个新的国家之间谈判自由联合协议,1986 年 10 月这一协议生效。1999—2003 年间,这一协议进行重新协商,而 2004 年 5 月新的协议生效。两个国家于 1991 年 9 月成为联合国成员国。

26. Miller 1986,213—249;Wall 1991,2—4,63—95.

27. 关于 1991 年海湾战争期间美国与沙特阿拉伯的关系及合作,参见 Lake 1999,chap.6。

28. Ibid.,chap.5。

29. Katzenstein 2005,chap.6.

30. 引自 LaFeber 1997,293,297。

31. Katzenstein 2005.美国军队从占领者到嘉宾的过渡是缓慢和渐进式的。第一个针对西德的部队地位协定于 1963 年生效,它成为一个很好的分水岭。关于占领地位的论述,参见 Davis 1967,278。

32. 引自 Young and Kent 2004,328。

33. 关于货币等级的讨论,参见 Cohen 1998,47—48。

34. Krasner 1999,chap.5.

35. Hancock 2001.

36. Doyle 1986,12.

37. Doyle 1986,38—40.

38. Dawisha and Parrott 1997;Hancock 2001.

39. 就与这里类似的一种等级观念的讨论,以及对术语混乱阻挠国际关系领域理解等级制的一种分析,参见 Onuf and Klink 1989。

40. 这三种路径并非面面俱到,但也大大弥补了现有相关文献的不足。最近受伊拉克战争刺激产生的几条路径和对美帝国主义的指控——难以构成一个连贯的思想流派——也分享了这一关注,将等级制视为强制能力,并将其明确为单极性。就这一文献的一些讨论,参见 Bacevich 2002;Calhoun,Cooper,and Moore 2006;Ferguson 2004;Harvey 2003;Hoffmann 2004;Lal 2004;Mann 2003;Norton 2004;and Odom and Dujarric 2004。邓恩借鉴了英国学派,明确将等级制和国际社会进行了对比。Dunne 2003。

41. Organski 1968;Organski and Kugler 1980;Lemke 2002. Related,参见莫德尔斯基的各种权力周期理论,Modelski 1987;Doran 1991;and Goldstein 1988。权力转移理论强调由霸权国所生产的国际秩序的重要性,参见 Organski 1968,esp.354。这与此处提出的关系型权威观点并不矛盾。尽管如此,这一理论的原则部分尚未与权威建立联系，它将等级制视作体系层次的存在，并主要从强制力的各项能力方面定义等级制。参见 Organski 1968，364—371。

42. 霸权稳定理论的主要著作有 Kindleberger 1973；Gilpin 1975；and Krasner 1976。关于等级制，参见 Gilpin 1981，esp.27—34。关于定义和衡量的各种问题，参见 Lake 1993。

43. Frank 1966；Sunkel 1969；Furtado 1973；Palma 1978；Cardoso and Faletto 1979.同时参见沃勒斯坦的世界体系论，Wallerstein 1979；以及加尔通的结构理论，Galtung 1971。

44. Clark 1989，2；italics added.

45. Simpson 2004，65；楷体为本书作者所加。

46. 参见 Kang 2003a，166。

47. Clark 1989，3；楷体为本书作者所加。

48. Tucker 1977，3.

49. Waltz 1979，chap.5.参见本书第一章，注释 22。

第三章

等级制的不同模式

本书第二章为界定国家间等级制的各种变体提出了一个分析框架。尽管先前的研究早已发现许多背离威斯特法利亚主权原则的案例，但我们仍缺乏一种将反常现象整合为不同模式的途径。第二章对等级制这一概念和两个维度的概括，为梳理这一复杂现象提供了一条可行之路。然而，缺乏操作化指标的理论的效度非常有限。理解等级制对国际政治的作用和影响，需要赋予该理论架构（theoretical construct）以实际的形式。本章将完成这项任务，并尤其关注美国在现代国际体系中的权威。在对操作化的一般性问题——特别是区分等级制与强制能力的困难——进行讨论之后，本章首先分别为安全和经济等级制提出两个指标，并检验它们的有效性，其后，基于这些衡量考察了自 1950 年以来美国等级制的不同模式。

本章的理论和衡量方法是基于一种批判现实主义的路径（critical realist approach）。[1]尽管由于所有的衡量都容易出现差错，本章的目标仍是建立多样化的指标，相对直接地显示与国际等级制这一理论概念相关的各种行为。从这个意义上来说，这些指标是客观的，它们既不依赖于对不同观察者相关经历的获取，也不依赖于行为体主体间的理解，尽管在预期上衡量将会与这些理解近似和相关。就如我所讨论的，明确关注附属国挑战权威的各种情形的案例研究，为确定国际等级制提供了一条可供选择的路径，而且或许更接近对国家所掌握的权威的主体间理解。然而，案例研究不能解决一个根本性的问题，不能观察固有的难以察觉的国际等级制的理论概念,也不能进行本书第四章和第五章所完成的那种大样本检验(large-n tests)。我承认在提出这些行为指标的过程中,为能将衡量推广到更长时段的更多国家而牺牲了对语境和细微差别的考察。为此,在这一章中我花费了大量时间确立这些指标的有效性,并且专门将它们与强制能力的衡量区分开来。

　　一些读者可能会为本章缺少令人惊奇或违反直觉的模式而感到失望,但是一般对指标有效性的评估,特别是对安全和经济等级制的衡量而言,那是一个错误的标准。有效性部分地依赖于这些衡量与我们对世界政治中国际等级制直观知识的契合。因此,如果观察到的实际模式(substantive patterns)与隐性知识(implicit knowledge)存在巨大分歧,这种现象就会十分奇怪,而且确实非常棘手。这些指标所表明的各项关系仅仅是我们直觉的一种更系统的表现。对衡量价值的真正检验在于能否将等级制中的各种变体并入揭示世界政治中一些重要内容的国际关系理论当中。这将是后面两章面临的挑战。尽管如此,这一努力有赖于本章提出的操作化的成功。在检验等级制的效果之前,我们首先需要建立衡量理论概念的合适工具。

衡 量 等 级 制

　　理论概念从来不能被直接衡量。从夸克到重力,理论家们无法直接观察到粒子、力量或理论蕴含的其他现象。相反,物理学家发明了一些富有想象力的方法,捕捉亚原子微粒和物理力的映像或轨迹。操作化的问题一直以来都相当困难,而提出的解决方法却十分创新,因此,科学领域的一些最高奖项都颁发给了那些对衡量内在难以观察的概念提出创新方法的学者。[2]同样的操作化问题也困扰着政治科学。尽管国际关系中最常提及的一些概念,如强制能力或“权力”,或许不能得到直接衡量,但分析家收集了国内生产总值(GDP)、军事人员、人口、大国地位和其他一些我们认为能够或多或少准确捕捉强制能力潜在构成的指标。这些成为权力的衡量标准,只是因为学界一致认为它们是(权力)这一从不能被直接评估的概念的合理代表。科学的一个大悖论是,我们永远无法确定我们的衡量有多准确,因为潜在的理论建构本身无法自我观测或触摸。在大多数情况下,科学家可以捕捉的所有东西都只是理论概念投射到墙上的影子,而这些概念永远隐藏于直接观察之下。如果理论类似于"真实世界",那么指标就类似于我们的理论概念。指标不是由它们是否准确衡量一些本身不能被观测的概念来评估,而是由它们是否具有以下特点来评价:(1)表面效度(face validity)(它们产生了一些基于我们对理论的理解而有意义的经验模式);(2)聚合效度(convergent validity)(同一概念的多种测量相关度较高);(3)区分效度(discriminant validity)(不同但紧密相关的各理论概念的衡量相关度不高)。[3]

虽然所有的理论概念都不能直接观察,但是区分和衡量权威的不同模式要比通常更为困难。在国内政治体系中——长期被认为是等级制的领域,不存在对权威当中各个变体的衡量。[4]在国际关系领域,学者们已经从事了大半个世纪的研究,仿佛看不到国际体系中有权威的存在,界定和衡量权威的问题甚至显得更为突出。权威尤其难以操作,因为权力的其他一些形式能够在观察上不分上下。正如第一章所讨论的,权威是权力的一种特殊类型,其中 A 的命令能够为 B 遵守是因为这些命令被视作合法。权力的其他形式也同样会造成 B 的服从,很多时候通过强制威胁来操纵 B 的动机。当 B 服从 A 的命令时,我们无法立刻判断这种行为是出于义务、恐惧、甚或贪念。举例来说,第二次世界大战之后欧洲国家在美国的敦促下放弃了它们的帝国特惠制,这究竟是因为华盛顿施加的压力被认为具有权威性,它们害怕如果不平等地对待其他国家商品而遭到报复,还是因为它们预期可以从贸易中获得更大收益? 没有对 B 的动机进行深入理解(在缺乏大量具体案例的知识情况下通常很难达到),要界定权力的不同形式就可能麻烦重重。[5]

正如在导论中对多米尼加共和国的案例讨论所显示的,在主导行为体或附属行为体的失衡行为中,权威也许能得到最好的观察。很多时候,权威戴着面具。统治者不会命令下属去承担它们不愿承担的任务,以免一些引起挑战、暴露它们合法性的脆弱本质。反过来,附属国常常会遵照统治者的意愿,或许甚至还会先于统治者的意愿行动,一来因为它们是合法的,二来也是为了避免受到惩罚。在平衡状态下,服从权威不仅表现为自愿(排除强制的影子),而且可能假装成自由意志的实践。然而,在每一项权威关系中,统治者偶尔会做事过头,下达一些下属拒绝接受的命令,而下属也会通过试图主张对自身事务拥有更大的控制权来检验权威的限度。在这些情况下,统治国必须使用武力强制执行其意志并规训下属,要不就面对违抗而退缩。如果双方都坚持提出更高的要求,那么统治者的权威最终或许因为不合法而遭到拒绝(在统治者越权的情况下),或者重新谈判,达成一种新的、等级程度更低的关系(在下属反抗的情况下)。[6]

正是在这种罕见而有力的案例中,主导方运用武力维护其意志,才使权威的限度体现得最为明显。正如在应对叛乱时国家权威的界限体现得最为清楚一样,当主导国在面对反抗使用武力强制执行其偏好时——正如美国在 1905 年、1916 年和 1965 年入侵多米尼加共和国时所做的那样——国际等级制的真正本质和局限也暴露了出来。主导国什么时候会坚持它的权利? 然后附属国会不会遵从? 考虑到违抗的性质,附属国会不会将主导国对武力的使用接受为合法和适当的? 正是在对权威的斗争中,权威的本质和界限才最有可能清晰地显现。

遗憾的是,由于它们的这种特性,这些失衡事件成为异常事件,不能作为主导国和附属国间"正常"权威关系的代表。[7]如果它们的发生频率足以产生一种可观察到的关系模式,那么对这一关系本质的不确定性有可能会很高,或者这一关系本身很有可能在环境变化的压力下在各方之间发展成为一种新的平衡。尽管对这些事件详加检验相当有益,然而它们既非公正的观察,亦不可能对跨越长时段的大量国家间权威关系进行有规律的系统描绘。虽然对失衡事件进行详尽分析可能是我们观察国际等级制的存在和本质的最好渠道,但是这些事件具有偏差,也具有偶发性,成为系统化经验调查研究的主要障碍。例如,美国在 1965 年入侵多米尼加共和国,确认其对后者的权威,这是否意味着美国自 1916 年或 1924 年起就一直具有权威性? 还是说,自 1965 年起它才一直具有权威? 干涉缺失对先前或之后的岁月意味着什么,这很难解释。为此,本章接下来将集中关注国际政治权威的一些或许比较间接但更连续和容易观察的指标。

如果说等级制的操作化很难进行,那么,提出一些区分等级制和强制能力的指标也同样困难,前者被定义为权威当中的变体,而后者则是紧邻的最为密切相关的权力形式。为测试等级制对国家行为的影响,就像后面两章所进行的,各指标能够捕捉到权威概念但同时不会与物质能力发生关联十分重要,后者通常会与潜在的强制联系在一起。若要发挥作用,各指标应集中于等级制这一概念,并对权威和强制作出区分。因此,这里所说的各个指标,目的在于捕捉国家间不平等关系的合法性,而不仅是捕捉强制当中存在差别的各种能力。

尽管存在重重困难,仍还是有一些标准可用来表示国家之间不同等级制关系的存在。这些标准能够为这里提出的关系型权威概念所使用,它们建立在可观察的行为之上,而不是制度或主体间的理解之上。关注一些和权威相关的行为,并不是有意忽视它们所存在的类似的制度或正式—法律的形式,而仅在于强调与这里提出的关系型概念更为接近的一些标准。最为重要的是,这些标准隐含着附属国一方的自由裁量权,而这一自由裁量权反过来也意味着附属国对主导国权威服从的某种意愿以及对它们主从关系的一种相互认可。所有变量来源都记录在本书后面的数据附录中。

安全等级指标

安全等级可以由两组指标来表示,我编制了 1950—2000 年美国与国际体系中有牵涉的每个国家的指标。令人遗憾的是,其他国家没有这些指标的类似数据,这里的分析实际上只能限于探求当代世界体系中美国的等级制模式。[8]

首先,权威通过主导国 A 在附属国 B 的领土上部署军事力量来显示。[9]军队的存在能够让 A 国影响 B 国的安全政策。如果 A 国有意的话,它可以使 B 国卷入外交冲突中;例如,A 通过从 B 国领土发起进攻,自动将 B 国牵连到冲突里面,并使其成为 A 国敌人的报复对象,正如在 1991 年海湾战争中美国和沙特阿拉伯的案例。反过来,军事人员的存在也能够使 A 压制 B 国可能提出的一些外交政策动议。例如,在韩国边境附近驻扎的美国军队不仅作为一种引线(trip wire),立刻将美国拉入任何一场可能由朝鲜挑起的冲突,同时他们也使朝鲜免于遭受韩国任何潜在的挑衅行动,这在冷战早期是很重要的。同样,1945 年以后驻扎在日本和德国的美国军队,不仅保护这两个国家免遭苏联的可能入侵,同时也确保它们的邻国能够对抗任何军国主义的复活。这样,军事人员可以使 A 国对 B 国的安全政策进行正面和反面的控制。相对于 B 国的本土人口,A 国在 B 国部署的军队规模越大,预计 A 能够对 B 施加的控制就越多。[10]在 B 国能够持续接受 A 国军事人员的范围内,这种控制可被视作合法,并因此而具有权威性。

美国的海外军队部署根据国家人口来分配,并根据国家大小不同做出调整。于是该项指标在 1995 年(巴拿马)被标准化为最高值,从而可以在时间上以及与其他指标进行比较,见下文解释。[11]除了 20 世纪 60 年代晚期因为越南战争而有显著增长之外,美国军队部署的平均水平相对于人口规模而言,自 20 世纪 50 年代中期以来每十年都在一直下降(参见图 3.1)。而更具体的一些模式和描述性的推论将在下文讨论。

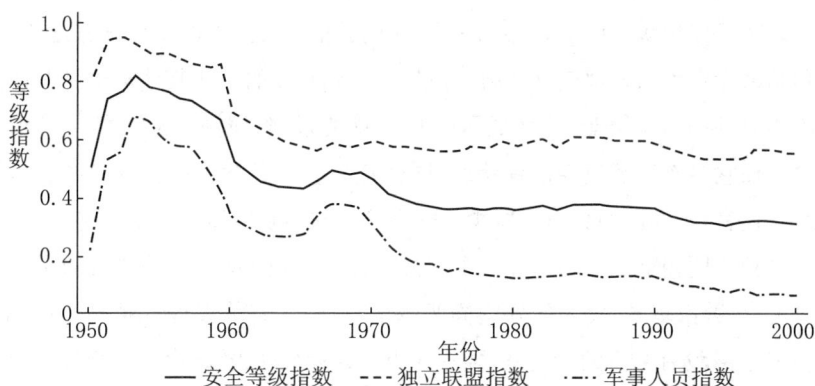

图 3.1　美国安全等级在年份和指标上的平均值(1950—2000 年)

安全等级的第二个指标是潜在附属国 B 所拥有的独立同盟的数量。[12]两个国家可能共享许多同盟,这只表明它们同属一个共同的安全体系之中。这种共享的同盟内部或许包含一个安全等级,但这并不能仅仅通过观察各种关系的模式而得以识别。如果 A 和 B 拥有一个同盟,但同时加入了与其他国家而不包括另外一国的同盟,即这里所指的独立同盟,那么这就是外交政策自主性最直观的证据。这样,任何一方都不会明显依赖另一方的援助。至为重要的是,B 拥有一种"外部选择",可以减少 A 施加控制的能力。或者,如果 B 国所有的同盟都与 A 共享,这可能表明存在某种安全等级制。这里,B 依靠 A 或 A 的其他盟友获得援助,而对另外一些没有与 A 结盟的国家则不会有既定的援助要求。B 拥有的这种独立同盟的数量越多,这一安全关系的等级程度就可能越低。由于 B 达到了没有其他联盟支持的程度,以至于它只能依靠 A,并因此而深受——至少部分地——A 对其安全政策的影响,而且,B 也没有采取行动使其支持来源多样化或打破它自身同盟和对 A 的依赖,在这种情况下,B 有可能将 A 的影响视为必要和合法的,同时就如军事人员的存在一样,具有权威性。

比起军事人员,独立安全同盟的数量是一种甚至更为间接的国际等级衡量标准。接受外国军事部队是一种有意识的政策决定,至少意味着 B 对 A 限制其外交政策自主性的一种默许的接受。相比之下,缺乏独立同盟,并不一定意味着 B 在其自身的附属关系中会受到同样牵连。有许多理由可以说明为何 B 不会与 A 及 A 的其他盟友之外的一些国家结盟,包括缺少重大的外部安全威胁。但是,与 A 和 A 的一些其他盟国结盟而不与另外的国家结盟,这形成了一种依赖关系,附属国对此必然十分清楚。而它没有选择改变这种状况,同样意味着一种含蓄的接受,这表明,平均而言,独立同盟数目的减少与安全等级的不断增加联系在一起。

独立同盟被定义为这样一个同盟,它由非 A 盟友的 B 的盟友数量所划分。[13]数值越高,代表的独立同盟越少,也暗示着等级程度越高。在 A 与 B 自身没有结盟的情况下,独立同盟的数量被视为零(没有安全等级)。这一测量同样被标准化,1995 年达到最高值(几乎所有的美洲和西欧国家都是如此)。一个显著的事实在于,在现代世界中,同盟模式几乎全都是排外的;若一个国家与某个大国结盟,那么它在该大国主导的同盟网络之外就不再拥有其他同盟。[14]平均而言,独立同盟指数自 20 世纪 50 年代至 60 年代大幅下降,但从那时以后就一直保持相对稳定(参见图 3.1);这种结果并不是个别国家发生了变化,而是由于更多的国家加入国际体系,特别是通过非殖民化运动,而不是与美国结盟的方式。

尽管图 3.1 表明这些指标在时间上大体有很强的相关性，1950 年到 2000 年间部署的军队数目和独立同盟数量之间的截面相关系数（cross-sectional correlation）平均值却是 0.21。这意味着这两个指标可能只是细微地捕捉到了安全等级基本架构（underlying construct）的不同维度（聚合效度将会在下文更为详细地加以讨论）。我还为美国的安全等级计算了一个综合指数，将美国军队部署的人均指数和独立同盟数量简单求和，同样归为 1995 年的数值。根据综合指数，在 1995 年，巴拿马是这一体系当中最具附属色彩的国家，而所有其他国家取值更低一些（德国紧随其后，为 0.65）。随着时间推移，两个构成性指标所遵循的趋势日益相似，作为这两个指标的标准化之和，综合指数取了一个中间值，如图 3.1 所示。总之，安全等级随着时间推移不断降低，而最大的变化发生在 20 世纪五六十年代（见图 3.1）。

原则上，没有什么特殊理由会让人青睐这些指标当中的某一个，而胜于其他指标。在不能观察到那些内在无法观察的东西的情况下，我们无法知道这些指标中有哪个捕捉的等级概念更多（或更少）。对表面效度、聚合效度、区分效度的检验（参见下文）不会有意在同一概念的不同标准之间进行区分。在第四章和第五章呈现的数据分析中——它们反映了这些衡量标准的预测效度，不同指标在不同检验甚至不同模型中表现都会好坏不一。在本章剩下的部分，我也仅为方便起见才会关注综合指数，不一定因为它是较两个组成部分更好的安全等级指标而另眼相待。

经济等级指标

经济等级同样经由两个指标进行捕捉。首先，经济等级与一个国家货币政策的自主性成反比，而反过来，一国货币政策的自主性又通过其汇率机制加以确定。[15] 任何经济体价格与货币稳定的关键在于如何根据其他货币价格来设定其本国货币的价格。在一种极端情形下，一国可允许其货币相对其他货币浮动，而其汇率交由金融市场的需求与供给来决定。在浮动汇率制下，国内货币政策免于对经常账目平衡（current account balance）的担忧，也因此而意味着不存在什么经济等级关系。[16] 而在接下来的一步，一国可将其汇率盯住一种单一的外国货币，最常见的是盯住美元、法郎(现在为欧元)或是英镑。通过盯住一种单一外币,B 国间接地"输入"或采取了 A 国的货币政策。举个例子,随着美元国际供需的变化和美国汇率的下跌(或上升),该国自身的汇率相对其他货币也必须下跌(或上升)。尽管如此,如果 A 和 B 的经济基础发生重大偏离,固定汇率制仍然保留重新评估的可能性,而且 B 国通常会维持一定的外汇储备缓冲这种不利的价格震荡所产生的影响,部分地使 B 国免受 A 国汇率的干扰。尽管主导国 A 不一定通过制定 B 的货币政策来影响其经济,A 国政策变化的结果仍可能对 B 国造成重大影响。固定汇率制意味着某种程度的经济等级,因为 A 拥有(或许并不需要,但却真实存在)对 B 国国内经济的影响力。横在货币等级第一及第二阶段的中间政策是"爬行盯住汇率制度"(crawling pegs),它在目标汇率周围的狭小幅度内(通常是增减两个百分点)不断调整和变化。当与一种特定货币相关联,"爬行盯住汇率制度"比浮动汇率机制更加具有限制性,但是比固定汇率更少束缚——因此也更少等级性。到第三步,一个国家将一种外国货币采纳为它自己的货币,这一过程以"美元化"著称,但事实上要比这一名字所暗含的意义更普遍。[17]尽管本国货币可能会少量地保持流通,该国仍然将外国货币作为其首要法定货币。在这一阶段,没有多变的外汇储备来缓解外部冲击的影响,该国直接采纳 A 国的货币政策;流通货币的数量不依 B 国政策决定,而完全由 A 国货币政策所决定。固定汇率和美元化的不同仅仅在于B 国能够改变它的货币价值的灵活度。在美元化的情况下,B 国只能通过"去美元化"和重新发行本国货币来改变其汇率,而这有可能牵涉大量的交易成本(transactions costs)和金融惩罚(financial penalties),因为国际投资者可能将 B 国重新发行本国货币的决定解释成为它要以一种快于A 国的速度扩大其货币供应的决定。通过美元化或其"近亲"——联系汇率制(currency boards),A 国取得对 B 国货币政策的实质控制权。

由于结束本国货币流通而后采用他国货币作为本币的决定具有非同寻常的象征意义——近似于采用他国国旗——这一决定轻易不会做出。[18]关于固定汇率,特别是美元化的各种争论通常都集中于经济独立和外部控制的议题上。采取这些步骤就意味着正式和自觉地承认该国至少在某种程度上附属于另一个国家的决策。美元化作为高度等级制的标志,受到一连串采用外国货币作为其法定货币的"超小国家"(microsta-tes)的佐证,包括安道尔(欧元)、北塞浦路斯(土耳其里拉)、列支敦士登(瑞士法郎)和马绍尔群岛(美元)。[19] 由于汇率机制的选择通常仅会受到锚币发行国(the anchor country)的少许压力——但仍然有一定约束,可以假定主导国获得的这种控制至少具有一定程度的合法性。

　　汇率制度在这里被编为四个等级(a four-point scale),从多样化的浮动汇率制,到盯住美元的爬行盯住汇率制,再到以美元为中心的固定汇率制,最后到一种融合货币局汇率和美元化汇率的"混合"汇率制。[20] 在这一等级中的每一阶段,该国货币和美元之间的关系越是紧密,而且打破这种关系的代价越为高昂,给予美国对附属国货币政策的控制权也越大。这一指数同样经过标准化,在 1995 年达到其最高值(11 个国家共用这一数字,大多数是加勒比海沿岸国家)。图 3.2 显示了该指数自 1950 年到 2000 年的全球平均值。由于这些国家在整个 20 世纪五六十年代将它们的汇率盯住美元,因此该指数平稳上升,之后随着布雷顿森林固定汇率制的结束而下降,又随着国际货币基金组织(IMF)协定条款的第二次修订(1976 年 1 月正式通过,规定了新的浮动汇率体系)而恢复,然后随着针对欧洲货币体系(European Monetary System)的运动和最终货币联盟的出现而又一次下降。由于几个新兴市场着手将其货币再一次与美元挂钩,而且加勒比海沿岸国家开始进行美元化,这一指数在 1990 年以后开始上升。

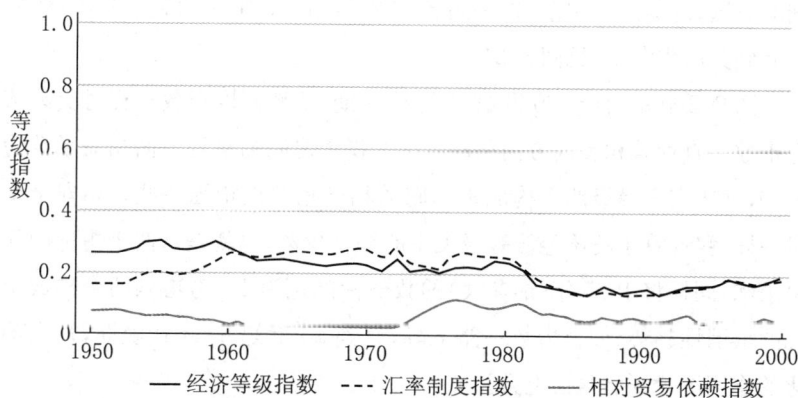

图 3.2　美国经济等级在年份和指标上的平均值(1950—2000 年)

经济等级也用贸易依存度来表示。贸易长期以来被理解为能够创造潜在的政治影响力。[21]这一重要洞见与安全等级中的独立同盟相似。如果一个国家拥有很多贸易伙伴,它很有可能拥有较大的政治自主性,而且任何一种出于政治目的而操纵贸易的努力都将变得无效。然而,如果一个国家高度依赖与他国的贸易,就会很容易受到那些国家的影响。国家间的贸易出于许多理由进行。在大多数情况下,政府仅仅间接影响双边贸易模式,因为公司和企业家制定进口和出口的微观层次决策,而这两个方面共同形成了贸易依赖。贸易模式不像军事人员和汇率机制,而更类似于独立同盟,很可能在没有明确政府决策的情况下出现。[22]尽管如此,如果政府长时期没能将它们的贸易伙伴多元化,那么就意味着它们对主导国潜在的影响以及由此而来的它的合法性与权威的默认接受。

相对贸易依存度的衡量是这样的,每一个国家与美国的贸易总量除以其自身的国内生产总值,对其他联合国安理会常任理事国(中国、法国、英国、俄罗斯与美国)减去类似的比例。该指数缩减为0(没有等级),而且被标准化为 1995 年达到最高值的 1(加拿大)。一些国家与美国的贸易量大于和其他四国的贸易量之和(依照占它们国内生产总值的百分比),它们相对具有贸易依赖性,而另外一些与其他常任四国贸易量大于与美国贸易量的国家,则相对独立。[23]相对贸易依存度的平均水平会随时间的变化而有所波动。由于欧洲石油危机和经济衰退之后贸易重新回流到北美洲的美国、南美洲和中东,这一指数在 20 世纪 70 年代达到了峰值,而后又回到其历史水平(见图 3.2)。

图 3.2 显示,直到 20 世纪 70 年代后期,汇率制度指数和相对贸易依存指数一直朝着相反的方向移动。两个指数之间的平均截面相关系数为 0.30,这比安全等级两个构成指标间的相应相关性稍强一些。和安全衡量一样,我计算了美国经济等级关系的综合指数,也就是这两个指标的简单求和,同样将 1995 年(加拿大)的数值标准化为 1。考虑到两个构成指标的抵消性趋势,综合指数一路下降,直到 20 世纪 80 年代晚期,在全球化的作用下才开始再次上升。

正如前文对安全等级的衡量,没有什么原则性的理由可对这些经济等级的衡量标准厚此薄彼。在本书第四章和第五章的统计分析中，相对贸易依存度指数确实比汇率机制指数具有稍强的预测效度，这暗示着它或许捕捉到一些更接近于经济等级概念的东西。同样，在本章剩余的部分，我也仅为方便起见关注这一综合指数。

效度概念

　　前文描述的各项衡量标准不是为了单纯捕捉国家之间的强制关系，而是意图找到对等级关系至关重要的权威和合法的强制。所有四个指标都反映了主导国和附属国之间关系多多少少的自决性，也因此而反映了后者对前者暗含的权威授予。正如肯尼思·华尔兹所认为的，能力分配不是任何单一国家可以改变的；即使一个国家试图通过提高国防开支或增加发展速度来获取优势，它的对手也能够通过加倍的努力来与之对抗。正是这些能力上的不平等才使得一国对另一国施行强制。[24]然而，这里的衡量暗含着一定程度的选择，以及不同于能力分配的单方面改变结果的一种能力。正如前文所提到的，当附属国接受主导国的军队驻扎在自己的领土上，抑或将主导国货币作为其自身货币时，它们就把权威授予了主导国。同样，当这些国家没能作出努力，使它们的同盟或贸易伙伴多样化时，它们就在间接地发出信号，表示它们承认主导国的权威。如果没有具体特定的信息，我们无法知道附属国及其国民是否将这些等级关系接受为真正的合法关系，甚至在特定的情形中，由于战略性误传的刺激，合法性也无法直接地获知。但是这些政策的灵活性及其持久性，在分析上清晰地将这些衡量标准与那些意图更纯粹地捕捉国家间强制关系的东西区分了开来。

　　如同所有对理论概念的衡量，这些安全和经济等级关系的指标毫无疑问不能完美地反映一种内在无法观察的现实。尽管如此，这些提出的衡量标准仍具有某种程度的表面效度。图3.3和图3.4通过前文所描述的安全和经济等级的两个综合指标，分别列出了1965年和1995年的等级国家。它们是图2.1显示的分析简图在经验上的对应结果。年份的选择有些武断——其他年份极其相似——但它们很好地说明了等级关系中的横截面变化和随着时间推移所发生的变化。由于显示的原因，不能将所有国家都列出来,但也尽可能多地列了出来。读者也应该注意到,为了尽可能多地、清晰地显示这些国家,两幅图中横轴上的刻度并不一样。

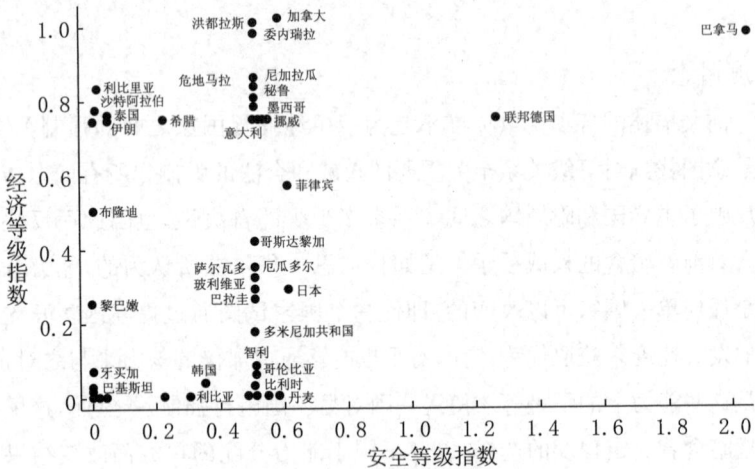

图 3.3　1965 年美国的安全和经济等级

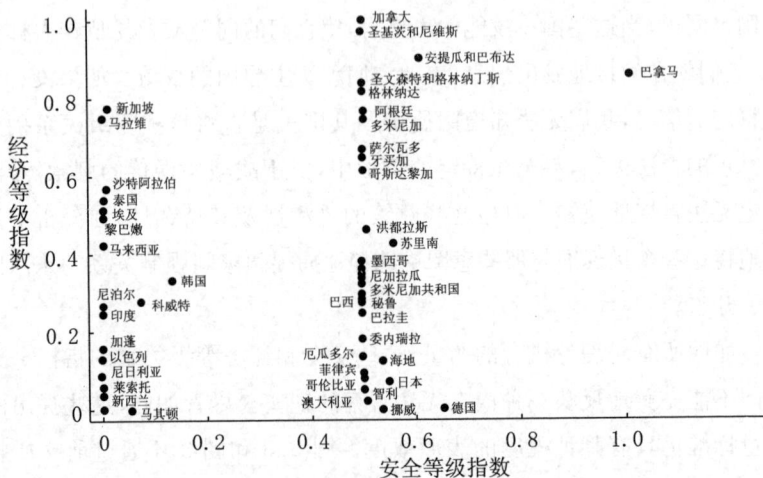

图 3.4　1995 年美国的安全和经济等级

安全等级沿着横轴测量。巴拿马在这两个时期内都是最为从属的国家,但是随着美国军队数量的减少,它的安全等级程度在 30 多年里降低了一半有余。其他国家映射成一个直观的模式,几乎所有缺乏任何独立同盟的拉丁美洲和欧洲国家都反映了一定程度的安全等级关系。这些国家通常被视为美国的"附庸国"(例如菲律宾)或"支持国"(例如日本),一般都呈现出更高的数值。经济等级关系沿纵轴显示。加拿大是这两个时期内经济上最为依附的国家,同样,规定一种表面效度的测量标准,国家大多数都会落入自然的分类。加勒比海地区的许多国家和一些被广泛视为美国附庸国的国家(如沙特阿拉伯)因为对贸易的依赖,在两段时期内的取值都相对较高。总之,浮现出来的总体模式相对直观一些。加勒比海地区国家向图中的北中部聚集,代表了同时在安全和经济等级关系中相对较高的层次。欧洲国家则聚集在图中的中南部,而且随着时间变化逐渐向南推移,表明自始至终存在相对高层次的安全等级,但经济等级呈下降趋势,特别是随着欧洲大陆越来越在经济上走向一体化。尽管只有少数国家的名字出现在东南角,但在这两个时期内许多国家并不附属于美国。

由于这些指标在两个维度上皆将等级程度最高的 1995 年的数值标准化为 1,加拿大或类似国家不太可能和美国处于帝国关系之中,虽然20 世纪 60 年代巴拿马在两个维度上的分值都很高,毋庸置疑是一种非正式帝国统治或者更甚。这种在经验上对各国与美国的各种各样关系进行缩放的方法并不允许向图 2.1 分析的种类进行简单转化,我将在下文回到这一问题。尽管如此,直观感觉可能最附属于美国的国家,一般都落到图中的东南象限,表示它们在安全事务上的附属;落到西北象限,表示它们在经济政策上附属;或者落到东北象限,意味着它们在安全和经济关系上都有某种程度的附属。这些排列通常言之有理,意味着这些指标至少具有某种程度的表面效度。

当然,在通过这些标准来捕捉安全和经济等级的过程中会有一些错误。最重要的是,存在一些"假阴性"(false negatives),其中有些我认为附属于美国的国家在一个或多个指标上未能得到正值。例如,在第二章,我将密克罗尼西亚联邦和马绍尔群岛共和国描述成保护国的典型案例,但这两个国家既没有与美国正式结盟(这种正式结盟行为在向华盛顿割让它们的外交政策控制权之后变得毫无必要),也没有驻扎任何美国的军队

（这些军队部署在美国正式的属地关岛附近）。尽管具有明确的附属地位，它们在这些指标上的得分依然相对较低。与此相似，沙特阿拉伯至少部分地附属于美国，但是除了1991年海湾战争后的一段时期，（其他时间）并没有很多数量的美国军队驻扎在其领土上或与之拥有同盟关系，尽管它位于北部沙漠的军事基地在20世纪七八十年代是依据美国的军事规格所建造的，而且在必要时会即刻准备接收美国军事力量。[25]同样，只有当国家的货币直接盯住美元时，它们才被编为经济上附属于美国。这就排除了许多间接的货币联系。于是，德意志联邦共和国被认为自1950年起到1970年，将德国马克盯住美元；但是自1956年开始将其货币盯住德国货币的比利时，却并没有被认为盯住美元，尽管它是间接性的。同样，许多讲法语的非洲国家在法郎盯住美元时曾将它们货币盯住法郎。因而，与美元有联系的国家数量偏低，尤其在20世纪五六十年代。这或许可以解释在一些后来的测试中汇率机制指数预测效度的缺失。

在所有这些案例当中，所用衡量标准似乎都低估了已有附属的程度；对特殊国家独特状况的分析证实了一般衡量标准的相关，同时在解释结果的过程中起到一种警示作用。另一方面，不存在明显的"假阳性"（false positive），即不会出现：其中各个指标意味着存在某种程度的等级关系，但对这个国家独特环境的直觉或常识却表明情况并非如此。这意味着这里所指出的模式可能在寻找美国等级制方面出现偏差，甚至当它存在的情况下也是如此，而后面章节所做的一些测试也同样对分析命题存有偏差。

表面效度主要取决于衡量与我们对理论概念的直觉理解之间的契合度，除此之外，效度还可以更加系统地加以评估，通过检验安全和经济等级的衡量是否分别与另一个（聚合效度）高度相关，反之，也可以检验安全和经济等级的衡量是否没能与下一个更为紧密相关的分析概念（区别效度）高度关联，正如传统上国际关系理论所构想的强制能力或"权力"。[26]表3.1显示了安全等级、经济等级和强制能力衡量标准之间51个年份相关性分析的平均值。表3.2显示的是这些相关性分类后的平均值。

表 3.1 1950—2000 年安全等级、经济等级和强制力指标间的平均年度二元相关性

	1.	2.	3.	4.	5.	6.	7.	8.	9.	10.	11.
1. 军事人员指数	1.0										
2. 独立同盟指数	**0.21**	1.0									
3. 安全等级指数	**0.80**	**0.73**	1.0								
4. 汇率机制指数	0.04	0.25	0.17	1.0							
5. 相对贸易依存指数	0.05	0.33	0.24	*0.30*	1.0						
6. 经济等级指数	0.07	0.34	0.26	*0.95*	*0.57*	1.0					
7. 人口	0.04	−0.05	−0.00	−0.04	−0.05	−0.04	1.0				
8. 实际 GDP(1996 dollars)	0.19	0.32	0.32	0.03	0.04	0.05	−0.06	1.0			
9. 大国(名义上)	0.16	0.05	0.15	−0.04*	−0.07*	−0.01*	0.52	0.20	1.0		
10. 军事人员数量	0.14	−0.03	0.08	−0.06	−0.09	−0.06	0.76	0.06	0.73	1.0	
11. 能力分值	0.24	0.08	0.21	−0.05	−0.03	−0.01	0.68	0.19	0.77	0.90	1.0

注：安全等级指标以粗体表示。
经济等级指标以粗斜体表示。
强制力指标以斜体表示。
安全等级指标乘以经济等级指标以正常字体表示。
安全等级指标乘以强制力指标以正常字体下划线表示。
经济等级指标乘以强制力指标以斜体下划线表示。
观测的数字根据变量和年份变化。1991 年之前，所有大国都是联合国安理会的常任理事国，也都用在相对贸易依存指标的计算中。因而，计算这些国家的相对贸易指标实属不能，也因而将它们编为缺失。反过来，STATA 无法计算在某个变量中不存在任何变化的相关性。1991 年之后，德国和日本被编为大国。
* 仅为 1991—2000 年的指数。

表 3.2　聚合效度与区分效度:表 3.1 中的平均相关系数(依据指标类型)

	安全等级指标	经济等级指标	强制力指标
安全等级指标(表 3.1 中的 1—3)	0.58		
经济等级指标(表 3.1 中的 4—6)	0.19	0.61	
强制力指标(表 3.1 中的 7—11)	0.13	− 0.03	0.47

　　强制力传统上用物质资源进行衡量,特别是通过人口、国内生产总值、大国地位、军事人员的数量,或者该国的总体能力得分(一个复合指标)来衡量。正如我们所期待的那样,也作为进一步比较的一个基准,强制力各种指标之间彼此的相关度是 0.47(表 3.2)。虽然没有完全一致,但这表示这些被广泛运用的指标都抓住了同样(或相似维度)的强制力的潜在理论特征。同样,安全等级的各个指标彼此之间也紧密联系,平均值为 0.58;经济等级的指标也差不多,平均值为 0.61。如同强制力的各个指标,安全和经济等级的衡量拥有相对较强的聚合效度。[27] 有趣的是,安全等级指标和经济等级指标之间并不很相关——平均相关度为 0.19——意味着将这两个维度视为政治权威中单独和自主的领域并没有什么不合适。[28]

　　或许更为重要的是,安全等级和经济等级与强制力的衡量都不紧密相关。安全等级指标和强制力指标之间的相关度相当低,平均只有 0.13。令人惊讶的是,安全等级通常明确地,有时还很强烈地与强制潜力,尤其是国内生产总值、大国地位和能力的测量相关。与现实主义预期相反,这意味着在国际事务中通常被认为属于最能够施加强制的国家也有可能是那些最依附于美国的国家。经济等级指标和强制力指标彼此之间几乎没有关联,平均为 − 0.03。因此,等级关系指标不仅具有聚合效度,它们也有很强的区分效度。当然,这并不一定证明这些指标捕捉到了等级制概念内在无法观察的特征,但也显示出这些测量抓住了一些不同于国际关系中传统权力衡量的东西。

美国的等级制模式

　　现代世界体系中关于权威模式最引人注目的事实在于美国控制下的

安全和经济等级关系触及全球范围或具有全球广度。尽管有很大的变动，美国仍在世界（几乎）每一个地区都主导着至少一个或通常多于一个的国家，除了中亚和南亚。即使没有其他潜在主导国的系统数据，正如前文所解释的，我们似乎也能安全无虞地得出结论，在这里所讨论的时期之内，没有其他国家——甚至包括处于帝国权力顶峰时期的大英帝国——具有类似的全球影响力。

此外，美国的主导是多维度的，既建立在安全等级的基础之上也建立在经济等级的基础之上，特别是在所考察时间段的早期。正如图3.1和图3.2所示，美国主导的两根支柱在不同的时间里以不同的速度演变。总体而言，安全等级在20世纪50年代早期达到顶峰，随后下降，到70年代早期达到一种平稳状态。虽然冷战后美国的强制力相对地飞速增长，激发了单极时刻的讨论，但这些指标显示1990年之后美国的权威并没有发生太大的变化。[29]考虑到安全等级和强制力指标之间的弱相关性（见表3.1和表3.2），这一差异不足为奇。虽然美国的"权力"在过去二十年里有所增长，但其权威却似乎仍然保持相对静止。或许比其他任何事实都来得重要的是，这一差异突出了等级制和强制力是两个不同的、独立的理论概念。

经济等级模式稍微更加复杂一些，汇率机制指数一直走高，直到1971年布雷顿森林货币体系的终结才停下来，在20世纪80年代急剧下降，而后90年代又缓慢上升；而相对贸易依存度指标除70年代激增之外，整个时期都在持续下降。总体来说，在20世纪90年代早期全球化开始以前，经济等级关系在整个时期内似乎都在降低。这里再次出现了美国衰落的经济"权力"与其复苏的经济等级之间不断增大的差异，而随着美国债务的逐渐增加和失去竞争力的产业的日益增多，美国的经济力量还在持续衰退。

如图3.3和图3.4所示，美国所拥有的等级制拥有很强的区域聚集性。[30]就地区而言，美国在北美和南美比在其他地方控制着更多国家，它们是其关切的传统地区。在其西半球内，美国几乎对所有国家都拥有不同程度的等级关系（见图3.5和图3.6）。参议员亨利·克莱（Henry Clay）最初命名为"美洲体系"（American system）的一些东西在"门罗主义"的指引下,开始并扩展开来,自 19 世纪一直持续到今天。这种控制对加勒比海地区的国家尤为强烈。通过多边的《里约协定》——更正式的称法为《美洲国家间互助条约》(Inter-American Treaty of Reciprocal Assistance),其于 1948 年生效,西半球的许多国家都与美国拥有排他性的同盟关系。[31]历史学家戴维·格林(David Green)将这种排他性同盟描述为创造了"一个在美国主导下的紧密军事半球",正是这一同盟最为清晰地显示了美国在该半球的影响力。[32]美国还在邻近加勒比海的一些国家内大量部署军队。尽管相比其他地区,这里部署的规模较小,而且在不断下降,也仅仅在西欧驻扎美国军队的国家占有更多比例。巴拿马的大量驻军虽然表面上是守卫运河,但同样给予美国在该区域内的重大影响力。

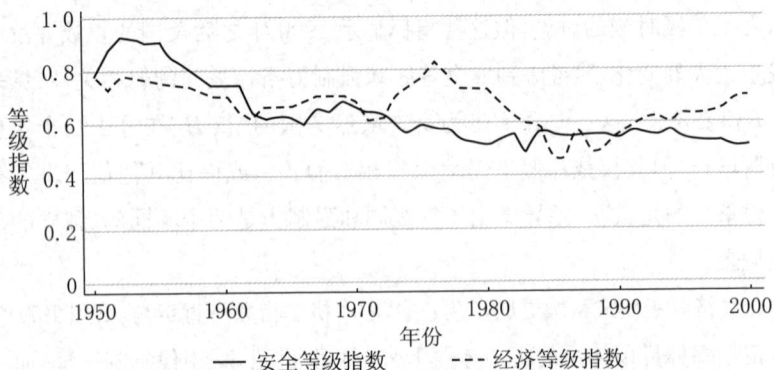

图 3.5　1950—2000 年美国在北非的等级制(依据年份和指标的平均值)

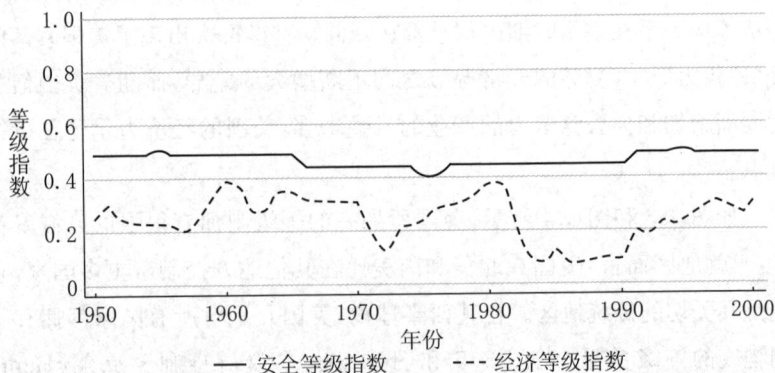

图 3.6　1950—2000 年美国在南美洲的等级制(依据年份和指标的平均值)

　　在经济上,南北美洲相当比例的国家将它们的货币与美元联系在一起,而且具有高度的相对贸易依存。在 2000 年通过采取联系汇率制或美元化的方式将它们的货币与美元结合起来的 13 个国家当中,9 个位于拉丁美洲,而且在这 9 个国家里有 8 个濒临加勒比海。虽然大多数国家依赖与美国的贸易,但也只有北美国家才完全依赖这一贸易,它们与北方邻国的交易占国内生产总值的份额比与其他联合国安理会常任理事国加起来的还要大。美国在该区域的经济等级制深入而又广泛。在 1950 年和 2000 年,在经济上最依附于美国的 90% 的国家都可以在西半球找到(表 3.3)。在这些地区,美国的主导地位强劲有力。

表 3.3　1950—2000 年对美国附属程度最高的国家

	安全等级指数	
	1950 年	2000 年
1	巴拿马	冰　岛
2	加拿大	巴哈马群岛
3	丹　麦	格林纳达
4	古　巴	英　国
5	意大利	德　国
6	葡萄牙	比利时
7	危地马拉	日　本
8	冰　岛	意大利
9	比利时	希　腊
10	玻利维亚	葡萄牙
	经济等级指数	
	1950 年	2000 年
1	委内瑞拉	巴拿马
2	巴拿马	阿根廷
3	加拿大	圣文森特和格林纳丁斯
4	利比里亚	格林纳达
5	萨尔瓦多	马来西亚
6	尼加拉瓜	厄瓜多尔
7	危地马拉	加拿大
8	哥斯达黎加	圣基茨和尼维斯
9	海　地	洪都拉斯
10	墨西哥	安提瓜和巴布达

尽管将表 3.1 中显示的分析类型中的各国准确地图示出来不太可能,加勒比海沿岸的国家同时具有高度的安全和经济等级,接近一种非正式的帝国关系,特别是在 20 世纪五六十年代。一般而言,南美洲国家似乎仅仅处于一种势力范围之内,在该范围内,它们保有很大程度的外交政策自主性,但被禁止加入与美国之外的其他国家的安全关系,并处于一个由美国主导的微弱经济区当中。然而,在这些地区的每一板块,美国行使的等级制程度有很大的不同,例如像古巴这样的国家就极力否认美国在该区域的权威,并在事实上加以挑战。

第二次世界大战之后,美国将其安全与经济等级制从最接近的周边地区扩展到了西欧和东北亚(见图 3.7 和图 3.8)。[33]这或许反映了美国在冷战时期认识到控制盟友经济和安全政策的重要性。美国部署军队和建立排他性的军事协定,这些措施不仅有效地遏制了苏联,而且还限制了其附属国的外交政策自主性和潜在的机会主义。直到 20 世纪 90 年代,西欧拥有最多的美国海外军事力量部署。同样是这些国家,还处于以北约为中心的排他性联盟网络之中。与南美国家相似的是,西欧看起来至少变成了一个势力范围,这在战后早期的年月里尤其明显。随着冷战的结束,美国在西欧的安全等级制显示出第一次转变的迹象,军队数量及驻扎国家的范围在 1990 年后开始下降和缩小。尽管如此,一些重要的国家,包括英国和德国,仍然高度依附于美国(见 1995 年的图 3.4)。2000 年,欧洲国家在安全上最依附于美国的比例比 1950 年的更大(表 3.3)。

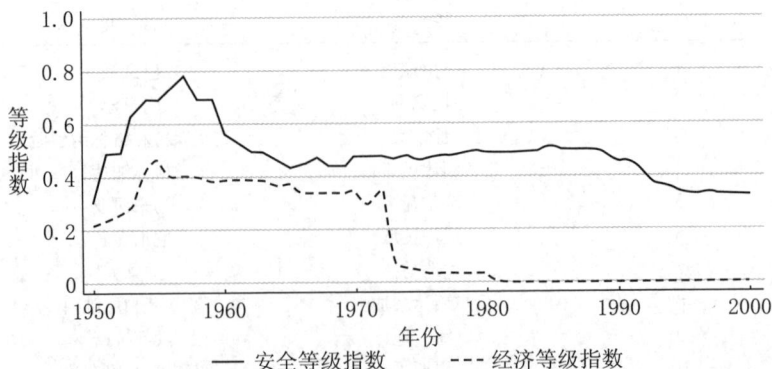

图 3.7　1950—2000 年美国在西欧的等级制(依据年份和指标的平均值)

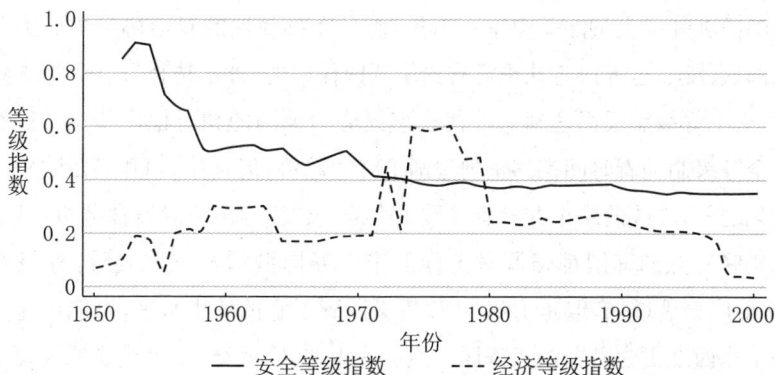

图 3.8　1950—2000 年美国在东北亚的等级制（依据年份和指标的平均值）

同样,在第二次世界大战期间和之后,美国利用自身的相对繁荣来维护其对昔日大国敌手新的经济支配。在部分出于计划和部分因为战后没能料到的美元短缺的基础上,布雷顿森林体系创造了一种地区主要国家在事实上将它们货币盯住美元的汇率机制。由此,美元成为国际汇兑的实际媒介,而且给予华盛顿对国际货币体系——更为重要的是西欧许多国家的货币政策——史无前例的影响力和责任。美国还坚持要求它的新附属国结束帝国特惠制,并实施贸易自由化。这就意味着美国在该地区至少拥有一个微弱经济区。加上美国经济的优势,这造成了贸易往来的一次彻底再定位,也对美国产生了一定程度的相对贸易依赖。然而,与西半球不一样的是,美国在该地区的经济主导地位并不持久。美国主要出于国内政治及经济的种种原因,[34] 到 1975 年打破了固定汇率制,以一种浮动汇率制取而代之,降低了美元在国际经济中的特殊作用,同时允许其他国家,特别是欧洲国家重新拥有一定程度的货币政策自主权。1975 年以后,由于浮动汇率制的出现和欧洲货币统一的各种努力——该努力在1999 年欧元创立时最终得以实现,美元在维持美国经济等级制中的特殊角色丧失。自微弱经济区开始,到了 20 世纪 70 年代早期美国在西欧的经济等级制已经明显消失殆尽。

美日关系与美韩关系构成了（美国等级制在）东北亚地区的核心,其在许多方面看起来,也遵循着与西欧国家相似的轨道,特别是在安全方面。[35] 从 20 世纪 50 年代开始,而且在朝鲜战争时期达到顶峰的是,日本和韩国驻扎了大量的美国军事力量,而且在排他性的双边协定中成为美国的伙伴国,这种协定几乎没有给予两国任何的"外部选择"。到了60年代,安全等级制反而达到一种代表牢固势力范围的相对稳定状态。虽然安全等级制随着时间推移呈现逐渐下降的趋势,但是在2000年西欧发生变化之前,冷战的结束并没有导致重大的变化。为了应对石油危机,日本和稍晚一点的韩国都强调对美国的出口导向型增长方式,经济等级在70年代显著增加,但是1980年以后又回到了它的历史水平,可能组建了一个比西欧更为微弱的经济区。经济等级在20世纪90年代晚期大幅下降。今天美国对东北亚国家至多仅是拥有一种微弱的势力影响。

美国在所有其他地区的安全或经济等级平均水平明显更低。美国在东南亚的等级体系一直主要局限在菲律宾(安全和经济)、澳大利亚(安全)、新加坡和泰国(经济)。通常而言,安全等级程度很低,而经济等级随着时间的变化稳定增长(见图3.9)。相比之下,中亚和南亚是过去50年里美国在安全政策上唯一没有附属国的地区(见图3.10)。在中东和北非,美国主导着几个特定国家,尤其是沙特阿拉伯(在经济以及或许安全领域)和土耳其(安全领域),但从来没有对该地区的大部分国家施加重要的权威(见图3.11)。撒哈拉以南的非洲更少处于美国的支配之下,尽管利比里亚在早些年的经济关系中高度依附于美国,而几内亚、马拉维和津巴布韦自20世纪80年代晚期开始的短暂时间内,由于经历了各种形式的美元化而变得更唯美国马首是瞻(见图3.12)。

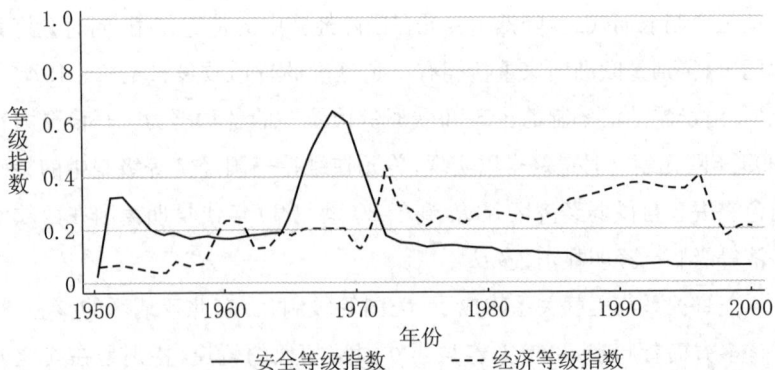

图3.9 1950—2000年美国在东南亚的等级制(依据年份和指标的平均值)

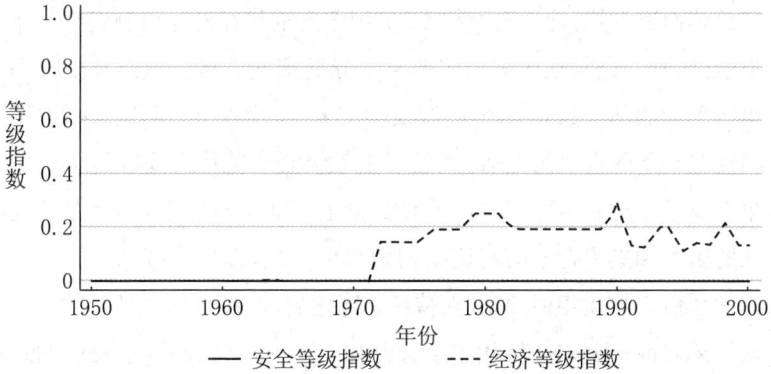

图 3.10　1950—2000 年美国在中亚和南亚的等级制
（依据年份和指标的平均值）

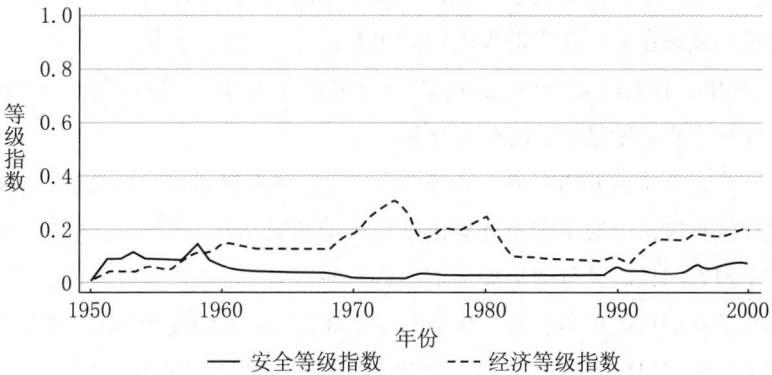

图 3.11　1950—2000 年美国在中东北非的等级制（依据年份和指标的平均值）

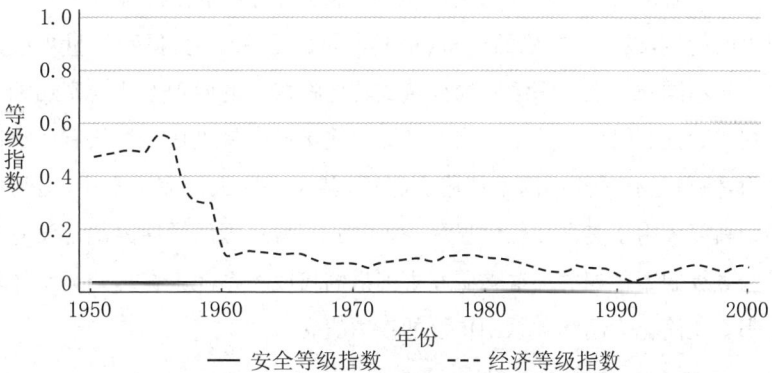

图 3.12　1950—2000 年美国在非洲的等级制（依据年份和指标的平均值）

总体而言,尽管冷战已经结束,美国的安全和经济等级制仍然异乎寻常地强健,特别是其在历史上曾一直主导的那些地区。虽然在安全关系上附属美国的国家数量有所下降,尤其是自20世纪50年代早期到70年代早期之间下降得最为显著,但是安全等级制的整体水平在过去的三十年里保持了相对稳定。军事部署在数量上可能会有波动,但是驻扎这些军队的国家和更为普遍的同盟结构则很少变化,即使冷战结束之后变化也非常缓慢。与此相似的是,在持续下降之后,经济等级制的平均水平在苏联解体之前,也即80年代中期又开始上升。尽管经济竞争此起彼伏,但这些指标仍显示了美国对许多国家的经济继续施加非常显著的权威,而等级制总是一种变化和动态的关系。

没有经验指标的概念很少具有实际运用价值,而且最终不能比其他的替代概念在解释现实世界政治时更有用途。为此,本章投入了大量精力,提出一种新的安全和经济等级制的衡量方法、评价这些指标的效度、并勾画了它们所显示出的总的经验模式。

我并不认为人均军事人员、独立同盟、汇率机制和相对贸易依存度是现代世界体系中安全和经济等级制完美的测量指标,只是说它们似乎抓住了国家间权威关系理论概念的一部分特征,因此是合理有效的。其他的测量指标可能更为有效。我希望更多富有创造力的读者能看到新的更好的方法,而且在我们能够全面勾勒出国际等级制的各种变体之前,更完整的数据必不可少。

本章得出的一个很强的结论是,对等级制的衡量比传统国际关系对权力的衡量,或者更准确的说,这里我所指的是强制力,揭示了世界政治的一些不同的特征。等级制的衡量成功地将权力的两种形式与密切相关的权威和强制概念区分了开来。其原因简单而一针见血。虽然有些小国依附,但是也有其他小国不依附。相反,甚至一些大国完全自主,而另一些则高度依附于美国。任何显示一国"强于"另一国的属性因此都没有与美国等级制紧密相关。这项研究中突出的权威关系无论在理论还是经验上都不能简化为国际关系中传统的权力概念。

注　释

1. 批判现实主义是一种后实证主义的科学路径,该路径假设存在一个独立的现实,而我们对它的了解却不完善。对实证主义、后实证主义和主观主义知识路径的介绍,参见 Trochim 2001,18—20。

2. 有一种有趣的解释,参见 Johnson 2008。

3. 关于衡量的理论,参见 Trochim 2001,chap.3。衡量也经由它们的预测能力而得以验证,这与任何理论的验证都一致。如果衡量预测到该理论暗示其应该预测到的东西,这对理论和衡量来说都十分有利。如果衡量不能准确预测,我们将无法知道这一失败的原因究竟是测量指标还是理论。因为一个指标的失败而拒绝一种理论,这被拉卡托斯批评为"幼稚方法论证伪主义"(naïve methodological falsificationism)。参见 Lakatos,1978。

4. 一种有趣的尝试,参见 Gilley 2006b。

5. 即使当我们对行为体的动机略知一二,我们也未必知道那些动机的来源,而这些动机本身也许就深植于权力中。这是卢克斯三面权力(three faces of power)的核心部分,参见 Lukes 1977。

6. 这种失衡行为在第四章中规训附属国的情况下会予以更多讨论。

7. 如果它们是信息不对称的产物,那么这些失衡"错误"在本质上就是随机的,也因此是不可预测的。参见 Gartzke 1999。

8. 其他国家数据缺失的关键指标是驻守在本土之外的军事人员。由国际战略研究所发布的年度《军事力量对比》报告是一个可能的来源,但是不全面。对美国而言,登记的数目总是和所报告军队的绝对数量存在出入,同时,也无法反映由国防部和其他来源名下的在其他许多国家的部队。美国报告数据中的不一致意味着使用军事平衡报告中其他国家的数据是错误的,而且用那样的数据与更为完整的美国方面的数据相比较也一定是错误的。其他国家军队部署的数据可以在二手文献中获得,但是这些数据比较零散,也不能确保完整性。我还无法确定其他大国在类似时间范围内军队部署的可参照数据。

9. 尽管这里我关注军队部署的数量,该议题仍与那些基地的权利相类似。与等级制问题相关的一项基地政治的研究,参见 Cooley 2008。另一项更为关注国内政治的研究,参见 Calder 2007。

10. 令人遗憾的是,现有数据无法使我们区分美国军队的部署是否是在美国、北约还是联合国授权的情况下进行的。因为在"外部"授权下部署的数量一直很小,这并不被认为是一个大问题。

11. 1995 年是这里所记录的所有指标随意选择的一个基础。

12. 我们或许会想考察国家之间所有的安全协定,但是我们仅有同盟方面的系统数据。仅仅将同盟包括进来,这种测量有可能会低估安全等级的数量,因为它没有包括非正式的协定和联盟,而这些是很重要的。

13. 假定 B 与它自己结盟;分母永远至少是 1。

14. 北约是个例外,尽管它是一个排外的组织网络,但却拥有三个大国(美国、英国和法国);加拿大也是一个例外,它既拥有英国驻军,可以通过北约与英国联系,但同时也通过美国与其他一组同盟发生联系。

15. 参见 Cohen 1998,特别是第五章。

16. 浮动汇率可进行管理,也可以放任自流(不管理),但这一区别于我这里的目的而言并不重要。一国或许也会将其汇率盯住一揽子外币或某些国际资产,例如国际货币基金组织的特别提款权(其本身就是国家货币价格的混合)。因为货币锚多种多样,固定汇率限制了国内货币政策的自主性,但并不会对任何其他国家造成重大影响。这一机制同样暗示着经济等级微乎其微,而我在下文中将其与浮动汇率制视为一类。

17. 比如,一些讲法语的非洲国家将法郎保留为它们的法定货币。

18. Cohen 1998,35—39.

19. Cohen 2003,165.

20. 国际货币基金组织已经对汇率机制进行了详细研究和标准化形式的编类。反过来,莱因哈特和罗戈夫区分了国际货币基金组织报告的正式或宣称的汇率机制和国家实际上所遵守的汇率机制,我更偏爱这种分类,因为它更接近于这里所使用的关系型权威概念。他们提供了一种精巧的 15 个层级的汇率机制,但是这种详细程度已经远远超出了我在这里目的的需要。其中 9—15 层记录为 0,8—5 层记录为 1,3—4 层记录为 2,1—2 层记录为 3。这与莱因哈特和罗戈夫的"粗糙"层级相一致,除了最后两个种类,他们将它视为一个单一层次。参见 Reinhart and Rogoff 2004。迈斯纳和欧姆斯将莱因哈特和罗戈夫的数据延伸到确定货币锚(如果有的话),或者另一个国家将其货币盯住的货币,参见 Meissner and Oomes 2004。

21. Hirschman 1980;Keohane and Nye 1977;Baldwin 1985.

22. 即使如此,关于政府对贸易的战略操控,参见 Kastner 2009。

23. 尽管考虑一部分外部伙伴变量,这种测量仍在两个方面存在缺憾。它依赖与其他伙伴国实际而非潜在的贸易。即使一国现在与美国进行不对称贸易,它也可能进口或出口那些可以快速便捷地转卖到其他国家的相对标准化商品。此外,一国还可能与联合国安理会常任五个成员国以外的其他国家有重要的贸易关系,最有可能的就是日本和其他欧盟成员国。尽管如此,这一衡量仍然提供了一个切入口来观察一国与美国贸易的替代选择。这一衡量捕捉了一些更接近于基欧汉和奈提出的敏感性依赖而非脆弱性依赖的东西。Keohane and Nye 1977,12—17。

24. Waltz 1979,97—99.

25. 随着美国逐渐转向更少前沿基地和更快部署力量的"荷叶"战略("lily pad" strategy),这种测量问题可能会更严重。同时,因为美国不再对其附属国的外交政策施加同等程度的控制,这样一种战略代表着权威真正的衰减。

26. Trochim 2001,71—73.

27. 一种可能的反对观点是，在它们各自的矩阵中，同时将对安全和经济等级关系的部分测量和复合测量包括进来，夸大了平均相关关系。然而，能力指数同样是由能源消耗、钢铁产量（二者皆与实际国内生产总值高度相关）、军费开支、军事人员、总人口和城市人口的测量构成的复合指标。毫不奇怪，强制力的各种测量之间最为相关的就是能力与它的组成部分之间。

28. 尽管在安全和经济等级两个维度内的平均相关度相对较高，但是一些跨维度之间的相关性（例如在军事人员指标和独立同盟指标之间）却与安全和经济等级的所有指标之间的该平均值相似。将等级关系指标视为单一的还是多重的维度依然有待判断。

29. 参见 Krauthammer 1990/91。

30. 这里使用区域这一说法很大程度上是为了描述的方便。考虑到美国远距离投送力量的能力，区域也可能具有单独分析的重要性。在一个区域内军队可能集中在一个或两个国家，但对其他附近国家都发挥着政治作用。美国在中美洲的大多数力量都部署在巴拿马，但是它们存在的影响延伸到了周边国家。与此相似，美国在欧洲的大多数部队驻扎在德国，但是在西欧政治中发挥着一种更为广泛的作用。这些区域"溢出"效应给分析带来了一些棘手的问题。尽管总体上美国在巴拿马的军队在中美洲地区显得很突出，但是因为它们本身并没有同意这些军队的存在，其他国家可能不会将它们视为合法，因此而可能拒绝它们所暗含的美国权威。为此，在这项研究中我使用国家层次的观察方法，即使可能低估美国权威的程度。尽管如此，因为相似关系存在聚集性，这里将区域作为一种方便的速记来总结在全球不同领域内美国等级制的主要不同。关于区域等级制，参见 Lake 2009。

31. 1948 年以后独立的国家几乎没有一个加入该协定。墨西哥于 2004 年正式退出，呼吁建立一项新的半球协议。

32. Green 1971，260.

33. Lake 1999a，chap.5.

34. 参见 Gowa 1983。

35. 东北亚地区界定为朝鲜、韩国、日本和中国台湾。令人遗憾的是，朝鲜和中国台湾的经济等级数据完全缺失，在地区"内"仅剩下韩国和日本方面的数据。关于日本安全等级 1950 年和 1951 年的数据也已经找不到。由于战争的缘故，美国在韩国的驻军多出寻常；我在 1955 年之前的安全等级指数中排除了韩国。事实上，此处定义的东北亚地区相较其他人定义的范围更小，而且对单个国家和地区的变化也更敏感。

第四章

主 导 国

　　主导国通过对其他国家施加权威而改变这些国家的行为。为了获取和保持权威，主导国必须：(1)生产有利于附属国的政治秩序，即使它们暂时还没有追求这种政治秩序的迫切意愿；(2)规训违反规则的附属国，特别是威胁或排斥主导国权威的那些附属国；(3)向附属国可信地承诺不会滥用它们授予的权威。

　　总之，本章主要关注主导国问题，而下一章集中讨论附属国，确认构成国际关系中权威契约的实际行为，以及维持这些契约稳定的必要条件。为了实现契约，主导国和附属国在等级制中的境况都必须要比在严格的无政府关系中更好。附属国必须让渡其部分主权，承认主导国的地位是合法的、适当的，甚至是必要的。作为回报，它们得到一种政治秩序，使得它们能够部分地逃离国际无政府的自然状态。反过来，主导国以不仅有利于其他国家、也有利于本国的方式，着手设定国际秩序的规则。然而同时，主导国需要承担治理成本，包括生产这些秩序、规训附属国，以及可信地承诺不会滥用它们已获得的权威。[1]这就是它们为支配付出的代价。

国际政治秩序

　　任何关系型权威契约的核心都在于，主导国通过提供一种政治秩序换取附属国的服从与合法性。所有政治秩序必须包括安全，免受引起人身伤害的暴力侵袭；财产不会受制于持续威胁的保证，以及承诺与协议得以遵守的期望。对人身、财产以及承诺的保护将会使附属国与主导国同样受益，也会大大促进两者的经济交易与合作。另一方面，对主导国而言，创建秩序也带来不可避免的成本。

这尤其体现在主导国为自身与附属国提供国际秩序的利益上。然而，由于主导国不仅从秩序中获益，也从自附属国处获取的权威中获益，我们相信主导国愿意为附属国支付生产秩序的成本，甚至在主导国没有从中获得直接收益的情况下也会如此。在探讨主导国的秩序收益后，我检验了一些相关的成本。为了探寻主导国面临其他选择时是否仍会生产秩序，我考察了美国是否多多少少可能向陷于国际危机的附属国伸出援助之手。我将等级制是否"支付（成本）"这一更大的问题留到本章最后部分讨论。一种全面的解释不仅需要说明塑造秩序的成本与收益，也必须衡量规训附属国的成本与可靠地限制主导国潜在的机会主义的成本。

秩序收益

主导国大致通过三种实质方式从国际秩序中获益：它们不需要担忧附属国对其安全的威胁；它们能够通过各种有利于本国的方式，使秩序规则偏向于自己，而且它们在反对第三方——特别是那些可能破坏现状的行为体——的行动中，自附属国处获取控制的正当性；主导国还从秩序中获得许多衍生收益，其中最重要的是更大规模的经济交换与日趋深入发展的经济一体化和专门化。

主导国享有一种被隔离出来的安全，其间它们不大可能遭受来自附属国的威胁，因而，不需要用像防范他国的同等力度，来对其附属国进行防范。在其领域中，正如西奥多·罗斯福总统在"门罗主义"推论中所宣称的，主导国实施一种"警察权力"，但在该领域之外以及在无政府关系更为明显的互动之中，主导国未必行使更为广泛、成本更高的军事权力。

例如，在西半球，美国长期从免受附属国的直接军事威胁中获得好处。严格来讲，无论在其北部还是南部边界，都不存在什么军事防御工事，尽管与墨西哥接壤的边界因抵制非法移民而日益封锁，被定为更广泛的"反恐战争"的组成部分。在美国历史上,确实曾发生过反映(美国与附属国)这种不同寻常关系的例子,外部大国寻求在地区范围内与心生不满的附属国勾结起来反对美国,从而提升自身的利益,这些例子凸显为重大的外交危机。例如,在1917年声名狼藉的齐默曼电报(Zimmerman tele-gram)事件中,德国外交部长向墨西哥宣称,如果美国加入同盟国与德国为敌而墨西哥向美国宣战的话,(德国将向墨西哥)提供包括亚利桑那、新墨西哥和得克萨斯在内的"丢失领土"。德国试图通过这一行动加剧美国与墨西哥之间的紧张关系,而美墨关系正处于自1914年以来的沸点——1914年美国占领维拉克鲁斯以及皮尔辛将军(General Pershing)沿着潘科维拉(Pancho Villa)跨国边界进行突然袭击,侵入墨西哥350英里。虽然这一电报可能不是决定性的,在伍德罗·威尔逊(Woodrow Wilson)总统眼中它依然坐实了德国的背叛,威尔逊总统仅在两周之后就让美国参加了第一次世界大战。[2]同样,菲德尔·卡斯特罗是一名反对美国对他国在历史和经济上进行支配的民族主义领导者,苏联对其革命政权的支持,以及在古巴安置导弹,引发了冷战期间最危险的核危机。[3]美国对这些威胁进行了有力回应,这说明主导国在维持其非正式帝国的过程中何其警觉,而在地区范围内对主导国的挑战又何其有限。尽管这些危机本身十分重要,它们也仍然揭示了"正常"半球关系中的高度不寻常性,以及美国与其附属国之间很大程度上的非军事化关系。因为来自边界武装以及陆地防御的负担得以缓解,美国能够在海外进行前所未有的军事力量部署。

尽管美国与西欧关系的等级程度较低,美国仍从这一关系中获得类似收益,卡尔·多伊奇将美国与西欧的关系描述为成员之间审慎使用武力的多元安全共同体。[4]尽管自1945年以来,美国已经接受保护西欧国家对抗外部威胁的部分责任,但它并没有到万不得已准备面对来自共同体内部威胁的境地——在该共同体内包括一些经济与技术最发达的国家,它们可能在其他情况下成为美国在世界舞台上的对手。正如在西半球所发生的那样,欧洲也存在减缓对附属国安全产生威胁的政治秩序,这一秩序同样降低了对美国的威胁,尽管在程度与方式上有所不同。虽然不存在来自近邻和一些最具潜在能力的竞争者的威胁,已经使美国获得理所当然的优势,但这些非军事化关系提供的安全仍为美国带来不可估量的收益。

主导国也从按照有利于本国的方式塑造带有偏向性政治秩序的能力中获益。并非所有的政治秩序都千篇一律。尽管主导国与附属国都在规则由无到有的过程中受益,任何规则的设定都将对一些行为体更加有利,而对另一部分行为体相对不利。规则往往都不是中立的。它们决定着谁的安全得到捍卫,谁的财产得到保护,以及谁的承诺得以履行。

人们可以预料主导国——或任何统治者——建立相对有利于自身的规则,主导国可能仅会出于确保其附属国服从的需要而受到限制。正如本书自始至终所认为的,统治者依赖于其统治的合法性,而这仅能由其被统治者所认定。相对于附属国的次佳选择,主导国制定的规则必须从绝对净值上更加有利于附属国。然而,在此约束条件之内,主导国在界定应用规则的详细制定方面仍然有相当大的空间。

政治秩序中的偏向以多种方式存在。例如,对美国安全的威胁优先于其他可能的威胁。举个例子,在小布什政府的前九个月,总统和其顾问一直发出关于中国作为一个实力相当的竞争者正在崛起的警告,并试图围绕一项新的遏制政策构建国际合作,这种看法得到亚洲一些国家的认可(当然不是全部),而欧洲却持怀疑态度。[5] 所有一切在 2011 年 9 月 11 日发生了改变,当时恐怖主义被提升为美国安全政策最应予以优先考虑的事项。在美国看来,中国和恐怖主义两者都对美国领导的国际秩序构成威胁,而且通过不同方式影响不同的附属国。例如,日本可能受到中国的影响要远大于受到恐怖主义的影响。尽管如此,每项威胁被赋予的优先性基本上由美国单独决定。

同样,国际层面财产权的界定与实施都是不平衡的,通常偏向有利于美国经济利益的方向。美国在界定可以"拥有"什么东西方面确实一直发挥作用。例如,随着 20 世纪八九十年代美国相对优势日益转向知识密集型产业,美国公司对加大知识产权保护产生新的需求。美国取得欧洲与日本的支持,不顾大部分发展中国家的反对,作为最初提倡者成功推动将知识产权纳入世界贸易组织,使修订后的规则更加有利于知识产权的制造者,并使得这些规则受制于世界贸易组织具有约束性的争端解决机制。[6]由于在同一时期面临技术变革,美国同样使航空与电信方面的知识产权朝有利于其国内企业的方面变动。[7]

美国以同样的方式从国际货币与金融机制的特权地位中获益,这使美国能够以比其他国家较低的成本,为其全球地位提供资金,并维持目前的高度消费。美元作为国际交换媒介的特殊地位,为美国赢得大量铸币税。从技术上说,铸币税是一种货币的票面价值与生产成本的差额,但实际上是国家税收的替代来源,有时被称为"通货膨胀税"(inflation tax),它在政府印刷货币取代经常性支出时产生。在通货膨胀相对高的国家,铸币税大致徘徊在每年国内生产总值的2%—4%。[8]相应地,一国货币的使用越广泛,铸币税的机会越大。在国际货币案例中,在国境外将一国货币用于交易或价值储备,发行国以无息贷款的方式赚取"国际铸币税",通过这样,发行国为目前消费支付不需要资产抵押的纸币。在1995年,美元国外流通保守估计约为2 500亿美元。[9]美元的特殊作用间接增强了美国在国外获取比其他可能情况下更廉价的借款能力,弥补其政府(财政)和经常项目赤字。

无论运用怎样的措施,今天都无法界定所有偏向于美国利益的各种政策所带来的收益。然而,毋庸置疑的是,在不同等级制中塑造政治秩序的规则发挥重要作用,而这些规则通常都偏向美国利益。经过不断的累积,有利于美国的(规则)偏向可能相当可观。

最后,(如果)第三方威胁主导国的利益或者主导国创建的秩序,主导国也从支持反对第三方的物质与道德行动中获益。附属国的忠诚与其同意授予的更广泛的合法性,通过减轻批评和在某些情况下在共同事务中提供额外资源,从而便利在世界上的活动。例如,自1945年以来,英国的"特殊关系"与对美国的坚定支持,成为美国对外政策成功的核心。无论在公开还是私下场合,英国领导人甚至比美国总统本人还更针锋相对地驳斥人们对美国的批评,防止欧洲范围内或其他地方出现统一的反对集团,并(将之)作为疏远朋友与敌人的媒介。这种支持扩大了美国行动的范围,并且通过减少反对声音,减低了美国推行政策的成本。这种国际支持有时也有助于减缓国内对总统政策的反对。[10]

国际支持通常成为美国孤立或有时报复其他国家能力的关键,这些国家主动抵制美国权威或挑战其塑造的政治秩序。例如,1962 年美洲国家组织(OAS)追随美国的领导,暂停与古巴在军用品上的贸易,还在 1964 年通过 16 : 1(4 票弃权)的否决投票对古巴实施强制制裁。[11] 相应地,在利比亚炸毁苏格兰上空的美国航班后,惩罚利比亚的努力由于缺乏国际社会诸多国家的支持而效果欠佳,虽然这些国家参与了经济行动,也对美国使用武力的批评采取视而不见的态度。美国所运用的强制措施被普遍接受为应对国际秩序持续挑战者的必要手段。

正如本书第五章所分析的,更为普遍的情况是,附属国通过采取象征性的膜拜行为和赋予主导国合法地位的行为而追随领导者。就像那里所显示的,与其他非附属国家相比,附属国更可能加入美国领导的多国联盟。尽管存在像德国这样的显著例外,举例来说,美国的附属国在 2003 年伊拉克战争中都选择了与美国站在一起,即使面对其他国家的广泛反对。尽管这些联盟成员在物质上的支持微不足道,但超过 49 个国家的外交支持无疑极具分量。小布什政府详细指出,联盟成员国总计约 12.3 亿人口,国内生产总值总计 22 万亿美元;这些人们代表着世界上各个主要的"人种、宗教与种族",而且包括"来自地球上每个大洲的国家"。在此基础上,尽管小布什政府未能从联合国取得战争授权,它仍可以宣称已拥有广泛的国际支持。[12]

除了从国际秩序获得这些直接收益之外,主导国还得到一系列衍生或间接的收益。在这些衍生收益中,最重要的是加深专业化与扩大经济交换和福利。在第五章,我指出附属国更有可能实现开放贸易,而这一效应在同样依附美国的国家间的经济关系中甚至更加显著。美国也从扩大的经济专业化与交换中获益。由于开放国际贸易与投资提升到前所未有的高度,国际秩序更为普遍地有利于美国的商业以及经济。全球化不是外生的,而是依赖于有效政治秩序的出现。这样,对美国而言,经济一体化的巨大收益必然部分地归功于等级制的其他实质收益。

生产秩序的成本

主导国以多种方式为其附属国提供秩序,其中至少有三种方式必不可少。第一,它们确保附属国的生存与领土完整,并约束第三方的强制意图。这一对附属国安全的外部保证并不是一种严格的保证,因为存在某些道德风险(见下文),而是一种延伸性威慑形式,视附属国自身的合理行动而定。主导国通过向该国驻军,一方面使威慑变得可信,另一方面作为对机会主义的一种更进一步的制约,从而对附属国的外交政策建立一定程度的权威。

第二,主导国起草和实施一些规则,这些规则涉及可以享有什么或不可以享有什么,以及资产可以交换的各项条件。正如上面所解释的,这些产权将极有可能偏向于主导国自身的方向,尽管如此,这些规则仍影响着这些契约国家的行为,以及这些国家内私人行为体之间的行为。值得注意的是,英国在 19 世纪反对奴隶交易,正如美国今天打击国际毒品走私一样。[13]这些案例都是值得关注的,因为这些冲突的发生被视为与主导国不断变化的规范联系在一起,主导国对于享有和交易的可接受内容与附属国内的既得利益出现冲突。今天,世界范围治理外国投资规则方面也出现类似的紧张关系,如美国反对征用而支持国民待遇原则,而且通常伴随着强制性的武力使用。然而,与其说是国际产权的缺失,这些紧张关系反而意味着由清晰、普遍接受的规则所治理的相当广泛的产品与服务,以及支撑这些规则的实施的权力。[14]尽管(国际规则)没有国内产权或自由贸易与投资政策的一些必要的特别安排,它如今也受到美国的青睐,产权的设定与实施为国际商业创造了桥梁,全球化通过它不断运行。相应地,一些管理产权的规则并不必然仅限于经济产品。关于其他国家允许拥有什么武器,以及在怎样的条件下零部件和最终军事产品可以进行交易,主导国同样设定规则。

第三,主导国建立国际行为的一般性规则,并通过惩罚背叛行为执行这些规则。在此过程中,它们确保承诺一旦作出,将得以履行。通过设定行为标准,主导国帮助界定不同议题领域的合作,以及什么是需要相应的受到报复的背叛行为。这样做能避免由错误知觉和意见分歧引起的周期性的相互指责和报复。[15]通过这种方式,权威性的规则就类似于在无政府条件下国家之间经过协商而自动实施的国际机制,但这些规则或许会受到主导国与某个单一附属国这种二元结构,或者是附属国组成的局部网络的制约,很多就像嵌入关税及贸易总协定(GATT)的国际贸易机制被局限于初始成员多多少少为美国附属国的一些国家一样。[16]然而,在塑造政治秩序过程中,主导国也已超出设定规则、实施行为规则的范围,这一点在下文规训附属国部分将进一步讨论。这一观念超越了标准机制理论,即考虑到——甚至预期——主导国行使合法强制应付顽固的附属国,使规则得以实施。

在规则得到同意和实施的基础上——承诺予以履行——国家间的信息失灵产生或者由此引发冲突的可能性较小。这或许是主导国所实行的最能得利的行动之一。从暴力冲突因不对称信息或对信息的错误知觉引起的程度来看,管理行为的一些有力而清晰的规则将减少主导国与附属国之间,以及归于同一领导者麾下的多个国家网络之间发生战争的可能性。[17]等级制中的权威性规则允许国家至少部分脱离无政府的自然状态,在这一自然状态中,它们将会发觉自己处于另一状况。

在所有案例中,主导国家都不需要单独执行这些任务。正如在本书第一章所说的,通过协调其他国家以及帮助解决阻挠有效合作的集体行动问题,主导国可以发挥领导作用。然而,至于它们是否直接或间接地开展这些任务,主导国则必须具备能力,投射强制力防卫和规训附属国。无论是19世纪的英国统治海洋,还是今天美国统治天空,建立上述能力成为支配的核心内容。远距离投送武力的能力不是一蹴而就的,而要依赖于船舰、飞机、通信网络以及前沿部署的实质性基础设施,类似的设施必须建立并得以维持,即使不会频繁使用。

因此,生产政治秩序成本的一项直接措施是总体防御开支。遗憾的是,年度军事预算把许多不同行为混合在一起,包括主导国自身的防卫努力,保护其他国家及规训附属国的努力。总体防御开支是一项很难区分的举措。不妨关注冷战结束后每一年的情况。1995年世界范围内所有国家的防御开支大约占该国国内生产总值的1.6%。在同一年,美国的防御开支为国内生产总值的3.7%,略高于一个标准误差。[18]倘若美国当年仅仅维持平均水平,防御开支将会低于这一简单度量标准大约1 550亿美元(时价)。显然,美国比一般国家承担更大的防御负担,不过这并不重要。

或许,更具关联的对比情况是其他大国的防御开支。然而,衡量这些国家的防御开支由于案例的数量很少而且每个案例都具有独特的国际角色而复杂难办。俄罗斯和中国这两个大国本身并没有附属于任何国家，反而拥有一些需要它们保护的附属国，它们在1995年分别将占国内生产总值约7.9%和0.9%的经费用于防御开支。美国防御开支接近这一幅度的中间水平。在冷战期间，苏联在防御上的开支一直比美国占有更大的国内生产总值比例。比如，1985年莫斯科将国内生产总值的14.1%用于军事方面，而美国处于里根军备建设的高峰，也仅为5.9%。考虑到俄罗斯面临着经济转型的重重困难，以及其所表现出的维持某种世界角色的持续努力，1995年俄罗斯防御开支由于"国内"或其他原因而变得更高。这也反映出作为大国的中国，在防御开支上没有担负塑造秩序的责任。对比之下，英国和法国都与美国的等级制联系在一起，而且反过来，它们也拥有一些帝国时期延续至今的附属国。1995年英国防御开支占国内生产总值的3%，而法国为4%，大致与美国相当。这意味着美国在很多等级制中并没有担负一种不对称的成本，或许是因为美国拥有许多的等级关系，而且诸多附属国对美国的威胁降低，美国防御成本平均下来并不算高，甚至与其他大国相比较而言也是如此。

然而，另一项衡量指标是美国占全球防御开支的份额。这一指标并不是前面所说的相对于国内生产总值的比例，而是相对于潜在对手而言。在1950年至1989年期间，美国的平均军事开支占全世界的34%，直到20世纪80年代才有所下降，而苏联在同一时期平均为31%。这反映出两极体系的强烈竞争，以及每个超级大国给另一方施加的威胁。然而，从1989年开始，美国占全球防御开支的比例大体上为35%，而俄罗斯远远落后，仅占9%。相对于其貌似真实的对手的防御开支，美国不仅没有接受预期的"和平红利"（peace dividend），而且看起来比冷战时期担负了更多包袱。即使将美国防御开支削减一半，这个数字仍然超过任何两个大国的总和。这种"超额"防御开支无法用外部威胁来解释，而是意味着美国提供政治秩序及维持其国际等级制的成本之大。

很难发现强有力的结论。美国防御开支所占国内生产总值的比例比一般国家的更大，但它并没有超过另一个超级大国。然而，从相对角度而言，对于未来可能对美国构成威胁的大国，美国的防御开支大约是任何上述这些国家联合起来的两倍。美国防御开支的一部分必须用于维持其国际权威的责任。然而，如果等级制对美国而言代价高昂，那它就不会成为一项压倒一切的负担，特别是相对其国家财富计算是如此。

除防御开支以外，等级制成本中的相当一部分可能还包括对附属国外交与军事援助、在附属国的外交与领事活动、国家情报收集与分析以及其他各种各样活动的成本。全面的衡量，还包括应付那些反对美国等级制或反对美国所生产政治秩序的国家或群体，对美国或美国公民实施的袭击。对政治现状不满的恐怖主义者不仅攻击他们自己的国家，还根据美国在他们国家主导政策领域的程度，对美国的利益与机构发动袭击。[19] 在这些附属国当中，国内政府和美国都成为政治斗争的对象。因而，在"9·11"事件和其他恐怖主义袭击中的牺牲者必须被认为是美国国际权威的"反弹"。[20] 这些伤亡，以及恐怖主义对美国人带来的精神伤害，都难以准确衡量。毫无疑问，生产秩序成本高昂，但是究竟高昂到何种地步，则取决于比较的基础。总体而言，考虑到针对恐怖分子袭击美国而进行的全球战争的巨大成本，当把所有情况都包含在内时，美国生产秩序的边际成本并没有高得离谱，或者说不一定高于边际收益。在本章最后部分，我会回到这个议题再讨论。

国家间危机干预

虽然生产秩序的成本难以衡量，但是仍有可能运用更为系统的方式追踪这些成本在行为上的表征。一些威胁逐步升级为暴力的冲突，通常代价高昂。遵循关系型权威的观念，主导国将更有可能采取干预，保护附属国而不是非附属国家，这样它们将介入严重的国家间危机之中。如果附属国将主权作为交换，寻求保护，那么与之相应，主导国必须切实提供先前承诺过的防御，否则附属国将撤销它们对主导国授予的合法性。在延续任何权威关系的交换中，主导国和附属国必须履行各自承诺。这意味着美国更有可能卷入附属国牵涉其中的国家间危机，而不是卷入其他危机。这使我们得出对等级制边际成本的一些试探性和初步的评估，这是上述对绝对收益和成本的讨论中所没有的。

此处的理论并没有预测（主导国）因附属国而介入冲突的任何特定模

式。关于这个主题的既有文献通常大多集中在延伸性威慑、平行升级或冲突扩散等若干标题上,预测并检验大国是否防止代理人挑起冲突或刺激冲突进一步升级。[21] 尽管相关分析和经验都十分精致,这些文献依靠、也大多关注挑衅者和大国防御者,从而忽视了目标国家的政策与选择。例如,与之前学者有所不同,在苏珊妮·沃纳(Suzanne Werner)提出的复杂模型中,目标国本身并不是博弈中的一个行为体,而被确定假设为要应对所有的攻击。[22] 这显然是不完整的。

允许目标国以自身头衔成为一个战略行为体,会给延伸性威慑问题增加一层复杂性,这可能推翻一些它原来的预测。正如一些现有模型所预测的,大国作出的关于保护附属国的承诺可能会阻止挑战出现;但它也可能促使目标国保持一些自主权,这些目标国通过挑起潜在挑战者或者在谈判中采取更强硬的立场而从事更加冒险的行为。这是道德风险的经典问题。[23] 因而,保护附属国这一承诺的净效应含糊不清,很可能威慑一些挑战,但也会导致附属国对其他国家采取更具侵略性的行为。相应地,随着等级制的加强,主导国对附属国外交政策实施的控制越来越多。准确而言,这确实限制了伙伴采取机会主义行为的危险,如因保护承诺而引起的刺激行为,促使主导国在更严格的等级关系中投资。[24] 在程度较低的等级制中,有可能存在的是,保护承诺或许并不足以可信到威慑一些挑战者,但可能刺激附属国采取更加危险的行为,实际上增加了冲突的危险。同样,在程度较高的等级制中,保护承诺可能制止挑战者,而主导国对附属国的控制可能足以限制机会主义,因此减低冲突的危险,这也并非不可能。当然,这两种情况也可能都不存在。对于这些临界值可能在哪里以及怎样实施,仍然缺乏一种全面而成熟的模型和理论预测,因此等级制对冲突行为的净效应并不明确。在这一点上,对于附属国可能介入危机的相关频率,并没有明确的预测。正因为这一原因,我从根本上将谈判破裂导致危机视为随机事件。[25]

然而,这一理论并没有明确表明,一旦发生冲突,主导国将更有可能援助附属国而不是非附属国家,而且这种效应随着等级程度的增加而增加。主导国有义务对自己实施权威的国家施以援手。然而,这种义务不是严格的,正如附属国限制道德风险的方式之一是避免对防御作出绝对的约束性承诺一样,因此主导国对围绕承诺的不确定性制止附属国机会主义的期盼,将大于其对无法威慑潜在挑战者的预期。不是所有承诺终会履行,事实上,主导国有时为了使附属国保持对承诺范围与内容的不确定而不会明确地干预。[26] 尽管如此,一些承诺必须得到尊重,以便附属国普遍能够从主导国的保护中获益。因此,我假设美国加入有附属国介入的冲突的可能性,大于没有附属国介入冲突的可能性,这里的介入是指美国本身通过外交支持或军事力量对冲突事件产生影响,成为危机参与者。而且,这一关系是持续性的:美国与附属国之间等级制程度越深,美国介入进行中的冲突的可能性越大。

有大量轶事证据能够支持上述主张。例如,1963 年四五月间,美国在(冲突)即将升级为国际危机时援助了多米尼加共和国。在特鲁希略被暗杀,而(特鲁希略)家人到海地寻求避难并公开策划刺杀新当选总统胡安·博什(Juan Bosch)之后,多米尼加与海地之间一直紧张的关系发展到十分危险的地步。当多米尼加共和国承诺允许开放太子港使馆作为背叛者的避难所,试图挽救海地独裁者弗朗索瓦·杜瓦利埃(Francois "Papa Doc" Duvalier)的孩子时,两国关系彻底破裂。海地当时袭击了大使馆,并逮捕了背叛者及在境内的其他政权反对者。博什通过向海地发布最后通牒——除非情况在一天内得以"修正",(否则)威胁使用武力——并在边境和海上动员军事力量,从而使危机逐步升级。随着紧张局势的升级,美国在这场斗争中以支持受害者多米尼加共和国的名义介入,向海地派出海军特派部队,如有必要则"撤出(美国)侨民",这暗含着对杜瓦利埃的武力威胁。由于这一混合武力的展示,海地释放了人质,两国重新建立了正常的外交关系。[27]

更为系统地说,通过由战争相关因素项目(Correlates of War project)编制的国家间军事化争端数据库(MIDs),以及由迈克尔·布雷切(Michael Brecher)和乔纳森·威尔肯菲尔德(Jonathan Wilkenfeld)编制的国际危机行为项目数据库(ICB),我们可以检验美国是否更有可能介入国际危机或冲突。[28] 我的研究包括了 1950 年至 2000 年所有符合条件的危机。因变量是美国是否介入正在发生的冲突。在两个数据库中,我的分析排除了所有美国作为初始参与者(MID)或者危机行为体(ICB)的危机。[29]如果美国作为初始参与者,那么它不可能深思熟虑地考虑是否"介入"危机。当然,这样做可能会误判一些案例,如美国迅速加入冲突或者甚至先发制人地援助附属国,但我还是选择排除这些案例。

国家间军事化争端数据库包含 1950 年至 2000 年的 1 218 起争端,这些争端中美国都不是作为初始一方参与。当一国发起一项军事化行动或成为另一个已经介入危机中的国家军事化行动的目标,那么我们称这个国家"介入"正在发生的争端。军事行动为"介入"设定了相对较高的门槛。在具备完整数据的 764 项争端中,美国仅介入了其中 20 项(约占 2.6%)。[30]国家间军事化争端数据库关于美国在争端中参与哪一方有详细说明。

等级制的操作化如本书第三章所述。在美国没有介入的国家间军事化争端案例中,我对任何初始国家的每项衡量都按等级制的最高层次进行。在美国介入的国家间军事化争端案例中,我对美国最终支持的任何初始国一方的每项标准按照等级制的最高层次录入。需要注意的是,这种做法偏向于检验发现在冲突介入中等级制的任何显著效应。通过对美国没有介入的案例中任何初始方按照最高层次进行录入,这就给它曾介入的那些案例必须通过等级制的哪个层级设置了障碍。

表 4.1 表明了等级制对美国介入国家间军事化争端案例的可能性的影响。由于介入作为虚拟变量(dichotomous variable)进行衡量,而且是一种稀有事件,我使用稀有事件评定(Rare Events Logit)来评估各个模型。[31]从危机开始到处理内生的各种潜在问题,所有自变量都滞后一年。我将危机持续时间和暴力在危机中最终达到的最高层次作为相关变量,用以控制以下两种共同的可能性:(第一种可能性是)国家宁愿冒着更长时间和更紧张冲突的危险,寻求美国(主导下)的等级制的庇护;(第二种可能性是)美国本身可能介入更为长久和更加剧烈的危机之中(见所有变量的界定及来源附录)。[32]通过控制危机介入的相关决定因素,几个等级标准的各个系数不仅捕捉到了等级制对美国援助其附属国的偏好的影响,也因此抓住了美国与附属国等级关系需要付出的边际成本。

表 4.1　美国等级制与介入国家间军事化争端的可能性(1950—2000 年)

	模型 1 标准回归系数/标准误	模型 2 标准回归系数/标准误
安全等级指数$_{t-1}$	1.114 6** 0.355 9	
军事人员指数$_{t-1}$		0.748 8*** 0.186 0
独立联盟指数$_{t-1}$		−0.696 1 0.776 0
经济等级指数$_{t-1}$	1.645 8* 0.703 9	
汇率机制指数$_{t-1}$		1.774 7* 0.767 1
相对贸易依存指数$_{t-1}$		2.050 1*** 0.426 4
争端持续时间	0.000 9 0.000 6	0.000 7 0.000 7
争端中暴力层级	0.465 0** 0.177 6	0.495 0** 0.173 8
常量	−5.240 9*** 0.482 5	−5.264 2 0.557 9
观察数据	761	760

注:因变量:美国参加进行中的国家间军事化争端(未介入 = 0;介入 = 1)。
稀有事件 Logit 分析。
* $p < 0.05$
** $p < 0.01$
*** $p < 0.001$
不包括具有高度影响力的三个极端值。

　　正如预期的那样,当争端的初始方等级层次越高时,美国介入争端的可能性显然越高。由于这些系数无法直接得以诠释,理解这一结果最简单的方法是通过计算美国可能介入的冲突的相对风险,即当其他变量保持平均值而等级制每项指标自其最小值(0)上升到 75% 时,美国介入冲突的风险。[33] 表 4.2 表明了这些评估的结果。等级制的实质效应不可小觑。例如,经济等级上升到 75%,美国介入危机的可能性上升 103%。因此,从边际角度讲,通过对大体上超出基准率一倍比例的争端进行干预,美国由于其等级制而承担着巨大成本。

表 4.2　美国等级制与介入国家间军事化争端的相对风险（1950—2000 年）

安全等级指数$_{t-1}$（模型 1）	75
军事人员指数$_{t-1}$（模型 2）	6
独立联盟指数$_{t-1}$（模型 2）	ns
经济等级指数$_{t-1}$（模型 1）	103
汇率机制指数$_{t-1}$（模型 2）	83
相对贸易依存指数$_{t-1}$（模型 2）	19

注:所有指数评估的显著性 $p < 0.01$。
ns ＝ 无效系数。
本表建立在表 4.1 中各模型的基础上,增加了随着等级制每项指标从其最小值(0,即不存在等级制)上升到 75%时,美国介入正在发生的国家间军事化争端的可能性。

　　国际危机行为项目数据库界定的国际危机数目较少。在 1950 年至 2000 年间,该数据库包括了美国不是以行为体身份参与的总计三百次危机。相应地,数据库按美国介入的一系列可能的层级进行编制:(1)不作为;(2)低级政治活动(包括由政府官员就同意或不同意而进行的各种发言;经济介入,如对参与一方延缓外部援助;或者宣传介入);(3)秘密或半军事活动(援助或军事顾问,没有实际参与战斗);(4)直接的军事行动。由于美国直接军事介入的案例相对较少,我将后面两类合并,提出一种三分变量——不介入、外交或经济介入以及军事介入。国际危机行为项目数据库没有说明美国介入冲突中的哪一方。在一些案例中,美国支持哪一方可以从案例历史进行推测,但考虑到所编制的各种行为的范围之大,以及许多外交或低级军事活动的间接性质,在此我仅关注美国是否介入危机,以及在哪个层级上介入。基于稳健标准误的多项 Logit 分析(Multinomial Logit)关注不同的层级,正是合适模型;不介入被排除在分类之外。除了危机中暴力层级和持续时间的相关变量外,我的研究还可以包括另一项标准,即国际危机行为项目数据库提供的危机发生地区的地缘政治特点;地区特点越突出,美国希望在该地区与附属国维系等级关系以及一旦冲突爆发进行干预的可能性就越大。

　　正如预期的那样,表 4.3 中的结果显示安全等级与介入危机的可能性具有密切而积极的关联。或许因为它们没有就美国介入哪一方进行区分,模型 1 的结果虽然同样显著,但还是较表 4.1 中的结果在实质上稍弱一些。随着安全等级从其最小值增加到 75%,美国将在经济上或外交上介入危机的可能性增加 35%,而军事上介入的可能性则增加 31%。有趣的是,尽管数据没有明显表示出来,程度更高的经济等级,或许会减少美国从经济上或外交上介入危机的可能性,而增加美国从军事上介入的可能性。模型 2 中也可以找到类似的模式。随着独立联盟指数从 0 增加到 75%,美国从外交上或经济上介入危机的可能性增加 21%,而军事上介入的可能性增加 35%。经济等级的两个指标同样在上述两个层级的介入之间显示出相反的信号。经济等级对介入危机的不同层级具有不同的影响,它们令人深思,需要进一步的研究,而这种研究超出现阶段所进行的检验与数据。然而,正如国家间军事化争端结果显示的那样,由于美国有较大的可能性介入危机,美国等级制的边际成本因此而看起来十分巨大。

表 4.3　美国等级制与介入国际危机的可能性,1950—2000 年

	模型 1		模型 2	
	外交或经济活动（USINV = 2）	间接或直接军事行动（USINV = 3/4）	外交或经济活动（USINV = 2）	间接或直接军事活动（USINV = 3/4）
安全等级指数$_{t-1}$	3.173 1*** 0.873 9	3.035 7*** 0.953 7		
军事人员指数$_{t-1}$			0.715 9 0.557 8	0.453 8 0.673 1
独立联盟指数$_{t-1}$			1.610 2*** 0.483 7	1.947 1*** 0.603 0
经济等级指数$_{t-1}$	− 0.454 9 0.452 7	0.597 7 0.500 4		
汇率机制指数$_{t-1}$			− 0.095 6 0.454 9	0.062 7 0.551 3
相对贸易依存指数$_{t-1}$			− 1.036 5 0.664 3	0.560 2 0.460 5
危机的持续时间	0.001 7 0.000 9	0.001 7 0.221 6	0.001 8* 0.000 9	0.001 9 0.001 1
危机之中暴力层级	0.405 8* 0.179 4	0.720 0*** 0.221 6	0.414 6* 0.172 2	0.708 7 0.229 6
危机的地缘政治重要性	0.436 7 0.267 9	1.042 3*** 0.262 7	0.508 0 0.267 1	1.186 6*** 0.271 7
常量	− 1.836 8*** 0.507 5	− 4.575 2*** 0.710 4	− 1.908 6*** 0.515 6	− 4.782 4*** 0.781 9
观测数据	218		225	
伪判定系数	0.139 1		0.152 3	

注:因变量:美国介入正在发生的危机(不含没有介入)。
基于稳健标准误的多项 Logit 分析。
　*　$p < 0.05$
　**　$p < 0.01$
　***　$p < 0.001$

美国更有可能援助其附属国,而不是加入其他国家,这一效应随着等级制程度的增加而增加。事实上,附属国根据它们对美国的附属情况调整自身的防御水平,它们有正当理由期待保护者履行承诺,帮助它们对抗外部威胁(见第五章)。然而,更重要的是,作为生产秩序成本的一部分,美国显然极有可能代表其附属国对危机进行干预。尽管很难将干预转换为金钱,但这也是支配成本的组成部分。国家间军事化争端中的结果清晰显示,通过控制潜在扰乱干预决定因素的一些因素,美国在国际冲突中援助附属国而不是非附属国的可能性更大。于是从边际角度来讲,美国正逐渐介入一些冲突,而这些冲突在其他情况下美国是能够避免抑或不愿介入的。这支持了以下假设:主导国将致力于为其附属国生产政治秩序,用以增强自身的权威,甚至在其不存在直接收益的情况下也是如此。

意涵

这一部分的证据揭示了传统国际政治理论与这里所提出的理论间的重大区别,前者假定所有的国家都在无政府状态下相互作用,而后者则认为国家拥有各种各样的等级关系。暂且将秩序视为一种公共物品(public good),从这个意义上说,标准理论预测较大的国家——通常是一对关系中的主导成员——将为提供公共产品支付不对称的成本。[34]然而,即便如此,传统理论也不会期望,较大国家提供秩序时超越自身边际收益等于边际成本这一临界点。相反,在等级关系中,主导国的动机比较复杂。主导国不仅从政治秩序中直接获益,而且重要的是,它们也从自己所创造的规则的偏向,以及自附属国处获取的权威中受益。这些收益给了主导国额外的驱动力去提供秩序,并为此承担更高成本。从更严格的核算意义上来讲,目前要辨别,美国提供秩序是否超出了边际成本等于其边际国民收益的水平是不可能的。尽管如此,通过控制其他与等级制相关的介入动机,美国介入与附属国相关的危机的重要趋势表明,主导国会承担起保卫其附属国的成本,而它本来可以选择不支付这一成本。

进一步而言,只有在假设政治秩序近似于一种全球公共物品时,标准理论才得以成立。否则,无从解释为什么较大的国家会愿意承担更多的负担。事实上,尽管可能存在一些积极外部效应或一国对其他国家的溢出效应,主导国仍没有必要保护所有的国家、所有人的财产以及履行一切承诺。的确,主导国对政治秩序的大多数承诺看起来都是针对具体国家,而并非支持所有国家的一揽子声明。假如秩序真的是一种全球公共物品,那美国对其附属国没有卷入的一些危机将可能比对它们涉及其中的一些危机更少有兴趣介入。所有因素都同样在起作用。与此相似,附属国将与非附属国的行为表现得并无二致(见第五章)。换言之,政治秩序、不对等的负担分摊、特别是提供秩序的成本,这些局部的本质完全与本文所提理论的二元基础一致。主导国提供政治秩序,不仅为获取其自身的直接收益,也是为了维护其权威契约的终点,以及将其对他国的统治合法化。

规　　训

作为生产任何国际秩序的一部分,主导国必须实施它们所颁布的各项规则,以及暗含着规训那些违规的附属国。对于规训的做法——特别是最极端形式的军事干预——现有国际关系理论很难进行解释。

正如在本书第一章简要解释的,由于面临个体可能有意背叛秩序的情况,政治权威的构建与维护必须包含一定程度的强制,以实施规则和维持服从。任何权威都必须管制其下属来维持统治。正因为政治秩序不是由所有成员的利己行为而自发地产生,所以需要这些规则限制各个成员的行为。如果(主导国)不能有效地实施规则,这将导致附属国陷入争斗,从而可能导致秩序瓦解,附属国可能出现各种各样的背叛行为。强制不仅与政治权威相伴相生,而且是政治权威成功的必要条件。紧随其后的是,主导国——就像国家内部的统治者一样——将在附属国共同体设置的限度内采取行动以规训个别附属国成员。

惩罚的必要还来自于不断受到质疑的政治权威与等级制的本质。主导国和附属国在界定其权利与义务的范围上不断争吵,至少在非主要议题上是如此。在此过程中,附属国努力压缩其义务限度,以确认它们在维系主导国提供的政治秩序收益的同时可以"逃脱"什么。相应地,主导国通过规训来划定它们的容忍限度。因此,规训可以帮助确定制造合法行为的平衡状态。

最后,规训或许还来自于主导国与附属国双方对权威契约条款在签订后任何特定时刻所隐含的意义的分歧。即便主导国真诚地希望在权威界限之内行动,而附属国也真诚地希望遵循合法的命令,两者也可能因为在特定情形中就何种行为得到授权及何种行为没有授权而发生冲突。契约——尤其是国家间的契约——往往心照不宣,却通常不够完整。当外部环境发生迅速变化,而且出现契约各方之前不曾预料到的新情况时,意见分歧特别容易产生。在这种情况下,主导国的做事过头和附属国的违规可能仅仅是失衡行为,极易通过各种规训行动将契约各方预期拉回基线以内而纠正过来。

在极端情况下,对主导国权威的反抗或一般的挑战一旦成功,主导国将陷入特别麻烦的境地,因为这些行为能够立刻导致其合法性的瓦解。1989 年东欧发生的和平但依然是革命性的运动提供了一个特别清晰的例子。随着对现状的反对愈加明显,先前受到压迫的一些个人自信心也越发增强,他们反对国家的声音被普遍地传播与分享,各种抗议如同滚雪球般一发不可收拾,最终导致国家政权所拥有的所有合法性都土崩瓦解。[35]在一个又一个国家,民众撤回他们的支持,而共产党政权像多米诺骨牌一样接连倒下。甚至一些最权威的领导人,诸如罗马尼亚的尼古拉·齐奥塞斯库(Nicolae Ceausescu),一旦民众撤回向其授予的统治权,也不得不让出权力而别无选择。苏联对其非正式帝国的各国权威也随即瓦解。因此,就像国内的统治者一样,主导国将极有可能惩罚拒绝其权威的附属国,并且会杀一儆百,这不仅是为了重新获得对个体(或个体集合)的支配,也是为了阻止其他附属国的进一步挑战。惩治反抗的这种需要是主导国试图捍卫其声誉的一部分,尽管声誉也十分重要。[36]当然,不能勇敢地面对反抗——或许更糟糕的是容忍甚至默许这些反抗——将对统治者权利以及(被统治者)个体义务的共同认知形成威胁。正如任何国内政府清楚了解的,激烈及持续的反抗有可能导致权威滑向无政府状态。政府往往在这些挑战发生或扩大之前试图进行压制。对于国际等级制而言,情况也一样。因此,主导国将会在对附属国国内一些"造反"团体的对抗中采取十分强硬的措施,这些团体反对现状,其中包括对主导国的持续依附;它们声明作为一个整体拒绝主导国的统治,或被一些拒绝主导国统治的团体利用。对主导国而言,在那些惩罚附属国的成本甚至可能超过失去某一附属国的情况下,这种对挑衅权威行为惩罚的需要就可能招致适得其反甚或非理性的结果。尽管如此,如果主导国想要更广泛地捍卫自己的权威,规训必不可少。

规训可以采取许多不同的形式,在此不能全面归类,而这使衡量很难进行。违反规则可能有多种情况,(按严重程度包括)从微小的失误到彻底拒绝主导国权威。相应地,规训的范围也可能从表示在选举中对反对派候选人的支持,到为支持民主的各项运动提供经费,对外援助,经济制裁,再到终极的军事干预推翻政权。大多数情况下,背叛程度越严重,受到惩罚的严重性与确定性越大。在本节的剩余部分,我仅检验最严重、最极端的规训形式,也就是军事干预,因为它们是最易观察的。作为"一个国家可供差遣的最严肃或许成本最高的手段",干预是"核心决策者对他们所追求目标赋予非常重要的价值的表现",因此很可能被局限在那些有意违规和反抗的例子中。[37] 然而,这并不意味着对权威的挑战是唯一引起规训的行为,或者军事干预是主导国实施规训的唯一形式。

经验模式

对违规或反抗的附属国进行规训的必要性表明,主导国在其附属国内的强制干预在地区内将是十分频繁的,因为会有相当多的附属国可能暗地里挑战主导国的统治或对其表示不满。反过来,这意味着在以下情况将会很少出现干预:(1)在附属国数量较多的地区,权威比较稳定和强大;(2)在附属国数量很少的地区。在这两种情况下,因某个单个附属国的反抗而导致主导国失去控制的可能性较小,第一种情况是因为权威被瓦解的可能性较小,而第二种情况是因为缺乏足够多的附属国造成严重威胁。在美国的案例中,这意味着在一般情况下,华盛顿将最有可能对加勒比海地区或范围更广的拉丁美洲国家进行军事干预,在这些地方几乎所有国家都在不同程度上依附于美国,而且常常具有不同的政策偏好。

美国干预欧洲的可能性较小，尽管美国在欧洲拥有广泛的附属国，但欧洲国家的政策偏好更为相似，而且反抗不甚频繁；此外，美国在非洲、中亚和南亚的干预也可能比较少，在这些地方，它拥有的附属国寥寥无几。

在拉美各国的国内政治事务上，美国有着漫长的干预历史。在《门罗宣言》的推论中，西奥多·罗斯福总统明确宣称美国有权利在西半球"行使一种国际警察权力"。这样的声明并未对其他任何地区作出。从 19 世纪末到 20 世纪初，美国对加勒比海地区的干预十分频繁，当时美国开始在该地区内构筑其非正式的帝国。一旦帝国建立，干预次数便大幅下降，这反映在富兰克林·罗斯福（Franklin Delano Roosevelt）总统的睦邻政策（Good Neighbor policy）中，这种情形在此后的等级制中基本不变，这表明了它的成功。尽管如此，美国还是继续干预，惩罚威胁其统治的国家。

从 1900 年至今，美国已介入 22 场军事化的争端，试图改变这些反对国家的政权或政府。[38]在这 22 场争端当中，有 17 次发生在加勒比海沿岸国家，其中包括 1914 年美国对多米尼加共和国的干预。[39]在 1950—2000 年间，这是本书之前统计检验中使用的时间跨度，美国试图改变他国政权的 90% 的活动也都发生在这一相同地区。1950 年以前，美国在改变政权的努力上最频繁的目标是墨西哥；而自 1950 年以来，最频繁的目标为古巴（5 次争端），次之为尼加拉瓜（2 次争端）。这些有关政权的争端还极有可能升级为高层次的敌对与暴力。[40]正如在多米尼加共和国发生的一样，早期美国的干预通常是因为担心欧洲会对美国门口的破产国家出手干预。在几乎所有的战后案例中，干预最初都由一些政权带来的威胁而引发，这些威胁来自于这些政权退出美国的非正式帝国，而且可能与苏联结盟而成为制衡美国支配地位的力量。[41]这些干预背后的模式和动机与本文的预期相差无几，主导国惩罚附属国，而试图维持其在附属国群体中的权威地位。

有趣的是，20 世纪 90 年代成为美国—拉丁美洲关系相对平静的一段时期。在 20 世纪 80 年代早期的债务危机之后，新自由主义经济改革者接受并遵循所谓的"华盛顿共识"（Washington Consensus），改革派在这一整个地区的一系列民主选举中夺取了权力。[42]由于美国与拉丁美洲当权的政治体制相似,美国没有必要对附属国的内部事务伸手干预。当然,海地是个例外,在这一例子中,美国与海地左翼总统让-贝特朗·阿里斯蒂德(Jean-Bertrand Aristide)之间的关系反复无常。[43]尽管一些官员对阿里斯蒂德可能寻求与地区外力量进行联系表示担忧,而且反对其再度执政,但这位普选的领导人仍做出步调一致的努力,再三向华盛顿保证他不会拒绝美国对海地的支配。尽管存在诸多疑虑,美国最终还是在 1994 年干涉阿里斯蒂德再度执政。[44]这次干预似乎并不是由规训一个独立思维的附属国的必要性而引发的,而更多地出自于美国对确保该地区最穷国家政治秩序的一般性担忧,以及受到一些逃入美国、在政治上备受争议的难民公认来源的刺激。目前,随着 21 世纪一波民主选举的左派领导人横扫拉丁美洲,"华盛顿共识"正被逐渐蚕食,卢拉(Luiz Inácio Lula da Silva)在巴西上台,查韦斯(Hugo Chávez)在委内瑞拉执政,莫拉莱斯(Evo Morales)在玻利维亚掌权。特别是查韦斯,他以直言不讳的美国批评者的身份出现,自己也和古巴在政治和意识形态上结为盟友。美国在 2004 年对委内瑞拉政变失败一方的支持,可能预示着其对行使自己国际警察权力的一种回归,也成为美国与该地区其附属国关系更为动荡的前兆。[45]

相反,在世界其他地区,美国一直都远称不上一个干涉主义者。相比较拉丁美洲,美国从没有干预过战后欧洲的任何一次政权争端。[46]这种干预的缺失,反映了欧洲稳定的亲西方的政府,在很大程度上迎合了美国的政治偏好,而不会挑战它的权威。由于干预的必要性较小,美国的警察权力或规训权力一直潜伏不动。

同样,美国从未干预过非洲的政权争端。[47]在中亚和南亚——这一地区实际上也是没有附属国存在,美国没有卷入地区内的任何军事化争端,直到 1998 年与阿富汗关系开始恶化,最后导致 2001 年的入侵。[48]尽管在这些地区存在诸多冲突与问题,而且存在许多国家选择与美国之外的其他大国结盟的例子,这些地区军事干预的相对缺失,很大程度上是由于迫使美国提供秩序或规训的附属国的缺位使然。[49]

美国军事干预的模式与在等级制内维持纪律的追求相一致。尽管美国在加勒比海地区一直行动活跃,但对于在意识形态和经济上有相似威胁但缺少附属国的其他国家和地区,美国并没有进行军事干预。

意涵

规训附属国不属于传统国际关系理论所预测的行为。国家为实施规则和维持权威而展开高昂成本的行动,显然与那些否定国家对彼此拥有权威的理论相悖。根据政治现实主义所衍生出的各种理论,国家采取成本高昂的行动,不应仅是为了维持政治秩序及更重要一点的维持对附属国的权威。国家应该为对抗威胁抑或物质目标而采取行动,而为了实施一套规则去冒可能使冲突升级的危险,这不符合现实主义的基本原则。[50]新自由制度主义理论预期国家将运用相互惩罚战略以推进无政府状态下的合作,但这些理论对所有国家一视同仁,并没有为主导国设定任何特殊地位。[51]尽管我们缺乏关于所有国家都实施"惩罚"模式的数据,但看起来相对集中和具有选择性的是,主导国更频繁地规训那些固执的附属国。主导国作为严行纪律者的这一核心作用是从等级制中延伸而来。

其他折中一些的理论也同样难以预测或解释上述模式。首先,美国在加勒比海地区的干预更多地被理解为冷战的产物,因为美国干预的是那些寻求苏联支持的左翼政权。这种主张表面看来很有道理。然而,美国在该地区的干预要先于两极体系及冷战的发生。实际上,美国在 20 世纪上半叶的干预行动与下半叶同样频繁。正如肯尼思·华尔兹所说的:"当表面的原因比其所预想的效果更加变化多端时,我们就会知道这些原因的提出是不正确或不完整的。"[52]结合这些解释,并将 1945 年之后的干预模式和美国在该地区早期的干预历史联系起来,我们可以更好地将美国的干预模式理解为美国规训那些挑战或可能抵制自身安全和经济等级制的政权的一种努力。差不多在每个案例中,美国几乎都无可非议地认为执政的政权可能会离开自己的非正式帝国。几十年以来,这些干预行动背后的统一主题都是美国在地区内执行主导权和镇压对其权威的挑战。

其次,干预模式一直被认为服务于美国在不同地区的经济利益。在一些案例中,干预可以与特定美国公司和产业的利益相联系,但在大部分案例中,干预仅仅是与支持一般意义的资本主义相一致,而不是个别的资本家。[53]然而,美国对一些"革命"政权的持续敌对,尤其是长期以来反对古巴卡斯特罗政府的极端例子,很难用意识形态或结构马克思主义的理论进行解释,也难以用前文提及的现实主义进行解释。特别是对卡斯特罗的敌对似乎超出了任何安全或经济动机的范围。在现代历史中,美国曾经针对古巴制定过最苛刻的经济制裁法案。在 1960 年至 1963 年间,美国不断加紧对古巴的全面贸易封锁,甚至其他国家生产的商品也被限制进入古巴,除此还限制美国公民到古巴旅游以及两国公民进行任何商业往来。[54] 尽管在 20 世纪 70 年代末禁运有所减缓,但在 80 年代早期又再一次收紧,而且事实上,在 1990 年《麦克修正案》(Mack Amendment)和 1996 年《赫尔姆斯—伯顿法案》(Helms-Burton Act)下制裁还进一步加强。《麦克修正案》禁止美国企业所有位于境外的子公司与古巴进行贸易,而《赫尔姆斯—伯顿法案》则对外国企业从事与古巴的商业行为进行惩罚,以及允许美国公民对外国投资者使用属于美国的财产而被古巴政府没收(的情况)进行起诉。古巴籍美国人在汇款与旅游上受到的管制在 2003 年至 2004 年进一步收紧。

正如斯蒂芬·克拉斯纳所说的,仅从这一单个案例的情境来思考,美国的敌意与禁运是不合逻辑的。[55] 很久以前,这一政策就在美国所付出的成本与古巴作为一个附属国能带来的价值之间失去了任何联系。一方面,美国商业放弃了如今在古巴有利可图的贸易与投资机会,而其他国家的企业家则享受着这些机会;另一方面,美国的敌意,特别是禁运,有力地推动古巴加强与苏联的关系,至少在其革命后的前几十年内如此。如若不是在苏联为其国内制糖业找到替代性市场以及为其石油和外部援助找到另外的来源,卡斯特罗政权几乎没有可能在政治上生存下来。反过来,《麦克修正案》和《赫尔姆斯—伯顿法案》一直受到其他国家和美国投资者的齐力反对。联合国大会自 1982 年以来,每年以不断增长的、目前几乎普遍的多数不断通过决议案,要求美国撤销对古巴的禁运。苏联解休和中国经济自由化的例子表明,内部开放政策更为有效,而在冷战后对古巴禁运应当加强而不是放松的做法看起来尤为成事不足,败事有余。如今,禁运偏偏可能仍在强化而不是削弱古巴政权,即便年迈的卡斯特罗逐渐淡出政治舞台。就像戈奇·多明格斯(Jorge Dominguez)所观察的:"华盛顿强硬的反对一直使得卡斯特罗召集民众,捍卫那些许多古巴人能够认为是该政权合法性成功的东西。美国一直是卡斯特罗的死敌,但是与这样的一个国家为敌,卡斯特罗或许并不需要朋友。"[56]实际上,1996年初古巴击落受驱逐的兄弟救难会(Brothers to the Rescue)的两架飞机,这导致双边关系急剧恶化,克林顿总统能够归罪的唯一的逻辑结构在于,这是卡斯特罗"正在试图强迫我们维持这样的看法,即禁运成为古巴政权经济失败的借口"[57]。

美国对古巴的过度敌意,常常被解释为活跃在佛罗里达的古巴流亡团体作用的结果,这些团体既定的核心利益,在于夺回卡斯特罗政权上台后被剥夺的资产。毫无疑问,这些反卡斯特罗的游说具有一定的影响力。然而,美国政府面临着古巴裔美国人团体的态度转变、普通民众的冷漠、与古巴提升经济关系的商业团体的利益,以及对美国在海外持续禁运的强烈反对,佛罗里达的选举投票结果似乎很难解释美国政府对古巴的持续敌对。[58]而且,正如人们可能预期的那样,这一政策看起来也并不存在什么政党基础。无论是民主党还是共和党政府,对古巴的禁运一直维持且在加强。

然而,根据标准的国际关系理论来看,敌对这一概念是没有意义的,但将这种敌对放到更宽泛的背景下,即在美国拥有众多附属国的地区,附属国若违抗美国的权威,这一敌对就变得意义非凡。美国对古巴的政策似乎从试图规训一个不驯的附属国、威慑其他附属国不要挑战其地区支配权的角度可以更好地加以解释。从这个意义上来理解,似乎这一重大利益足以成为一种极端反应的理由。而且,规训一旦制定,如果没有造成某些行为的改变就很难撤销,这意味着,出于维持规训的需要,主导国的注意力甚至也会锁定在一项可能起到反作用的政策上。放弃一些哪怕是明显无效的惩罚也会削弱规训未来威胁的可信性。在这一例子中,反卡斯特罗游说团可能仅仅是在推动美国政府朝着本来想走的方向前进,但是政策的基本方向和延续性似乎更多地与美国想要维持、加强地区权威的渴望密切相联。

规训的这一理念与排斥国家间存在等级制可能性的理论不甚匹配。美国的干预模式是假设国家在无政府状态下相互作用的传统理论所无法很好预测的。而且,干预的反作用性,特别是对古巴的敌对,似乎并不是国家重大利益的一部分,或者,看起来只是虽然集中但依然规模相对较小

的游说集团的权力体现；然而，美国似乎趋向于以古巴为案例，在加勒比
海地区内阻止其他附属国对其权威发起进一步挑战。一般而言，我们不
会将国际关系中作为规训的强制干预纳入考虑范围。然而，通过国际等
级制的视角来看，规训似乎是世界政治中一种真实而又显著的现象。

束缚宗主国之手

在所有的等级制中，主导国必须可靠地承诺不会违反与附属国的契
约，尤其是不会滥用附属国赋予自己的权威。在任何国家放弃自身主权
的某些部分、依附别国之前，这个国家必须充分相信权威契约将会得以兑
现。它必须确信主导国将会适度地行使其权威；它也必须充满信心的是，
主导国不会利用此前被授予的有限权威，在未来索取更大的权威。至为
重要的是，通过将主导国的强制权力合法化，附属国使自身很容易受到潜
在代价高昂的规训。在这些发生之前，附属国必须充满信心的是主导国
的权威将仅在自己可接受的范围之内行使。这种可信承诺的问题普遍存
在，而且在任何关系中都由统治者来掌控。正如道格拉斯·诺斯（Doug-
lass North）和巴里·温加斯特（Barry Weingast）对早期现代国家的长远
追问：如何才有可能缚住主权者的双手？[59] 在此我们问的是，如何才有可
能缚住宗主国的双手？ 约束一个主导国，有许多种方式，一些是自然或外
生的，其他是非天然和有意而为的。本章不会尝试进行一种完整的分类，
但会关注美国在最近半个世纪或更长时间里与其附属国的关系中所使用
的一些束缚。

"天然的"限制

对美国而言，值得庆幸的是，机会主义要缚住其双手面对着两种外生
的限制，这使美国在其他国家接受一种附属国地位的事情上相对更为安
全。这些天然的限制可以使其承诺本质上更加可信，也很大地增强了美
国支配其他国家的能力。这些是许可性的条件，它们使美国建立的关系

比其他情形下可能建立的关系更具等级性。

首先,在冷战期间,与苏联的长期斗争有效地制约了美国与其附属国的关系。这一斗争,正如华尔兹最为简约的理论所说的,是植根于政治现实主义和物质能力的两极对抗之中。[60]这一斗争也有意识形态上的竞争,它致使在俄国刚一发生革命之后,美国与俄国的关系就立马破裂,这反映了在应该构建何种国际秩序的规则上所存在的两种截然不同的观点。然而,最为重要的是,通过创建一个各国可以聚集在其周围的另一极,苏联为那些存在被美国剥削危险的国家提供了"退出选择"。尽管在冷战期间,转变立场对于每个国家都很不容易,而且也有一些苏联强加一种更加严格的等级关系作为其援助回报的例子,一个国家能够脱离华盛顿控制的可能性仍然对美国采取机会主义的行动造成了制约。如果美国试图滥用其得到的权威,附属国可能宁愿承担一定成本也会诉诸莫斯科请求帮助,以摆脱华盛顿的控制。[61]

与上文所讨论的规训的实施一样,超级大国竞争对美国与其附属国之间关系的影响,在拉丁美洲案例上表现得最为明显。正如特别提到的,如果古巴不依附于苏联,那么它成功脱离美国非正式帝国的可能性微乎其微。对其他国家可能步入古巴后尘的担心,明显推动了美国对这一地区其他国家的政策,使其加紧规训并对任何地方出现的左翼政权进行强烈反对。然而,同样是这种担心,也会导致美国"放松"其统治该地区的等级形式。[62]只要拉丁美洲国家,特别是加勒比海沿岸的国家,同意坚定地站在美国等级阵营一边,那么美国政府将对这些国家国内事务给予广泛的行动自由。非正式帝国受到的强迫非常轻微。

具有讽刺意味的是,随着冷战的衰退,尤其是自1989年以后,美国扩大了其在拉丁美洲的关注范围,包括要求更好的人权措施、更大的民主、更有效的禁毒措施以及新自由主义的经济发展政策。[63]失去了冷战的制约,美国可以说对该地区的附属国试图强加更为严格的等级制,对其附属国内部事务的干涉比其他情形下更多,而不是更少。1999年之后,一波左翼的反美政府在拉丁美洲的执政,或许可以成为反对美国更大支配地位的反弹证据。

更为一般地讲,两个超级大国的竞争制约了美国与其西欧、东北亚以及其他地区附属国之间的关系,或许也保证了美国的统治比其他情形下更为轻缓与温和。同样,冷战的结束也促使了美国扩大其在新国家和新议题上的权威,它试图在中东地区发展新的附属国,包括沙特阿拉伯、科威特和现在的伊拉克,而且对全球范围的国家建设承担起新的责任。然而,苏联竞争的缺失会导致出现一些新的自发情况,解放美国手脚,使其采取机会主义的行动,而且会使其他国家越来越不愿意接受美国对其事务施加的权威。这一点在小布什政府独断的单边主义(assertive unilateralism)或者"牛仔外交"(cowboy diplomacy)以及相应地,美国在伊拉克战争中缺乏国际支持上体现得尤为明显。正如在结论中所讨论的,中国的崛起或许会在未来创造新的一极,一些对美国不满的附属国能够围绕它而聚集在一起。

其次,美国自身的民主制度与高度分散的国内政治体制也促进了美国的这种支配。[64]一般认为,国际关系中民主行为体是更为可信的伙伴,主要有三个原因。[65]民主行为体比非民主行为体更加透明,为其他国家就其政策偏好和可能采取的行动提供了更多的信息。[66]国内的政治竞争要求政治家在政策纲领上进行清晰表达和作出承诺,而这些纲领由于后来再度当选的需要而令人信服。因此,民主政体当权政府的政策比非民主政体的政府政策更加具有可预测性。这一点在政府与反对派意见不一致的政策上尤其明显,以及那些因为每个人事实上都会影响行动的正确方向而从来不会加以讨论的政策。[67]由于它们向他国就自己的政治偏好与可能采取的行动提供了更多信息,民主国家或许会在谈判桌上因难以虚张声势而失去讨价还价的筹码。但与此同时,它们签订自身预期不会履行的条约的可能性也大为减少。

民主国家的领导人违背承诺时会面临观众成本——选票箱中的惩罚。[68]对于为什么公众会惩罚在国家利益上采取行动的政治家,或许包括政治家有时失败的虚张声势,没有必要弄得很清楚,但有可能的是,选民会利用领导人对国际条约的承诺,作为判断其是否正直与能干的信号。[69]如果民主国家领导人在背叛国际条约上面临比非民主国家领导人更高的惩罚,那么,(民主国家签订的)这些条约将会更加可信。[70]

由于在民主国家,(候选)各方争取中间选民的支持而趋向相似的政策立场,民主国家的政权交替引起政策变动的可能性比非民主国家要小。[71] 当然,不同选举体制会影响各方争取中间选民的不同动机,也会影响他们的政策在多大程度上迎合民众的需求。[72] 但事实上在任何民主政体中,政府受到中间选民政策偏好的制约要比任何非民主政体都大,因而在政策上出现剧烈变动的机会也比较小。因此,民主国家一旦采取了某种政策,这种政策的连续性与预测性都将比其他政权的更为可信。

综合上述三个原因,民主国家更有可能尊重它们与其他国家的契约,或者同一个意思,滥用自他国处得来的权威授予的可能性更小。正如冷战使美国成为更加可靠的领导者一样,美国的民主体制使其成为其他国家更值得信赖的统治者。或许现代历史上拥有最大集合附属国的两个国家——19 世纪的英国与 20 世纪的美国——并非巧合,它们都处于各自时代中最民主的国家之列。民主似乎成为国际等级制的一个重要推进器。

除了其民主体制外,美国还是一个集众多否决者(veto players)与接入点(access points)于一体的高度分权的政治体制。[73] 这进一步增强了承诺的可信性。否决者可以是能够阻止政策变动的任何行为体。在一个由多数党领导的国会体系中,很少有否定者;总理通常能够在严格的政党纪律下使政策变动得以强行通过。但在有意分立的美国政治体系中,包括可能由不同政党领导的两个立法机构、总统,以及独立的司法,否决者的数量要大得多。在立法过程中有诸多的“否决门”(veto gates),任何行为体都可能阻止提议中的政策变动。大量的否决者造成了政策更偏向于维持现状。因此,在美国等拥有较多否决者的国家中,政策一旦颁布,要比那些拥有较少否决者的国家具有更高的可信度。[74] 对于附属国而言,如果它们已经处于一个由拥有分权政治体制的主导国所建立的等级关系中,那么,它们必然会更信任主导国维持目前关系的承诺。

高度分权的体制同时更具渗透性。当然,在任何民主政体中,公民有权对政策进行评论。然而,分权体制通常允许外国利益集团直接介入到政治过程中,或与国内的相关利益集团结成联盟,间接地保证其诉求得以表达。[75] 通过这种方式,附属国更加相信,它们所关注的问题至少能为主导国的领导者所了解。除非国内(对这方面的关切)一致性本身非常强烈且具有影响力,否则,这并不能保证这些被关注的问题将被立刻付诸实施;但尽管如此,附属国所关注的问题受关注的可能性,也要比更加集权的政治体制大很多。这也使附属国对加入主导国的等级关系更加充满信心。

因此,美国可能由于其民主与高度分立的国内政治体制,而成为独特而受欢迎的主导国。这些因素使得民主国家在国际条约中成为更加值得信赖的伙伴,也使美国对其附属国的承诺更加可信。虽然这种体制经常遭到来自国内的批评,认为该体制束缚了总统在执行其认为适合的对外政策方面的能力,使政策变动极为困难,但同时,对于其他国家而言,这一体制也使美国成为更加可信的统治者。

昂贵的信号

当潜在附属国不确定它们所面对的究竟是一个会在未来剥削它们的机会主义者,还是一个野心有限、将会遵循契约权威的统治者时,后一类主导国可以通过参与一些前一类主导国不会参与的高成本行动表明自己的属类。[76] 自 1945 年以来,美国一直加诸自身两项成本高昂的束缚,以表明自己的偏好仅在于对他国实施有限的等级制,并因此而对剥削附属国仅有相当小的欲望。

在制度上,美国一直采取多边主义政策,表明自己在合法行动的国际共识内采取行动的承诺。[77] 当然,主导国保留有即便在面临普遍反对时也会采取行动的权利与能力,正如 2003 年美国发起对伊拉克战争时所做的那样。但是,就像美国实践的多边主义,其所具有的三个特征在显示主导国对附属国的善意方面十分重要。

第一,美国在向诸如联合国安全理事会、北约或美洲国家组织等多边组织提出议案时要支付 定的成本,即便这 成本也只是将议题放到其他决策论坛的交易成本。[78] 一个国家打算违背已被批准的政策,它将不会愿意从一开始就为寻求支持而支付成本,在这种情形下,多边主义本身所具有的自由裁量但成本高昂的性质就会发挥作用。

第二,美国尽管具有作为领导者的特权地位以及难以匹敌的国际权力,它也必须遵守与其他国家一样的规则与约束。这与在国家内部遵循法规或者表明国家元首或任何政治家都不能凌驾于法律之上相类似。美国尊重这些规则,但这并不表明美国愿意遵循权威契约的各项规则,特别是在这些规则发生约束作用的时候。当然,对服从的评估总是一件棘手的工作,而美国对国际规则的服从是否经常比其他国家更多还是更少,这也很难辨别。[79]尽管如此,美国仍然遵守着国际规则,即便在其不方便遵守时也是如此。例如,在 1995 年 12 月,哥达黎加通过世界贸易组织争端解决程序向美国提出诉讼,这是第一个由发展中国家向世界最大的贸易国同时显然也是其主导国发出的抱怨。[80]六个月前,美国限制从哥斯达黎加等其他几个国家进口棉花和人造纤维。哥斯达黎加宣称这些限制违反了世界贸易组织规则,因为华盛顿单方面采取行动,而没有证据表明美国国内产业处于实质上的危险境地。第二年,世界贸易组织指派判决这个案子的专门小组作出了有利于哥斯达黎加的决定,这项裁决后来在上诉中得以确认。美国随之撤销了进口限制,并且使自己的贸易政策服从世界贸易组织判决。为了支持国际法的一般规则,美国不得不在上述案例及其他的一些例子中表示服从,而且这样做,美国确认了其对于遵循管理国家间行为的法律主体的承诺。当然,没有例子可以证明这是个规律。但是这一案例使人们清楚地认识到,为了约束其他国家,美国也必须同意约束其自身。

第三,多边体制有权利也有能力拒绝美国提出的议案。为了达到传达昂贵信号的目的,国际组织不能仅仅是一个橡皮图章,否则就不能成为国家之间传递信息的媒介。成员国必须有真正的拒绝议案的机会。赞成明确表明美国拥有权威追求自己提议的政策。相反,反对使其提议的行动缺乏合法性,正如联合国秘书长安南(Kofi Annan)后来宣称美国入侵伊拉克为"不合法"所示的那样。正是可能遭遇反对的风险使得赞同变得尤为重要。美国早已明白无误地加入多边的"论坛购物"(forum shopping),例如,在对从塞尔维亚控制下解放科索沃进行干预的案例中,它在甫一了解俄罗斯显然将会在联合国安理会上阻止自己提议的干预行动之后,立即求助于北约。多边组织的成员越广泛、越具有多样性,该组织拒绝提议政策的风险就越大,而同时由其赞同所赋予的合法性也越大。相应地,由大部分言听计从的伙伴构成的狭隘多边组织,虽然拒绝提议的可能性很小,但是成员支持所能赋予的合法性也较小。因此,在赞同所能获得的价值与提案通过的可能性之间存在一种永恒的权衡。

多边主义一直在美国外交政策及其地区等级制中占据着核心地位，特别是在欧洲地区。[81]它同样也是老布什总统所设想的以及克林顿总统以非常类似的方式所追求的（尽管名字不一样）"新的世界秩序"（New World Order）的关键。通过多边主义，美国一直想方设法，希望美利坚等级制不会对整个世界造成危害。然而，在 2003 年的伊拉克战争中，美国在联合国寻求赞同，而且在联合国安理会第 1441 号决议中获得了支持，但最终并没能获得明确而具有决定性的战争授权。安全理事会其他常任理事国（对美国的提议）存在巨大的分歧与反对意见，而美国甚至也无法获得简单多数去支持自己提出的第二决议，这最终削弱了联合国宪章第 51 条授予其的广泛权威以及小布什总统在第 1441 号决议中所宣称的特别权威。美国在战争期间及战争之后十分被动的外交地位——当时可能在军事上甚至财政上援助伊拉克重建的支持者数量十分有限——确认了多边同意在其他案例中的重要性。

美国还通过 20 世纪以来所采取的反对殖民主义的意识形态与实践立场，来提升其等级契约的可信度。通过反对其他国家的帝国主义——这些行为通常冒着可能使美国与关键盟国之间关系恶化的风险——和放弃自身建立帝国的机会，美国以成本高昂的方式发出信号，表明自身并没有直接统治其他国家的欲望，以及更一般地说，不想施加不必要的更严格的等级制。

美国喜欢将自己视为一个反帝国主义的国家，同时也是近现代历史上第一个推翻殖民统治的国家。美国本身的所有领土都是由土生土长的美国本土政治组织通常采取强制的形式来夺得的。在吞并得克萨斯之后，美国对墨西哥发动帝国主义战争（1846—1848 年），宣称新墨西哥、亚利桑那和加利福尼亚的所有领土是胜利的附属品。在整个 19 世纪，美利坚帝国主义者对加拿大也抱有类似的想法。[82]美国在获得第一块"海外"属地——阿拉斯加（1867 年）以及海地（1898 年）后，其帝国版图又在美西战争（1898 年）中占领了古巴、波多黎各和菲律宾时进一步扩张。尽管美国留下了帝国主义野心的历史记录，但进入 20 世纪后美国开始收敛帝国设想。[83]面对加入欧洲列强分割世界其他部分的计划，美国退出了分割计划,并开始宣称"门户开放"(open door),特别是在经济关系中。[84]虽然美国放弃了帝国设想,但同时它也频繁地干预加勒比海地区与中美洲国家的内部事务,它开始通过在大萧条期间反对贸易上的帝国特惠制,以及在第二次世界大战期间宣称在亚洲不再寻求帝国地位作为谋求自身与盟国支持的手段,来表明美国的反帝国主义立场——而日本类似的反帝国主义宣传正在殖民地人民当中大肆侵袭。[85]

直至第二次世界大战结束,反帝国主义成为美国外交政策的核心原则,而且毫无疑问,至少美国人自己深信如此。[86]但这也是具有相当战略意义的。一方面,美国在第三世界推动反殖民主义,以期平等对抗苏联的反帝国主义纲领。尽管美国拥护一项广泛的计划,但它也仅在预期国家很可能加入西方体系并成为美国潜在的附属国时,才会支持反殖民运动。[87]此外,美国对亲共产主义的独立运动也一直表示反对。另一方面,美国还限制将殖民地的能力向内转化,成为它们各自不同的帝国,并将它们锁定在美国自身的经济圈中,同时美国将支持殖民地的独立视为弱化欧洲同盟的手段。对帝国的这种反对使美国与欧洲的关系变得紧张,特别是与英国,美国还期望其成为自己与欧洲大陆沟通的媒介。[88]这种代价在美国公开反对英国、法国和以色列在1956年从埃及手里重新夺取苏伊士运河的努力中体现得尤为明显。[89]但是通过牺牲与欧洲国家的关系而支持亲西方的殖民地人民,美国成功地释放出信号,表明自身仅对其他国家有着非常有限的支配偏好。

第二次世界大战后,当美国明确可以拥有一个自己的帝国时,它放弃了这一机会。[90]这有一部分是出于意识形态——尊重日渐传播的法理主权和民族自决原则,但它也在巩固等级制方面起到了很大作用。1946年它放开菲律宾让其独立。美国清晰地表明自己的目标,即只要条件成熟,那么德国与日本等战败国家将重获主权,事实上分别在1949年和1951年它确实这么做了。它也没有攫取日本在第二次世界大战期间获得的殖民地,即便这些地方对其新前线防御战略至关重要。在密克罗尼西亚的案例中,战争已经表明控制关岛海军基地周边岛屿非常必要,(美国)海军坚持认为要将这些岛屿置于美国的统治之下。然而,美国打着多边主义的牌,最终要求并接受了联合国对这些岛屿赋予战略互信的特殊地位,这一地位等于成为帝国的领属,在当时明显属于设计之内,并得到了多边组织的合法承认。

因此,随着美国巩固其与多个附属国之间的等级关系,它在承诺殖民地独立方面付出了巨大代价。其对帝国的反对从来没有完全地一以贯之。与苏联关系的紧张以及美国自身防御的需要有时会超越其反帝国主义的立场,使发出的信号变得模糊不清。但在边缘地区,美国足可以说服其他国家自己在治理附属国方面野心有限。

参与多边主义和反帝国主义的代价告诉其他国家,美国滥用附属国赋予的权威的可能性较小,同样也不大可能在将来为自己创造出更大的权威。用盖尔·隆德斯塔德(Geir Lundestad)的话来说,这一有限的目标使美国享有"难以抗拒的"等级制——支配其他国家的能力不仅得到这些国家的默许,而且有时候还得到它们的热切支持。[91] 具有讽刺意味的是,通过表明自己的野心有限,美国反而更容易地建立起自己对他国的支配。

意涵

在无政府与纯粹强制的关系中,主导国可以在自己权力受到的限制与其他国家的战略范围内肆无忌惮地追求自我利益。然而,在等级制与权威关系中,主导国必须关注自己行动的合法性,并接受对其行动自由的各项约束。为了整体或部分地治理其他国家,主导国也必须在一定程度上接受自我的约束。尽管现实主义与新自由主义的理论都预期国家可能会在具体谈判情形中自缚双手,对特定行为作出可靠承诺,但它们都不会预期主导国在维持国际权威的一般政策或做法上绑住自己的手脚。事实上,这两种理论都预期国家会试图从其他国家身上实现自己利益的最大化。尽管如此,在过去半个多世纪里,美国享有天然的优势,运用不同的战略表明自己是一个值得信赖的领导者。它为了可信地表明自身在统治其他国家方面野心有限,放弃了赢利最大化的机会。通过国际等级制的镜头来看主导国的政策,我们可以对这些在其他情形下看起来反常的行为作出解释。

约翰·伊肯伯里和丹尼尔·德德尼(Daniel Deudney)从不同但相互关联的角度认为,国家参与"制度约束"(institutional binding)或"共同约束"(cobinding),以确保国际秩序与自身安全。[92]伊肯伯里认为,战略约束是自拿破仑以来所有战后"组织秩序"的必要特征,特别是在第二次世界大战后美国领导至今的秩序当中更是如此。德德尼从可观察的国内政治体系中推论出国家间关系的一种共和主义安全理论。每一种理论都将等级制与体系范围内治理的有限形式形成对比。对伊肯伯里而言,等级制是一种可以实现支配的分层的强制能力,而组织秩序是得到普遍认可的。[93]对于德德尼来说,等级制没有对统治者设置任何限制,而准无政府状态(negarchy)则对其权力进行了分割。[94]这两种说法都没有像我在这里所做的将自我约束的机制与国际权威或等级制联系起来,也没有认识到所有的权威其实暗含着对统治者权力的某种制约,但他们毕竟朝着本文研究的方向迈出了一小步。

然而,最重要的是,所有自我约束的形式都与已有的国际关系理论互相矛盾,已有的国际关系理论假设国家间所有关系都处于无政府状态之中。一些国家为了增加其对他国的权威而约束自己,这是与无政府状态及其延伸出来的自助原则不一致的。尽管如此,可信的承诺对建立主导国的权威是必不可少的。而且尽管当前遭到了呼吁充分使用美国权力的新保守主义者的反对,美国仍然在实践中认识到,为了引导其他国家依附于自己的统治,美国必须可靠地承诺自己在未来不会滥用其权威。

等级制"合算"吗?

主导国,尤其是美国,从国际秩序中获益。它们也为生产秩序、规训附属国以及为维持权威而约束自身行为而付出一些治理代价。那么,我们可能会问:等级制的收益是否多于成本?或者,用罗伯特·杰维斯(Robert Jervis)的话来说,"牌戏够不够灯油钱"(game worth the candle)?[95]当我们考察长期存在的等级制,就像美国、拉丁美洲及欧洲的等级制,可以发现等级制属于主导国的利益范畴,至少在某些时间和某些地方如此。但这是一种无谓的重复。遗憾的是,对此没有准确的解释,主要有以下三个原因。

第一，主导国大概有可能在它们行为的边际收益等于其边际成本的情况下生产秩序，施加等级制。在这一点上，生产更多的秩序或者施加更大的等级制将会使成本增长快于收益；而提供较少的秩序或者接受较为松散的等级制，将意味着一切可能的收益都不会实现。如果秩序和等级制的层级是相互关联的选择——正如它们在本书中一以贯之所体现的，将不会出现明显的收益多于成本或正好相反的案例。均衡状态是，收益与成本在边际上大致不相上下。

这一竞争性均衡唯一可能的例外或许会出现在这样的时期或关系中，即主导国对其附属国实施垄断权力，但没有提供秩序，或者对某个层级的秩序强加过多的等级。然而，现实在于体系是无政府状态以及往往不止一个国家竞争对其他国家的国际主导权，这意味着主导国的垄断性权力通常将如前文所说的天然地受到限制。虽然任何主导国与附属国之间的特定关系是排外的，但这种关系是具有争议的，即便人们没有经常积极地讨论。[96]正是由于存在附属国背叛而转向敌人的可能性，才限制了任何国家剥削附属国的权力。由此，在缺乏强有力的垄断权力的条件下，我们可以预期大部分主导国大致会在边际成本与收益相当的情况下设定各种不同的关系。如果是这样的话，支配的净收益将不会太多——至少相对于其他国家所赢得的回报而言，而且事实上这些净收益也难以单独计算。

第二，前文界定的各种收益与成本，从减少附属国威胁或扩大经济交流，到干预地区冲突或约束自身行为，都缺乏统一的标准或范围。我们面临的不仅仅是古老谚语所说的增加苹果和橘子的问题，还有对一系列无法比较味道与质地的水果进行价值加总的问题。由于缺乏能够转换为统一度量标准的便利措施，因此无法提供简单可行的解释。

如果等级制的收益与成本难以为观察者精确衡量，那么它们也同样难以被国家本身评估。如果接受上面一点所说的主导国通常会使边际收益和成本保持平衡，那么对于主导国和附属国而言，都有相当大的犯错余地，这些错误可能会导致主导国做事过头，宣称比实际拥有更大的权威；也可能导致主导国自我低估，没有利用其可能拥有的全部权威。因为难以评估成本与收益,主导国与附属国之间的关系将陷入持续的紧张与斗争。然而,这种斗争未必是权威脆弱或破裂的标志,相反,它对于主导国与附属国都很重要,即使二者对其精确参数并不确定。

第三,或许也是最难解释的一点,任何关于等级制净收益的结论必须依赖于一种反事实的结果评估,即假设等级制不存在。这里,我们仅有一种理论可以为我们提供指导。[97]正如本研究已多次阐述过的,传统国际关系理论的假设远离国际等级制。因此,传统理论的预测直接围绕着一个不存在等级制的世界中的国际政治情况进行讨论。遗憾的是,尽管所有的变体都引导我们去预测,切合主题的反事实是自然状态,传统理论并未在该最初条件内就政治发出同一种声音。至少存在三种思想流派,每一种流派对于如果当今世界政治突然恢复到自然状态都提出不一样的设想,对此有合理的检验案例。

在可能被人们称为"回到未来"(back-to-the-future)或者新现实主义流派看来,随着两极格局与冷战的结束,美国将会从欧洲撤出,而且这样做将促使竞争性均势政治、普遍的核扩散以及日益增加的国家间冲突的一种回归。[98]此外,政治秩序的这种崩溃可能导致国际经济出现相应的停顿,引起20世纪30年代大萧条期间经济民族主义和以邻为壑政治重新出现。[99]通过这种方式,美国自欧洲或者其他地方撤出等级制的后果可能是灾难性的——这表明等级制的收益确实是巨大的!

撇开国际等级制的作用与收益不说,"回到未来"学派预测美国将不可避免地从其全球责任中撤离。[100]当然,这一撤离行动还没进行。相反,美国一直在拓展其等级制,寻求一种新的世界秩序,扩大北约,并扩展民主范围。冷战后连续三届的总统班子都认识到其国际等级制对美国所意味的巨大收益。

"新帝国主义"学派预言,美国可以不必实施国际权威,它可以通过强制将自己的意志强加给其他国家,从而收获许多与如今所得的相同的报酬。少有学术理论家赞成这一观点,但它正是新保守主义背后鼓舞人心的观点。[101]在该学派看来,展示压倒一切的武力——尤其是使用武力的意愿——将促使其他国家默认抑或拥护美国领导的国际秩序。而且,这种使用武力的意愿一旦建立,将会阻止其他国家挑战这种秩序。因此,美国人的目标可以通过非常少的额外成本来实现。约翰·布拉德利·基斯林(John Brady Kiesling)是一名曾为抗议伊拉克战争而辞职的外交公务人员,他将新帝国主义的本质总结为罗马国王卡利古拉(Caligula)所说的格言,"让他们恨吧,只要他们恐惧就行(oderint dum metuant)"。他问道:"这真要成为我们的格言吗?"[102]通过摆脱多边主义的桎梏,这一学派预测美国将能够创造更有利于自身偏好的国际秩序。因为不需要安抚其他国家,美国可以创造一个更接近自己设想的世界。在此观点看来,强制可以轻易代替权威。

虽然如此,这一理论在伊拉克似乎化为泡影。一些支持者可能认为,在执行政策过程中出现的失误应该受到严重的追究,但是战争已表明,在国际社会其他成员没有采取有效反对措施并冷漠相视的情况下,一国试图将自己的意愿强加于一个敌对的社会,需要付出巨大的代价。仅仅通过强制来统治社会,对于统治者而言是昂贵而极其困难的,就像在伊拉克清晰反映的,仅靠武力来治理其他国家的努力是需要付出代价的。美国拥有的许多等级制关系成倍增加,这意味着相较另外一种严格的强制形式,等级制能够以较更小的成本生产出巨大的收益。

最后一个流派是新制度主义,它预测,即便没有等级制,目前美国的政策与国际事务也能够保持很强的连贯性。[103]虽然霸权可以促进相互依存与国际机制的构建,但这些机制一旦建立,它可以自发地促成合作,有利于维持国际秩序以及全球化进程。而且,面临着自我背叛引起的次优结果,国家参与共同合作,并建立各种各样的机制,即使在没有霸权的情况下也能协调它们的事务。[104]由于霸权是否存在都不会对合作的可能性产生影响,而且合作是在由建立约束所有成员国行为的机制的指导下进行的,因此,这一学派预期,不存在等级制的世界与我们目前生存的世界没有太大区别。

新制度主义源自与本书研究路径相同的思想传统,但它没有将权威与等级制视为国际关系的核心属性。[105]在该学派中有许多问题值得探讨与改进。尽管争论一直存在,至今为止,我认为有两点是比较清晰的,即国家确实创立了指导行为的国际机制,而且这样的机制确实促进了合作。[106]制度减缓了体系无政府状态引起的一些次优结果。然而,与此同时,新制度主义可能是对等级制缺失下的世界政治本质的一种误导。最为重要的是,过去半个世纪以来,最有力也是最重要的机制——国际经济中的关税及贸易总协定与世界贸易组织,以及安全事务中的北约——实质上与美国主导的等级制有着很大的重合。通过忽视等级制存在的可能性,而且事实上假定国际等级制是不存在的,这一学派将机制与等级制的共同作用仅仅归因于机制。从正式的研究设计角度而言,制度主义受到了一种遗漏变量的偏差的影响,导致众多学者系统地但却不知情地高估了机制对所观察的国家行为的作用。[107]然而,我们无法计算这种可能的偏差到底有多重要,但下一章所检验的等级制对附属国的作用,以及本章所探讨的等级制对主导国的作用,都表明这种影响可能相当巨大。

最终的思想实验得出了一个类似的结论。想象一下这样的一种国际体系,即它在所有方面都与目前我们所处的的国际体系十分相似,美国仅是处于领先地位而不对其他国家具有任何权威,也没有担负促进秩序的特殊责任。这样的一套体系,即便它仍可能为了各国的利益而创设像北约这样促进共同防御的机制,以及像关税及贸易总协定或世贸组织这样促进贸易自由化的机制,但在缺乏美国提供的潜在保证与秩序的情况下,这些国家是否还会选择建立这些机制?没有美国等级制提供的人员、财产和承诺方面的基本保护,其他国家是否会冒着机会主义的风险在集体防御或经济相互依存中选择开放自身呢?

两次世界大战之间的体系实际上接近于这样的反事实推论。美国确实庞大而且举足轻重,但它在拉丁美洲之外的任何地方都没有权威。[108]各国无法集体组织起来对抗德国的扩张主义,也无法在那样的体系中管理国际经济,这表明,在另外一种完全无政府状态下,国家在创设机制、共同防御合作以及贸易自由化等方面将面临同样的难题。如果机制没有完全取代权威,那么等级制的收益将比制度主义者目前所认为的更为可观。

尽管等级制的总体成本与收益很难衡量,国际关系理论与经验仍旧表明目前的收益相当丰厚。如果没有等级制,美国可能会撤出、使用武力统治,或者依赖于制度,但任何一种对现存国际秩序的替代方案都可能非常脆弱,而目前由美国权威所支持的商业大道将可能远不如现在这么繁忙。

主导国不是利他主义者。它们从政治秩序中获益,可以建立偏向于它们自身利益的规则,而且附属国授予的合法性也能够减少对一些可能破坏现状国家采取行动的成本。然而,创建秩序是需要付出代价的。实施规则和在危机中支持附属国将给主导国带来实际成本。规训附属国同样成本高昂,否则就不会出现像古巴这样被证明是适得其反的制裁案例。自缚双手而获得对他国的权威,或许是对主导国最微妙但又最重要、最恼人的负担。没有统治者愿意约束自己。主导国总是试图利用自身强大的力量去摆脱它们自己的权威强加在身上的束缚,但这样做,它们会破坏及削弱自身主导权所依赖的必要基础。总而言之,我们期待支配能够"合算",即便净收益难以衡量,而且部分地依赖于我们对无政府状态下世界政治另一种性质的推测。

生产不会带来任何直接收益的秩序,这不在任何现存主要国际关系理论的预测范围内,而且事实上与那些假设国家不折不扣地受国家利益所支配的理论不相符合。然而,它却与本书提出的理论契合,主导国确实会采取代价高昂的行动为附属国提供秩序,即使在不便于这样做的时候也是如此。值得注意的是,主导国介入危机支持附属国的可能性要高于其对非附属国家支持的可能性。通过提供政治秩序建立权威,这会改变主导国的行为,而且使其采取某些行动并付出一些本来可以避免的代价。然而,等级制影响的不仅仅是主导国的各项政策,正如我们将在下一章展开讨论的,它还以深刻的方式改变着附属国的行为。

注 释

1. 关于治理成本,参见 Lake 1999s, 58—65;关于治理成本对国家冲突行为的影响,参见 Wimberley 2007。

2. Knock 1992, 116—117; La Feber 1994, 293.

3. 关于革命后的美国与古巴关系,参见 Smith 1996, 164—168;关于导弹危机本身,参见 Allison 1971,以及围绕该事件出现的大量新的文献。

4. Deutsch 1957. 也参见 Adler and Barnett 1998。关于欧洲作为安全共同体的论述,参见 Buzan and Wæver 2003, chap. 11。

5. Soderberg 2005, 117—120; Mastanduno 2002; Mastanduno 2005.

6. Barton et al. 2006, 139—143, 165—170.

7. Richards 1999; Cowhey and Richards 2006; Cowhey, Aronson, and

Richards 2008.在大部分案例中,新产权都由美国连同其他关键国家的产业联盟制定。美国具有议程制定权力,可以否决提议,但美国通常通过在伙伴国家中创造新联盟以支持其偏好的结果。

8. Cohen 1998,39—41.

9. Ibid.,123—124.

10. 对基于利益的特殊关系的解释,参见 Louis and Bull 1986;关于基于吸引力的解释,参见 Dumbrell 2001;而对近期的评论,参见 Riddell 2004。尽管上述解释存在差异,这些文献在英国作为美国与世界关系的媒介的重要作用方面仍然一致。

11. 随着美国在 1975 年对禁运的放松,美洲国家组织撤销了制裁。当美国在 1981 年重新加紧制裁时,仅有少数拉丁美洲国家追随。关于古巴制裁的简史,参见 http://www. petersoninstitute. org/reserch/topics/sanctions/cuba. cfm(accessed March 17,2008)。

12. 从以下网站地址查询:http://www. whitehouse. gov/news/releases/2003/03/20030327-10. html(accessed April 6,2003),这一网址与参加者名单不再可用。事实上,这一名单没有经过时间确认即被修改,参见 Shanker 2008。

13. 关于反奴隶制,参见 Ray 1989;Kaufman and Pape 1999;Keene 2007。关于毒品,参见 Friman 1996;Mares 2005。

14. 虽然很多关于产权的规则被普遍接受,但其中一些仍然模棱两可或引起争议。最有趣的例子是,主导国的新经济利益或规范与已经宣扬的规则发生冲突。在第一个案例中受到环境主义者的压力,在第二个案例中受到赌博利益集团与道德主义者多边联盟的压力,美国寻求限制非海豚安全金枪鱼的进口,以及限制海外互联网赌博。在这两个案例中,美国违反了世界贸易组织规则。这些案例对简单的解决方法提出了挑战,也不同于哥斯达黎加更为传统的情况,(在哥斯达黎加案例中)关键的规则与利益毫不含糊,这些将在本章后面部分进行讨论。

15. Stein 1990,chap. 3;Downs,Rocke,and Siverson 1986.

16. Keohane 1984;Krasner 1983.

17. 关于战争的议价理论,参见 Fearon 1995;Powell 1999;关于错误知觉,参见 Jervis 1976。

18. 这部分讨论的所有防御开支均来自于战争相关因素项目(correlates of war project)的国家能力数据库;第五章计算防御努力时也采用同一数据库。参见数据附录中"国家—年份变量"。

19. Sovek and Braithwaite 2005.

20. 关于美国等级制的反弹,包括 2001 年以前的讨论,参见 Johnson 2000。

21. Huth 1988.

22. Werner 2000.对于类似的"最新型模型",参见 Signorino and Tarar 2006。莫罗通过将目标国作为博弈中的行为体引入研究,朝正确方向迈出了一步,但他将目标国的选择限定为抵制抑或不抵制,参见 Morrow,1994b。下文为了强调道德风险问题,目标国应该允许向挑战者的要求作出对立建议,从而提出一个替代的博弈模型。

23. Kreps 1990,577.

24. Lake 1999a,52—58.道德风险并不适用于附属国放弃所有独立行为的帝国模式。这一情形仅当附属国保持足够自治权,即它们能够独立行动对抗主导国利益时才会存在。

25. 关于战争很大程度上的随机本质,参见 Gartzke 1999。

26. 约束模式将会是随机性的,或者难以预测。如果主导国在相同情形下总是支持附属国,那么道德风险问题会重现。

27. Atkins and Wilson 1998,139—140.还可参见国际危机行为项目(ICB)关于多米尼加共和国—海地的总结,请浏览 http://www.cidcm.umd.edu/icb/dataviewer/,危机号198。

28. 关于国家间军事化争端数据库,参见 http://www.correlatesofwar.org/以及 Ghosn,Palmer and Bremer 2004。关于国际危机行为项目数据库,参见http://www.icbnet.org/以及 Brecher and Wilkenfeld 1997。

29. 在国际危机行为项目的检验中,包括了一些美国在冲突发生后一周或超过一周才成为行为者的案例。排除这些案例并没有对下面报告的结果造成大的变动。

30. 虽然美国频繁地卷入军事化争端,但根据全部数据统计,美国大多数是以初始国而不是介入国卷入争端。

31. King and Zeng 2001.

32. 正如对附属国战略动机的讨论所显示的,对于哪种因素驱使附属国家依附美国以及驱使美国干预冲突,理论上还没有清晰的回答。现有的经验文献发现,联盟约束、地理邻近、对外贸易和力量接近均衡都会影响国家是否介入正在发生的冲突。参见 Siverson and Starr 1991;Siverson and King 1980;Altfeld and Bueno de Mesquita 1979;Gartzke and Gleditsch 2003;Huth 1998;Signorino and Tarar 2006。联盟与对外贸易已经纳入等级制的安全与经济指标,没有理由预测局部力量均衡会引起等级制发生变动。考虑到1945年以来的联盟模式,包含美国在内的联盟的出现将准确地预言不存在独立于美国之外的任何联盟(见第三章)。尽管(联盟)构建可能稍有区别,根据观察而言,两项标准还是一样的。

33. 相对风险与大多数从事医药研究的读者所熟知的报告结果相似,特别是吸烟会增加肺癌发病率若干百分点,或者自行车头盔会减低事故严重受伤若干百分点等等。表4.2最后一栏百分比变动数字应按类似的方法理解。

34. Olson and Zeckhauser 1966;Snidal 1985;Sandler 2004.事实上,政治秩序是否为公共产品还存在争议,参见 Sandler 1992,5—6。

35. Kuran 1991;Lohmann 1994.

36. 国际关系中声誉的作用一直是争论对象。关于声誉重要性不足的论断,参见 Press 2005。一种替代性的观点,参见 Walter 2006。

37. Krasner 1978，275.

38. 这包括所有对美国来说有争议的政权或政府议题的国家间军事化争端案例（中变量 RevType 1＝3）。大多数对起义者的援助、对政变的支持或者秘密干预，此处显然有所忽略，但已包括大部分重要的、持续性的争端事件。

39. 在剩余的争端中，有四次是与苏联的争端（其中三次发生在第一次世界大战结束后不久），一次是 2001 年 9 月 11 日恐怖主义袭击后对阿富汗的入侵。

40. 国家间军事化争端敌对层级按 5 分为满分进行编码。政权争端平均为 3.63 分，其他所有争端类型平均为 2.97 分（$t＝-7.0890$；d$f＝5,600$；$p＜0.001$）。美国介入的政权争端的敌对程度比其他争端稍低，按 5 分为满分平均为 3.41。

41. 例外情况是 1989 年的巴拿马和 1994—1996 年间的海地。

42. Smith 1996，chap.10.

43. Ibid.，284—290.

44. Clinton 2005，616—619；Harris 2005，133—141；Soderberg 2005，43—53.

45. 一种相关的解释，参见 Sweig 2006。

46. 美国仅在战后欧洲进行过一次军事干预，向希腊内战（1947—1949 年）提供秘密支持。这不是政权更替的案例，不像前文讨论的加勒比和中美洲的争端那样，而是支持现有政权。因此，这次争端没有纳入国家间军事化争端数据库的 22 次政权争端之中。

47. 美国在 1981 年参与苏丹与利比亚的非制度争端。

48. 当然，美国在 20 世纪 80 年代曾支持阿富汗反抗苏联的斗争，但美国在冲突中的隐秘角色没有上升到国家间军事化争端参与者的层级。

49. 美国在东南亚和中东地区更频繁的干预，包括几次全面战争，似乎不是对顽固附属国强制服从的规训行为，而是保护和捍卫附属国对抗他国威胁的行为；这些情况对干预模式的理论既不否定，也不支持。

50. 干预模式指向现实主义一般思维中核心的、仍没解决的矛盾，特别是华尔兹体系理论的表述，参见 Waltz 1979，67—68。在任何无政府体系中，华尔兹坚持认为，不安全迫使国家强烈地寻求资源和盟友，试图塑造权力均衡。他进一步解释说，这种竞争导致大国（特别是在两极体系内）在国际体系边缘进行激烈竞争，而得到较强国家的拥护可能影响大国之间的能力平衡，尽管紧张关系由此开始。参见 Waltz 1979，169—171。但是，如果（大国在）边缘地带得不到发展，这可能影响核心的平衡，这样大国就失去了激烈竞争的理由。如果边缘地带变得不重要，那么大国应该减少对成员忠诚度的控制。我们也许能够解释这样一些干预，即单元层面的因素产生反常的情况，美国从大国竞争中转移而被迫支付（干预）成本，但需要再次强调的是，长达一个世纪的干预模式与等级制的规训观点更为吻合，即美国这些行动被视为试图规训发起挑衅的附属国，阻止他们对美国在该地区等级制的进一步背叛。

51. 关于相互惩罚，参见 Axelrod 1984，Oye 1985。

52. Waltz 1979，67—68.

53. Krasner 1978，chap. 8.

54. 关于禁运的历史，参见 http：//www. petersoninstitute. org/research/top-ics/sanctions/cuba. cfm(accessed March 17，2008)。

55. Krasner 1978，286—291.

56. 引自 Smith 1996，301。

57. Clinton 2005，701.

58. 关于古巴裔美国人团体，参见 Rieff 2008。

59. North and Weingast 1989.

60. Waltz 1979.

61. 今天，对于那些害怕俄罗斯在前苏联的地盘内占据主导地位的国家来说，美国可能扮演着类似的角色，这些国家包括阿塞拜疆、格鲁吉亚以及其他没有参与北约的国家。

62. LaFeber 1983.

63. Smith 1996，chaps. 9—11.

64. 当然，与冷战期间相比，作为外部因素的美国政治体制影响美国创建的等级制的程度比较小。至少美国(政治体制)设计的部分原因在于加快西部扩张，以及创建联邦但集权的洲际政治组织。Hendrickson 2003，Tucker and Hen-drickson 1990，Hietala 2003. 然而，成为帝国计划核心的体制并没有像美国与外部国家组织的等级制的关系那样设计，因此，本研究分析时将它们视为外生的或"自然的"。

65. Lipson 2003.

66. Schultz 2001a.

67. Ibid. ，95—97.

68. Fearon 1994，Schultz 2001b.

69. Smith 1998.关于选民更有可能惩罚先虚张声势但后退缩的领导者的资料，参见 Tomz 2007a。

70. Eyerman and Hart 1996；Partell and Palmer 1999；Schultz 2001b.

71. 中间选民模型的经典构想，请参见 Downs 1957；关于模型发展的介绍，参见 Persson and Tabellini 2000；关于政权的各种变体，参见 Bueno de Mesquita et al. 2003。

72. Cox 1997.

73. Tsebelis 2002，Cowhey 1993.

74. 同样，对政策变动的承诺的可信度较小。参见 MacIntyre 2001。

75. 关于具有渗透性的体制，参见 Katzenstein 1978 和 Krasner 1978；关于对外部压力集团作用与美国对外政策的最近论述，参见 Walt 2005，194—216。

76. 关于昂贵的信号，参见 Morrow 1994a，222—227；Dixit and Skeath 1999，chap. 9；和 Waltson 2002，282—285。

77. 多边主义也可以作为监督机制和对未来机会主义的事后保护，参见 Lake

1999a，243—244。

78. Thompson 2006.

79. 关于国际关系中服从的争论，参见 Chayes and Chayes 1993；Chayes and Chayes 1995；Downs，Rocke，and Barsoom 1996。

80. 关于这个案例的更多情况，参见 John Breckenridge，"Costa Rica's Challenge to US Restrictions on the Import of Underwear," available at http://www. wto. org/english/res_e/booksp_e/casestudies_e/case12_e. htm. Accessed 9 February 2007。

81. Ruggie 1993.关于亚洲的情况，参见 Hemmer and Katzenstein 2002 and Katzenstein 2005。

82. Lafeber 1994，19，166.

83. Beisner 1968.

84. Lake 1988，chap. 4.

85. Hager and Lake 2000.

86. Louis 1977.

87. Hager and Lake 2000.

88. Clarke 2008.

89. Lafeber 1994，556—560.

90. Lake 1999a，chap. 5.

91. Lundestad 1990.

92. Ikenberry 2001；Deudney 2007.

93. Ikenberry 2001，27，52.

94. Deudney 2007，esp. fig. 1. 8，49.

95. Jevis 1993.

96. 关于竞争者加入可能引起对垄断权力的制约，参见 Baumol，Panzar and Willig 1982。

97. 关于反事实分析，参见 Fearon 1991；Tetlock and Belkin 1996；and Tetlock，Lebow，and Parker 2006。

98. Mearsheimer 1990，Mearsheimer 1993，Mearsheimer 2001.

99. Gilpin 1975，Gilpin 1977，Gilpin 1981.

100. Layne 1993.

101. 关于更多的学术论述，参见 Lieber 2005；关于新保守主义的理论和实践，参见 Bacevich 2002；Daalder and Lindsay 2003a；Mann 2003；and Mann 2004。

102. 基斯林的辞职信，参见 http://www. commondreams. org/views03/0227-13. htm，accessed July 11，2008。

103. Wallander 2000，Wallander and Keohane 1999.

104. Keohane 1984.

105. 基欧汉的研究始于科斯 1960 年的文章，而此处的分析始于威廉姆森

1975 年、1985 年的著作,但两者都运用了交易成本经济学或者组织经济学的相关知识。

106. 与之形成对比的观点,参见 Mearsheimer 1994;Keohane and Martin 1995;Martin and Simmons 1998。

107. 关于遗漏变量的影响,参见 King,Keohane,and Verba 1994,168—182。关于结果性影响,参见 Lake 2001。

108. Lake 1988,chaps. 5 and 6.

第五章

附　属　国

　　等级制以复杂的方式影响着附属国的选择与政策。本书第四章已阐述了等级制如何影响主导国的政策。本章将关注遵从外部权威的附属国的三种行为。这些行为如果没有与目前国际关系理论相悖的话，至少也是它们所未曾预料到的。总而言之，它们表明，等级制对于国际政治而言相当重要。

　　首先，安全的等级制降低了附属国防御努力的层次。附属国依赖于主导国提供政治秩序，并接受主导国保护本国国民、财产与承诺的措施，它们将稀缺资源转移到其他有价值的利用上。对于那些愿意放弃或"出售"部分主权的国家而言，这是一项关键的国家收益。这一模式与均势理论形成鲜明对照，后者将无政府状态视为普遍情况，而且最低限度要求国家依赖于自助，制衡而不是追随主导国。

　　其次，安全和经济等级制增加了附属国的贸易开放度，而且这一效应在依附于同一主导国的不同附属国之间更为明显。通过提供政治秩序，由此鼓励附属国更大程度地依赖于其他国家，以及通过促使附属国服从例如美国在关贸总协定或世界贸易组织中制度化了的自由政策，等级制促进了开放。虽然霸权稳定论早已预见了这种经验模式，但因果机制不同，这里讲的是在等级制对贸易开放度的影响下形成的新状态以及二分体层次（dyad-level）证据。

　　最后，安全与经济等级制会诱使附属国加入其主导国领导下的战时联盟。作为对政治秩序的回报，附属国通过从事一些公开承认其服从的象征性膜拜行为,赋予主导国的权威以正当性。加入战时联盟击向了一个国家主权的核心,也因此而成为在政治上表示国际服从的最为突出的象征之一。一个国家追随领导国加入战争,这与均势理论的观点互相矛盾。附属国不但没有制衡主导国,反而采取一些象征性但代价高昂的行动追随主导国。这也有悖于集体行动理论,后者预期小国会搭大国努力成果的便车。在许多战争中,附属国出借自己的名义以致成为战争爆发的原因,能够轻易逃脱因不参与集体努力而带来的关注或惩罚。尽管如此,附属国在承认其服从的过程中,当遇到主导国面临各种各样国际挑战的时候也会挺身而出支持主导国,而事实上,部分地也正是这些各种各样的国际挑战成就了附属国对主导国的支持。

等级制与防御努力

关系型权威路径的核心在于统治者与被统治者之间的交易。统治者为被统治者提供一套有价值的政治秩序,而被统治者授予统治者正当性并接受其生产那套秩序所必需的命令。简而言之,被统治者放弃其部分自治权——或者就国家来说,它们的主权——来换取统治者所提供的有价值的服务。政治秩序为附属国提供一定程度上的安全,相应地,换取附属国的服从。这一从权威协议中所得出的安全供应对附属国的防御努力产生了重大影响。

要从这一关系型的权威观念中推断出国家行为的具体预测,需要一些其他假定。我一直都假定,国家作为个人的集合体,有能力在主权与保护或政治秩序之间进行权衡,而且事实上它也在这么做;如果主权不可分割,那么主导国与附属国之间是不可能实现交易的。在本章,我进一步假定国家从安全、主权等在内的至少一种(通常更多)有价值的产品中获取效用,或渴望得到这些产品。因此,一国的效用函数内嵌为托马斯·杰斐逊(Thomas Jefferson)在《独立宣言》(Declaration of Independence)中所明确指出的"生命、自由与追求幸福"的权利。[1]实际上,这一假定宣称,国家仅仅会为了某些同等重要而——即便不是更有价值——的东西而放弃自治、安全或其他希冀实现的目标。

当这一假定与作为一种社会契约的权威观结合起来的时候，它意味着国家为了获取主导国提供的安全将可能牺牲自己部分的主权，并将一部分本来用于防御的资源（也可能是全部资源，取决于这些产品之间的边际替代率）转移到其他目标上面。因此我们得出，在全面考虑的情况下，处于等级关系中的国家自身在安全方面投入的资源应该会比较少，而更多地依赖于占主导地位的保护国的努力。[2]而且，这种关系将一直持续下去：等级制程度越高，附属国为其自身防御所提供的努力就越少。这并不意味着附属国将彻底放弃自身防御的供应。由于本书第四章所讨论的一些原因，保护的承诺从来不是绝对的，所有附属国将因此而至少保留剩余的防御能力。尽管如此，较低的防御开支仍是附属国从放弃自身部分主权之中获取的一项收益。

证据

轶事证据支持这一假设。日本在 1945 年之后接近于美国的一个受保护国，而且如今仍处于美国的势力范围之内，在整个战后时期它都享受着不可思议的低度防御努力。甚至在 20 世纪 90 年代，日本的政治家也不愿意承认他们正试图摘除自愿承担的国防开支仅占国内生产总值 1% 的帽子，并借一些创造性的数学计算来维持这一假象（按标准方法，该时期日本的防御开支占国内生产总值的 1.4%）。相比之下，西欧国家同样处于美国的势力范围，但各国平均防御开支占国内生产总值的 1.8%，而美国自身占 4%。加勒比海沿岸的国家长期属于美国主导的非正式帝国，在军事方面仅花费了世界平均水平的 26% 左右——例外的是，20 世纪 80 年代尼加拉瓜及其周边国家的冲突导致这一地区军事开支上升到世界水平的 58%。在南美洲属于美国支配下的势力范围之内的各个国家，同样在防御方面的开支也相对较低，平均下来仅占全球开支水平的 47%，尽管这一地区存在许多由长期对抗引起的领土争端与挑衅行为。[3]这些依附于美国的国家和地区在防御上的开支上看起来要比其他国家和地区少很多。

为了更为系统地检验这一假设,我采取一种时间序列截面分析法(time series cross-sectional analysis),分析 1950—2000 年间所有国家的防御开支情况(关于所有变量的定义与来源,参见附录)。我将防御努力通过军事开支所占国内生产总值的份额进行操作化,然后就第三章所描述的美国安全与经济等级制的各项指标进行回归分析。[4]在大多数模型中,我采取面板校正标准误差(panel-corrected standard errors)以减轻可能出现的异方差性(heteroskedasticity),滞后的自变量及 AR(1)修正,以此强调序列的自相关(serial autocorrelation)问题。在模型二中,我采用一国固定效应设定(fixed effects specification)捕捉一些可能遗漏的变量。基于第三章所解释的一些原因,等级制的标准仅适用于美国,这意味着一些附属于国际体系内其他国家的国家至少被划分为仅是处于无政府关系之中,而事实上,它们也是依附于一些其他的主导国家的。在下文报告的所有测试中,这一错误分类的问题可能对探索美国安全或经济等级制的任何显著效果产生不利的影响。[5]

在界定等级制对防御努力所产生的效应方面,假设等级制完全外生是不可取的。如果国家有意选择与美国关系的类型,为了准确评估等级制对防御努力造成的影响,那么控制对这些国家这一决定可能的决定因素非常重要。本章没有呈现一个关于等级制形成的已然完善的理论。[6]而是从先前的理论和多方折中的补充性观点出发,得出了三组控制变量。

第一,受其他国家威胁越严重的国家,越有可能依附于主导国,以此换得保护,也因此而更有可能加入等级关系。换言之,受到严重威胁的国家最有可能自愿让渡主权,而这正是附属本身所需要的。在等级关系缺失的情况下,我们由此可以预期这些国家所担负的防御负担将比正常情况下更高。因此,为了厘清等级制造成的影响,我控制了外部威胁并用两种方式对其加以衡量。我创设了一个名义变量(dummy variable),标示国家是否卷入国家间军事化争端中,就像战争相关系数(MID)数据库所定义的。卷入军事化的国家间冲突表示一国与他国之间存在有争议的议题,极有可能升级为暴力冲突。略为间接地说,我也计算了一个国家所拥有的同盟(除美国之外)数量。这一标准在概念上与那些不包括美国在内的同盟的数量不同,后者是构成安全等级制的变量之一。大量的同盟——无论它们是否独立于美国——都意味着对援助的一种强烈需求,而这种需求来自于对外部威胁的某种感知。[7]

第二,较为富裕的国家在防御开支方面付出的机会成本较小。因此,它们利用主权换取外部保护的意愿或许会比较低,而加入等级关系的可能性也会比较小。如果安全是一种普通物品,其消费随着收入的增加而增加,那么这意味着富国将不仅在防御上花费更多,而且很少加入等级制。我们可以预期,在其他条件保持不变的情况下,富国承担更多的防御负担。人均国内生产总值作为一项控制变量被纳入其中。[8]

第三,在某种程度上,民主国家更有可能"聚集一起"(flock together);而且,它们或许也更乐意加入美国为首的等级关系。[9]如果民主国家同样在其军事力量的使用方面更为有效的话,那么平均而言,它们或许承担更小的防御负担。[10]为了将等级制对防御努力的影响与民主对防御努力的作用区分开来,我将民主化水平纳入其中,作为另一项控制变量。

结果呈现在表 5.1 中。[11]正如预期的一样,安全等级继续保持负相关,而且在统计上其相关性非常显著。在安全这一维度,一些依附于美国的国家按国民收入比例来看确实在国防上的支出比较少。安全等级的实质性影响非常巨大。[12]在这一评估所使用的国家样本当中,平均每个国家每年在防御上的花费大约为其国内生产总值的 2.57%(标准差为 4.74%)。根据模型一,安全等级独自增加一个单位,相当于等级制从零增加到 1995 年的巴拿马水平,防御开支减少国内生产总值的 1.1%,或者减少平均水平的 43%。安全等级的最大增长——从零到最高层级,如 1968 年的南越——将使防御开支减少到国内生产总值的 5.6%。模型三将综合指标细分为若干构成指数。军事人员指数和独立同盟指数的系数都为负,但当控制其他指数的影响后,仅有独立同盟指数在统计上体现得十分突出。这表明,独立同盟的衡量在本文检验中具有更大的解释力。经济等级在统计上一直都体现不明显,而且它实际上传递了错误的信号。[13]经济上依附美国的国家并没有享受低水平的防御开支。这与下一部分将要讨论的在贸易开放度上得出的结果相反。

表 5.1　1950—2000 年美国的等级制和防御努力

	模型 1 标准回归 系数/面板 校正标准误	模型 2 标准回归 系数/标准差	模型 3 标准回归 系数/面板 校正标准误	模型 4 标准回归 系数/面板 校正标准误
安全等级指数$_{t-1}$	− 0.010 9 *** 0.003	− 0.008 4 * 0.003 4		− 0.009 5 *** 0.002 7
军事人员指数$_{t-1}$			− 0.001 8 0.001 8	
独立同盟指数$_{t-1}$			− 0.009 *** 0.002 7	
经济等级指数$_{t-1}$	0.001 5 0.001 3	0.001 1 0.001 6		0.000 2 0.001 2
汇率机制指数$_{t-1}$			− 0.000 0 0.001 2	
相对贸易依存指数$_{t-1}$			0.007 7 0.007 5	
防御努力$_{t-1}$（滞后自变量）	0.665 3 *** 0.070 1	0.685 6 *** 0.011 5	0.644 *** 0.072 8	0.621 8 *** 0.074 3
国家间军事化争端介入$_{t-1}$	0.003 3 *** 0.001	0.001 5 0.000 8	0.003 3 *** 0.001	0.003 ** 0.000 9
其他同盟数量$_{t-1}$	0.000 2 ** 0.000 1	0.000 2 * 0.000 1	0.000 3 ** 0.000 1	0.000 2 ** 0.000 0
人均 GDP$_{t-1}$	6.64e-07 * 3.28e-07	− 9.64e-08 1.32e-07	7.24e-07 * 3.47e-07	4.65e-07 2.79e-07
民主$_{t-1}$	− 0.000 3 * 0.000 1	− 0.000 2 * 0.000 1	− 0.000 3 * 0.000 1	− 0.000 1 0.000 1
冷战$_{t-1}$			0.005 5 *** 0.001 2	
石油输出国组织的中东成员国$_{t-1}$			0.023 4 ** 0.007 3	
内战$_{t-1}$			− 0.000 0 0.001 2	
华沙条约组织成员$_{t-1}$			0.007 4 * 0.003	
常量	0.002 3 0.001 6	0.006 4 *** 0.001 3	0.002 6 0.001 7	− 0.001 1 0.001 8
国家固定效应？	No	Yes	No	No
观测数据	4 522	4 396	4 522	4 522
国家	126	125	126	126
判定系数	0.46	0.46—0.97	0.44	0.47

注：因变量：防御开支占 GDP 的比例。
面板校正标准误或国家固定效应，一阶自回归模型［即 AR(1)］修正。
* $p < 0.05$
** $p < 0.01$
*** $p < 0.001$

在所有模型中,协变量都发出了预期的信号,而且在统计上普遍比较显著。对于安全与经济等级呈现出的不同层次,可以这样解释,即外部威胁越大或富裕程度越高,其所导致的防御努力的等级就越高;民主化程度越高,其所导致的防御努力等级反而较低。

为了检验上述假设的准确性,我还纳入了理论所没有预测的四个可能混淆的控制变量(模型4)。冷战时期的一个名义变量显示为正,而且十分显著,这表明,各国在防御方面的投入平均算来,1991年之前多于1991年之后。石油输出国组织(OPEC)的成员国位于中东地区——这些国家既有动机又有资本去投入更多,它们在防御努力的层级上面,同样大大高于其他国家。与一般直觉相反,内战的发生似乎不会增加防御努力。这一结果极有可能是选择偏差的产物:国家无法汲取或借入足够资源以保卫自身的话,就更有可能经历内战。[14]最终,华沙条约的成员国在防御上的支出大大超过其他国家。这一最终结果与本研究得出的更大观点有局部的不一致。在1950—2000年间,最有可能的一套等级关系并不是美国所拥有的,而是苏联在东欧的非正式帝国。[15]尽管毋庸置疑这一标准并不完善,无法捕捉等级制在整个东欧国家的变体,此处这一理论仍意味着,华沙条约成员国在防御上投入的国内生产总值比例应当更少,而不是更多。这表明,苏联在共同防御上从其附属国处汲取的资源要多于美国,而这一观察和莫斯科在该地区普遍使用明显较高的强制层级相吻合。然而,加入这些另外的控制变量并没有影响数据的显著性,也没有影响安全等级标准对美国所具有的极大重要性的评估,这使我们对在基础模型(模型1)中所发现的一般重要关系更有信心。

最后一套模型通过控制强制力的其他指标来检验等级制与防御努力之间的关系(见表5.2)。这些结果清晰地表明,强制力的标准并没有自动地与防御努力相关联。[16]强制力得分较高的国家在防御上所花费的国内生产总值份额并没有比其他国家有明显的高低(模型5),经济或大国地位得分较高的国家也是如此(模型6与模型7)。人口较多的国家在防御努力上的投入确实明显比较少,而军事人员数量较多的国家——意料之中的是——投入大大多于其他国家(模型9)。至为重要的是,控制强制力并没有显著改变安全等级对防御努力的影响。正如表3.1所显示的,一方面,在国内生产总值与能力值之间存在微弱的正相关;而另一方面,在国内生产总值与安全等级标准之间也同样存在着微弱的正相关。即使这样,控制强制力也没有改变安全等级对防御努力所造成的核心影响。在模型1和模型5至模型9中,安全等级指数的各个系数几乎相同,这确认了安全等级制的效应并非虚构出来,也不像传统理论所认为的那样是由和整体国际"权力"相关的某些进程所制造。

表 5.2　强制力替代标准下的美国等级制与防御努力(1950—2000 年)

	模型 5 标准回归系数/面板校正标准误	模型 6 标准回归系数/面板校正标准误	模型 7 标准回归系数/面板校正标准误	模型 8 标准回归系数/面板校正标准误	模型 9 标准回归系数/面板校正标准误
安全等级指数$_{t-1}$	− 0.011 0 *** 0.003 0	− 0.010 0 *** 0.002 7	− 0.010 7 *** 0.003 0	− 0.010 8 *** 0.003 0	− 0.011 7 *** 0.003 1
经济等级指数$_{t-1}$	0.001 5 0.001 3	0.001 4 0.001 3	0.001 5 0.001 3	0.001 5 0.001 3	0.001 6 0.001 3
防御努力$_{t-1}$(滞后自变量)	0.666 4 *** 0.070 0	0.669 9 *** 0.069 5	0.667 8 *** 0.069 8	0.665 9 *** 0.070 0	0.657 3 *** 0.071 6
国家间军事化争端介入$_{t-1}$	0.003 2 ** 0.001 0	0.003 4 *** 0.001 0	0.003 3 *** 0.001 0	0.003 4 *** 0.001 0	0.002 7 ** 0.001 0
其他同盟数量$_{t-1}$	0.000 2 ** 0.000 1	0.000 2 ** 0.000 1	0.000 2 ** 0.000 1	0.000 2 ** 0.000 1	0.000 2 *** 0.000 1
人均 GDP$_{t-1}$	6.60e-07 * 3.29e-07	6.99e-07 * 3.57e-07	6.71e-07 * 3.34e-07	6.54e-07 * 3.30e-07	6.85e-07 * 3.30e-07
民主$_{t-1}$	− 0.000 3 * 0.000 1	− 0.000 3 * 0.000 1	− 0.000 3 * 0.000 1	− 0.000 3 * 0.000 1	− 0.000 4 * 0.000 1
能力分值$_{t-1}$	0.015 4 0.029 4				
实际 GDP$_{t-1}$		− 3.02e-09 1.97e-09			
主要大国$_{t-1}$			− 0.006 0 0.003 8		
人口$_{t-1}$				− 4.87e-09 * 2.46e-09	
军事人员$_{t-1}$					7.98e-06 ** 2.84e-06
常量	0.002 3 0.001 5	0.002 3 0.001 6	0.002 3 0.001 6	0.002 5 0.001 7	0.001 7 0.001 5
观测数据	4 522	4 522	4 522	4 522	4 505
国家	126	126	126	126	126
判定系数	0.46	0.47	0.46	0.46	0.46

注:因变量:防御开支占 GDP 比例。
　面板校正标准误,一阶自回归模型[即 AR(1)]修正。
　* $p < 0.05$
　** $p < 0.01$
　*** $p < 0.001$

这些结果普遍支持等级制导致防御努力层级更低这一假设。在安全事务上依附于美国的国家享受着作为国民收入一部分的较低的防御开支。不过，经济等级似乎无法制造出较低的防御努力。为什么会如此，有待于进一步调查。总而言之，安全等级的强烈作用意味着，国家可以不依赖于自助或制衡它们的主要保护者。相反，它们以自己的服从换取保护，或至少利用服从降低自己的军事负担，而且将自己的某些防御责任推卸给主导国。当然，国家并没有轻易地放弃主权，只是服从带来的物质收益可以相当可观。

意涵

正如肯尼思·华尔兹写道，均势理论是"国际政治理论中最具特色的政治理论"[17]。附属国在防御上比其他国家投入更少这一发现与上述结论并不符合，而且实际上与其互相矛盾。均势理论的核心在于国际无政府状态这一假设条件。正如华尔兹最有力的阐述："当有且仅有的两个条件满足时，均势政治就会占据优势：一是秩序处于无政府状态；二是分布着渴求生存的单元。"[18]国际等级制塑造了一种行为模式，它与均势理论所预期的大不一样。

均势理论有多种变体，其中华尔兹的体系版本最为简练。[19]然而，所有变体的关键在于这样的假设，即在无政府状态下，所有国家都必须关注自身安全（如从事自助），而且将增加自身的防御努力（内部制衡），或结成联盟（外部制衡），对抗体系内最强大的国家抑或出于各种意图而对抗体系内最具威胁的国家。对于华尔兹来说，这意味着体系作为一个整体，将大体上趋向于平衡，尽管在个别国家行为上可能存在多种差异。[20]对于其他学者而言，均势理论至少从长远来看可以预测更为具体的联盟模式。[21]华尔兹声称均势理论得到了来自特定的"硬"案例的经验支持，比如第二次世界大战中的美国与苏联——两国在意识形态上的对立原本将排除安全合作的可能。[22]

然而，这里的证据似乎与均势理论的一些预期互相矛盾。首先，如果国家关心安全与生存，正如华尔兹所说的，那么它们应该制衡那些最有可能威慑它们主权的国家，特别是那些对它们实施权威并因此而整体或部分削弱它们自主权的国家。[23]然而,这些国家并没有尽更大的努力主张独立和制衡主导国,它们依附于美国以减少防御努力。局部的威胁或许依然会促使国家在防御上投入更多,然而,正如战争相关系数在干预上所一直显示的正相关以及通常都很显著的各个系数,还有在表5.1和5.2中所反映的不同模型中其他同盟的数目所表明的,附属国显然没有想着制衡美国所实施的权威。这一点与后冷战时期普遍没有制衡美国的情况相符。

第二,正如集体行动理论所说的,最不可能实施制衡的国家应该是小国和弱国,它们能够更轻易地搭乘其他国家努力的便车,希望能从那些更有意愿和能力去对抗地区挑战者或霸权野心国的国家所提供的普遍防御努力中获益。[24]这意味着均势政治是一种大国游戏,由一些在全球范围内能够翻云覆雨的大国和强国集中有力地推行。然而,表5.2所反映的结果清晰地表明,一旦我们控制等级层级,有能力实施强制的大国一般就不会进行任何更进一步的防御努力。

均势理论的批评者指责这一理论的预判与经验记录严重不符。[25]尤其是,他们定义了历史上国家为应对崛起国或威胁而采取的多种替代性战略,包括回避(hiding)(撤退至孤立)、追随(加入强国一方)、超越(transcending)(建立新的机制以逃脱无政府状态)、拉拢(co-opting)(讨好挑战者)以及推诿责任(不作为或者"搭便车",希望其他国家制衡挑战者)。总之,批评者认为,追随和推诿责任的战略选择要比均势理论预期更为频繁。[26]他们特别指出,与均势理论预期相反的是,后冷战时期其他国家并未能制衡目前为止现代历史上最强大的一个国家——美国。

关注等级制对国家行为的影响,意味着我们需要重新调整与修正对制衡行为主要替代选择的看法。在历史调查中常被描述为回避或推诿责任的大部分国家实际上可能是那些依赖于其主导国保护的附属国家——"兑现"处于权威关系中心的交易,只要你愿意。上述结果表明,与其试图避免因对抗大国或威胁而应该分担的集体防御成本份额,附属国实际上或许会让渡部分主权,换取收益。没有选择"搭便车"这一更为廉价的做法,附属国实际上支付了比其防御努力单独意味的更高的成本。而附属国追随其主导国反而可能会取而代之,成为象征性的膜拜行为(见下文)。

表中的结果表明,均势理论未必错误。然而,它们显示该理论的解释力充其量需要视国家间等级关系的存在或缺失而定。由于无政府状态并不是所有国家都平等共享的普遍特征,因此不是所有国家都应该平等关注制衡强国或威胁。对于完全主权的国家而言,均势理论或许适用。然而,对于附属国而言,制衡的约束比较宽松,这种宽松随着附属国依附程度的增加而日益明显。附属国在危机中并不是完全依赖自助,而是依赖其主导国,希冀得到至少一部分的安全,即便在敌对的环境中也是如此。正如既有理论所说的,均势政治最强有力的证据不应当在大国之间,而应该在一些不依附于某一主导国的国家之间。对均势理论的任何检验都必须考虑到其主张的偶然性质。如今还没有这样的尝试。

等级制与经济开放

个人在全球旅行寻找交易机会时的人身保护,等待装运、搬送和抵达的货物,以及管理这些产品质量、支付和其他性能标准的合同,都是国际贸易必不可少的东西。这些同样适用于国际要素流动,尤其是资本流动。如果没有一个最低层级的政治秩序,个人将完全不能进行长期资产投资,也无法找到彼此交易的机会。当然,正如托马斯·霍布斯所认识到的,在自然状态中,"产业没有立足之地,因为产出成果不确定……而且没有导航,也就没有可能从海上进口商品的用途"[27]。在缺乏国际秩序的情况下,即使个人有意愿承担不安全的商业或投资风险,国家也可能限制跨越国界的交易,以减少对潜在敌人的依赖。[28]国家也可能限制交易,阻止本国国民进入那些有风险而可能后来会要求官方保护的交易,例如到一些不安全的国家旅游时他们或许会需要营救,去某一地点投资可能需要政治或军事干预,或者仅是在国家法院宣判的合同争议就可能破坏外交关系。实际上,人们要求国家保护其公民海外"权利"的这一可能性就创造了一种道德风险,个人可能受到诱惑从事一些本来不会参与的危险行为,由此导致国家卷入原来极力避免的外交或军事危机。因此,除了在前面部分讨论的假定之外,我进一步假定,政治混乱的危险不仅抑制了个人层面的交易,也抑制了国家层面的交易。[29]

在某种程度上,附属国通过国际等级制逃离自然状态,享受一定程度的政治秩序,而且希望主导国保护它们的人身、商品与契约,由此得出,它们将更愿意向国际贸易与投资提高自身的开放程度,也更愿意敞开自身,承担依附别国的风险。在管理交易的国际规则安全可靠、特别是主导国自身在实施这些规则上存在利益的时候,国家参与国际商业、寻求国际劳动分工收益的可能性比较大。而且,等级制的这一作用一直持续,没有间断。主导国对一个附属国所实施的安全与经济等级程度越高,国家获得的安全越多,也将在经济上的开放度越大。当一场交易的双方都依附于同一个主导国时,这一作用尤为明显。在这样的案例中,主导国不仅在一定程度上保护这两个国家,交易双方还享有类似的管理交易的规则,因此减低交易成本,而且能够预期到在一旦出现的判决争端中得到来自主导国的援助。向国际交易更大的开放程度,劳动分工的深化,以及由此推出的更大的经济福利,这些都是附属国从主导国提供的政治秩序中可以得到的直接收益。

附属国也可能是出于美国的要求,或者至少是美国的鼓励,在经济上更加开放。如果等级制下创建的政治秩序鼓励开放,那么特定主导国的愿望与预期或许也是如此。正如第二次世界大战期间在欧洲德国的初始帝国(proto-empire)以及冷战期间在东欧苏联的非正式帝国所表明的,并不是所有的主导国都主张自由开放。支配本质上不会孕育自由的经济价值观与政策。[30]然而,在民主与自由国家,私人权利往往具有很大影响力,换言之,具有有限公共权威的国家能够极为容易地解决处于所有国际等级制中心的信誉问题。这些国家成为主导国的可能性更大,相应地,它们偏向于自身或其他国家实行自由贸易的可能性也更大。尽管国内自由主义与国际等级制之间的关系不可能上升到一种经验法则的层次,但至少存在某种关联性。考虑到美国至少自1945年开始就有自由主义偏向,如果美国对其他国家实施权威,那么可以推断出其附属国应该比非附属国在贸易上更加开放。

此外,在现代,美国可能通过多边机制或设定一些管理其本身及其附属国的规则来实施权威。通过约束自身与其他国家遵守同样的规则，美国可信地发出不滥用附属国所授权威的信号（见第四章）。同样重要的是，在拥有多个附属国的情况下，不仅在美国与附属国之间，而且在不同的附属国之间，存在一套单一的治理规则都有实际的好处。然而，多边主义并不一定意味着结果的平等。正如前面章节所讨论的，主导国可能创建一套偏向于自身利益及其公民、企业利益的政治秩序。即使所有国家可能分享到经济理论所阐述的自由贸易带来的好处，对不同的经济体制而言也会存在鲜明的分配差异与影响。作为权威契约的一部分，服从美国对自由国际经济的看法，是附属国为了获取政治秩序更大收益所必须支付的代价。附属国获得的收益相较其他"理想"秩序下获得的收益可能更少，而且肯定会少于它们自己书写规则所获得的收益。尽管如此，在平衡状态下，相比其他最佳选择，附属国也从美国生产的政治秩序中获益。尽管任何主导国偏向于对自身有利的规则，但只有在其附属国愿意支持的情况下它才可以这样做。由此，即使抱怨这么做不得已，附属国也还是会服从这些规则。基于美国在关税及贸易总协定和世界贸易组织议程设定中的重要作用，以及众多附属国服从同一套规则所带来的潜在收益，美国对其附属国实施的权威可能部分地通过关税及贸易总协定/世界贸易组织发生作用。实际上，设定一套约束附属国的规则或许是美国权威在行动上最显而易见的表示。

总之，作为政治秩序收益和服从主导国规则需要的作用之一，依附于美国的国家开放贸易的可能性要比同样情况下非附属国开放贸易的可能性更大。这种效应在二分体结构中应该更加明显，其中双方都依附于美国，或者至少部分地通过关贸总协定/世界贸易组织互相关联。正如我们即将看到的，对于附属国在它们所属的政治秩序中是否出于自信而选择更加开放，或者是否服从美国的意愿，目前仍无法回答，尽管有一些证据表明上述两种因素都在发生作用。开放程度是由多种因素决定的。但最终这两种动机都依赖于美国的权威。

证据

正如上文所说的防御努力那样，有一些重要的轶事证据表明附属国在经济上比其他国家更为开放。西欧与东北亚是美国自 1945 年以来一直主导的地区，它们比其他大部分地区的开放程度更引人注目。尽管在各个地区间有很多不同，特别是各国的平均规模大小不一，但是平均而言，西欧国家总贸易量（进口与出口之和）相对于国内生产总值的值大约比 1950 年至 2000 年全球平均值高出七个百分点。甚至第一次世界大战和大萧条后追随美国实施保护主义的拉丁美洲，也逐渐自 1945 年后实现自由化；拉美开始在 20 世纪 80 年代和 90 年代在关于发展的所谓"华盛顿共识"下，经历了对于该地区而言引人注目的开放时期。反过来，今天呼吁重回进口替代型工业化和经济封锁的则是那些反对美国对该地区拥有权威的政治领导人，例如委内瑞拉的查韦斯（Hugo Chávez）。事实上，否定美国权威的国家大部分都是经济上始终封闭的民族主义政权。[31] 正如美国外交政策的一些修正主义历史学家所首先提出的，贸易开放程度似乎是世界事务的核心分水岭。[32]

正因为所有轶事证据都会不断变化，所以有必要对这一命题进行更为系统的检验。我们可以从两种其他途径检验安全与经济等级制对贸易开放程度的影响。在第一种方法中，我将贸易开放程度界定为一国与所有贸易伙伴的贸易总量（进口加出口）占国内生产总值的份额（贸易额与国内生产总值之比）进行检验。贸易总量与国内生产总值之比是衡量贸易开放程度最常用的标准。本书中一贯使用的安全与经济等级的两套标准应该与贸易额与国内生产总值之比呈现正相关（见表 5.3）。借鉴海伦・米尔纳（Helen Milner）和久保田庆子（Keiko Kubota）的基本模型，我纳入了以下几个相关的协变量：（1）国民人口的对数，假设大国在贸易上更加封闭，而且在没有向另一国家让渡主权的情况下，更有能力确保自身利益的安全；（2）实际人均国内生产总值，假设国家越是富有，其贸易额越大，为其自身安全提供的机会成本越低（也包括了人均国内生产总值的平方，因为这一影响随着收入下降）；（3）民主，假设政权类型与贸易开放程度就像前文所说的一样相关，民主政体或许更可能"聚集一起"。[33] 为了捕捉其他遗漏变量，依据米尔纳与久保田庆子的做法，我在所有模型中纳入有着固定影响的国家（这一系数没有列出）和时间趋势（年份）。时间变量也同样强调长时间内可能存在等级制与开放趋势的虚假相关。就像在上文关于防御努力的回归分析中所做的,我采取面板校正标准误以减轻可能出现的异方差性,以及滞后的自变量和 AR(1)修正以强调序列自相关的问题。

表 5.3　1950—2000 年美国的等级制与开放程度

	模型 1 标准回归系数/ 面板校正标准误	模型 2 标准回归系数/ 面板校正标准误
安全等级指数$_{t-1}$	3.782 5** 1.258 6	
军事人员指数$_{t-1}$		0.790 1 0.564 6
独立联盟指数$_{t-1}$		3.710 3* 1.542 3
经济等级指数$_{t-1}$	0.707 6 0.728 8	
汇率机制指数$_{t-1}$		0.185 6 0.553 9
相对贸易依存指数$_{t-1}$		7.225 2* 3.320 4
贸易开放度$_{t-1}$(滞后自变量)	0.797 8*** 0.027 6	0.791 0*** 0.027 9
民主$_{t-1}$	− 0.055 4 0.045 7	− 0.061 0 0.045 9
人均 GDP(1995 年美元价值计算)$_{t-1}$	0.000 6* 0.000 3	0.000 6* 0.000 3
人均国内生产总值平方$_{t-1}$	− 1.98e-08* 9.14e-09	− 1.95e-08* 9.31e-09
人口对数$_{t-1}$	− 1.923 4 2.343 6	− 1.854 9 2.315 0
年份	0.176 8* 0.069 9	0.177 7** 0.068 9
常量	− 315.692 5* 124.863 5	
观测数据	4 141	4 141
国家	114	114
判定系数	0.95	0.95

注:因变量:贸易占 GDP 的总体份额。
面板校正标准误,国家固定影响(未于表中显示),AR(1)修正。
* $p < 0.05$
** $p < 0.01$
*** $p < 0.001$

正如预期的一样,安全等级与贸易开放度呈显著的正相关。在1950—2000年,所有国家贸易与国内生产总值之比的平均水平为64.07%(标准差为43.34%)。在其他条件不变的情况下,综合安全等级指数每增加一个单位,相当于等级制自零上升到1995年的巴拿马水平,这可使一国贸易与国内生产总值之比增加3.8个百分点(模型1)或中间水平的约6个百分点。安全等级上的最大增加——相当于1968年南越的情况——将可能使贸易占国内生产总值的比例增加近20%(约平均值的三分之一)。正如模型二所表明的,这一影响很大程度上是由独立同盟指数造成的。在包括军事人员指数在内的其他条件不变的情况下,如果一国只选择与美国单独结盟,那么贸易开放程度将增加3.7个百分点。

在模型1中,综合经济等级指数与贸易开放程度并不相关,但是模型2中的相对贸易依存指数与之相关;在其他条件相等的情况下,相对贸易依存增加一个单位——相当于1995年加拿大的水平,那么贸易开放程度增加7.2个百分点。相对贸易依存的最大的增加是1987年的圣基茨和尼维斯(St. Kitts and Nevis),大概使贸易占国内生产总值的比例增加了近20个百分点。尽管直觉或许会告诉我们其他情形,贸易开放程度与相对贸易依存在分析上与在经验上是有区别的。相对贸易依存衡量一国与美国的贸易额与国内生产总值之比,减去该国与英国、法国、俄罗斯(1991年以前的苏联)和中国贸易额与国内生产总值之比。它捕捉的不是经济如何开放,而是对比一国在贸易上对美国的依赖程度与对其他联合国安理会常任理事国的情况。而贸易开放程度与相对贸易依存的相关性仅为0.16。尽管如此,在控制其他因素的情况下,一国对美国的贸易依赖比对其他大国的贸易依赖程度越大,那么总体上它的贸易也更加开放。

令人奇怪的是,所有协变量当中,只有人均国内生产总值及其平方在任何详细检验中的数据显示比较显著。富国可能更加开放,但数据上比例却在下降。人口规模与民主政体的影响通常在其他研究中有所发现(有相关性),包括在米尔纳和久保田庆子的研究中也是如此,它们可能并入了固定影响的国家这一变量和滞后的因变量当中。

在第二种方法中,通过利用目前国际贸易领域常用的重力模型(gravity model)控制经济决定因素(见表5.4),我对成对国家(二分体)之间的贸易流动进行了检验。我采用了由安德鲁·罗斯(Andrew Rose)为成员国参与关税及贸易总协定/世界贸易组织而提出,并随后由迈克尔·汤姆斯(Michael Tomz)、朱迪斯·戈尔斯坦(Judith Goldstein)和道格拉斯·里弗斯(Douglas Rivers)进行修正与补充的基本模型。[34]重力模型是国际贸易经验研究最有力的工具,它通过一个向量的经济、地理、政治与文化变量解释国家之间的贸易模式。这些变量在表 5.4 中列举出来,并在附录中有进一步描述。尽管引力模型的所有变量都按预期的方式发生作用,但这些变量除了表明它们代表可能影响贸易流动的其他一些政治机制——包括地区贸易协定与货币联盟——之外,并没有实质性的好处。

表 5.4　1950—1999 年美国的等级制与双边贸易流动

	模型 1 标准回归系数/标准误	模型 2 标准回归系数/标准误	模型 3 标准回归系数/标准误	模型 4 标准回归系数/标准误	模型 5 标准回归系数/标准误
安全等级指数 双边互动	0.334 7*** 0.089 5		0.315 7*** 0.092 2		0.319 1*** 0.092 1
军事人员指数 双边互动		0.257 9*** 0.059 9		0.074 3 0.045 4	
独立联盟指数 双边互动		− 0.044 7 0.047 1		0.265 0*** 0.057 9	
经济等级指数 双边互动	0.310 4** 0.095 6		0.277 7*** 0.077 0		− 0.208 3 0.145 7
汇率机制指数 双边互动		0.073 9 0.065 6		0.050 0 0.053 2	
相对贸易依存指数 双边互动		3.450 8*** 0.570 6		2.592 6*** 0.557 2	
经济等级指数 x 同时参加关贸总协定					0.667 0*** 0.188 8
经济等级指数 x 只有一方参加关贸总协定					0.571 7** 0.179 4
同时参加关贸总协定	0.372 0*** 0.079 3	0.353 4*** 0.079 6	0.523 7*** 0.072 5	0.493 2*** 0.072 4	0.430 6*** 0.077 3
只有一方参加关贸总协定	0.163 1* 0.077 7	0.151 6 0.078 0	0.245 3*** 0.067 4	0.227 8*** 0.067 3	0.150 5* 0.073 7
(关税)普惠制	0.784 3*** 0.040 6	0.775 8*** 0.040 5	0.613 3*** 0.040 3	0.604 3*** 0.040 3	0.614 6*** 0.040 3
实际 GDP 产出对数	0.921 0*** 0.012 3	0.918 5*** 0.012 3	0.145 9* 0.066 4	0.162 1* 0.066 2	0.120 2 0.066 7

（续表）

	模型 1 标准回归系数/标准误	模型 2 标准回归系数/标准误	模型 3 标准回归系数/标准误	模型 4 标准回归系数/标准误	模型 5 标准回归系数/标准误
实际人均 GDP 产出对数	0.362 5***	0.372 0***	0.486 8***	0.467 0***	0.513 2***
	0.018 4	0.018 4	0.062 3	0.062 1	0.062 7
区域自由贸易协定	1.065 2***	1.125 4***	0.897 2***	0.905 6***	0.885 1***
	0.142 9	0.141 5	0.181 7	0.183 8	0.181 2
货币联盟	1.167 8***	1.186 9***	1.532 3***	1.554 7***	1.522 6***
	0.161 0	0.161 1	0.155 6	0.155 6	0.155 7
距离对数	−1.113 8***	−1.113 2***	−1.215 6***	−1.191 8***	−1.215 5***
	0.027 0	0.027 0	0.028 4	0.028 6	0.028 4
共同语言	0.229 4***	0.226 6***	0.255 6***	0.246 6***	0.259 2***
	0.049 4	0.049 8	0.053 8	0.053 9	0.053 9
共同边界	0.632 2***	0.646 7***	0.514 3***	0.531 2***	0.515 0***
	0.133 7	0.134 4	0.132 3	0.132 1	0.132 4
内陆国家数目	−0.243 6***	−0.251 1***	0.044 1	0.038 6	0.000 5
	0.036 4	0.036 8	0.354 1	0.352 9	0.352 0
岛国数目	−0.070 8	−0.055 9	0.833 3**	0.759 1**	0.791 6**
	0.045 3	0.045 0	0.254 9	0.254 8	0.254 5
土地面积产出对数	−0.115 5***	−0.114 1***	0.499 1***	0.493 5***	0.516 9***
	0.010 2	0.010 2	0.046 4	0.046 2	0.046 6
共同殖民者	0.662 2***	0.644 9***	0.660 5***	0.653 5***	0.655 6***
	0.087 4	0.087 6	0.083 8	0.083 9	0.083 8
曾处于殖民地关系	0.494 3*	0.560 9*	0.566 8*	0.577 2**	0.562 8**
	0.221 9*	0.224 7	0.198 8	0.203 4	0.198 8
常量	−28.619 7***	−28.648 9***	−11.032 3***	−11.454 5***	−10.587 1***
	0.455 6	0.457 9	1.411 3	1.408 0	1.414 0
国家固定效应？	否	否	是	是	是
观测数据	144 489	144 489	144 489	144 489	144 489
判定系数	0.63	0.63	0.69	0.69	0.69

因变量：成对国家间年度贸易总额对数。
集中于成对国家，稳健标准误年份固定影响和国家固定影响（未于表中显示）
* $p < 0.05$
** $p < 0.01$
*** $p < 0.001$

安全与经济等级的衡量通过上述同一套指标进行。然而，由于贸易流动是按一对国家间总贸易额的对数来衡量，我采用每对国家的等级制得分进行衡量。国家在表 5.4 中的等级制指标取值越高，它们对美国的服从程度也越高。这使我们能够检验，依附于同一主导国是否会影响一对国家之间的贸易流动等级。由于通过这一构造，美国无法依附于自身，因此这样的安排排除了所有有美国参与的二分体情况。在这种情形下，还可以获得额外收益，即可以避免由于与美国的潜在更高水平的贸易而对相对贸易依存影响的估计发生偏离。因此，这几个模型评估了不包括美国在内的成对国家间加入等级制对贸易流动的影响。

表5.4的结果表明，共同的安全与经济等级对贸易流动具有强烈的积极影响，而且这一影响通常都很显著。两个国家要是都依附于美国，它们彼此之间进行的贸易将大大多于其他情况。除去国家固定影响，这一影响似乎很大程度上是由军事人员指数和相对贸易依存指数（模型2）所引起的；加入国家固定影响——一种捕捉潜在遗漏变量的方式，结果表明这一效应来自于独立同盟指数和相对贸易依存指数（模型4），而同样的模式我们也曾在前面关于国家层面贸易开放程度的检验中发现过（见模型2，表5.3）。[35]一组国家，从其中没有一国在安全事务上附属于美国到转变为两个国家全都附属并达到1995年巴拿马的程度，这对贸易增长造成的影响大致相当于两个国家同时加入关税及贸易总协定/世界贸易组织所带来的增长（不考虑国家固定效应，见模型1和模型2）。[36]在共同安全等级制中的最大增幅（1957年的德国与爱尔兰为7.55）几乎是这两个国家加入关税及贸易总协定/世界贸易组织实质效应的七倍。在经济等级制中也出现了类似变化，即从没有一国依附美国转向达到一组国家都达到1995年加拿大的水平，这种转变带来的贸易增长仅比这两个国家同时加入关税及贸易总协定/世界贸易组织所带来的稍微少点。在共同经济等级制中的最大增幅（1987年格林纳达与圣基茨和尼维斯为2.14）几乎是这两个国家加入关税及贸易总协定/世界贸易组织所带来影响的两倍。

在战后时期，美国打开其他国家贸易大门的影响很大程度上通过关税及贸易总协定/世界贸易组织进行，而这两个组织也承载着所有模型中的正相关的显著系数。由于安全等级制在很大程度上是独立的，相应地，经济等级制对贸易流动的影响似乎通过加入关贸总协定/世界贸易组织进行操作（见模型5）。[37]就本身而言，经济等级制可能对贸易起到一种负面作用，然而成对国家在经济上共同依附于美国，而且其中一方或双方都属于关税及贸易总协定/世界贸易组织的成员时，它们可能比其他情况下的贸易程度更高。实际上，共同经济依附与加入关税及贸易总协定/世界贸易组织之间的互动,要大于经济等级制本身可能出现的负面效应的抵消程度,也要远大于仅加入关税及贸易总协定/世界贸易组织所能估计到的任何影响。

总而言之,这些结果表明,附属国很大程度上通过上面所讨论的在防御努力方面增加安全的手段从政治秩序中获得收益,而且更有意愿向其他附属国开放经济。这些结果还表明,附属国更愿意遵守美国在关税及贸易总协定/世界贸易组织中制定的规则,特别是当它们同时在经济上依附于美国的时候。最后,安全等级制的积极效应以及经济等级制与加入关税及贸易总协定/世界贸易组织的互动表明,等级制对贸易的影响并不是完全通过关贸总协定/世界贸易组织的一般规则——例如无条件的最惠国地位而发生的:安全等级制对贸易流动具有独立的影响,经济等级制对加入关税及贸易总协定/世界贸易组织具有一种互相作用的影响,这表明共同依附与共享规则的结合确实十分重要。因此,表5.3和表5.4的结果有力地支持了等级制与开放贸易相关的假设,而且这一效应随着对美国服从程度的增加而增加。这意味着,等级制不仅在减少在国际经济交易方面的不安全性上十分重要,它还通过经济上美国所青睐的自由主义政策促使附属国对美国服从。

意涵

根据华尔兹的理解,国际无政府"包括体系单元之间的协调关系,而这意味着它们的同质性"。因此,他认为,国际体系按照定义几乎在功能上是没有分化的。[38]正如我们所见,国际等级制促使经济开放,相应地,经济开放也必然意味着为追求贸易收益而在一定程度上会进行专门化、劳动分工和功能分化。正如霍布斯认为利维坦的创建对于投资和劳动分工而言必不可少一样,国际等级制的形成使各个国家摆脱了自然状态,并促使它们进行专门化和与其他国家进行贸易——特别是当两个国家同时依附于同一主导国时。

本文发现依附于美国的国家在贸易上更加开放,但这并不意味着等级制导致完全的功能分化。首先,在没有经过垂直组织的人类社会中,个体无法实现完全的专门化。比如说,不像蚂蚁或蜂群那样,所有人都为食物而工作,不断繁殖,如此循环往复——尽管他们成功地进行了功能分化。功能分化在人类社会总是不完全的,包括国际社会也是如此,这并没有意味有些分化不会发生。第二,在当代,国际等级制至少有部分的保留。或许 19 世纪的欧洲帝国在当时的某些民族国家中几乎建立了某种程度的等级制,但美国主导的各个等级制并没有上升到这种程度。[39] 如果对比国内等级制,国际等级制受到削弱的话,那么功能分化也将受到阻碍,这导致了一个问题,对于华尔兹来说,这个问题无关乎种类,而是关于程度。最后,依附于美国的国家与其他处于无政府状态的国家保持关系,这可能会阻止进一步的专门化。尽管如此,依附于美国促使这些国家在贸易上比其他情况下更为开放,这意味着一定程度的专门化和功能分化。

等级制的开放效应与 20 世纪 80 年代兴起的霸权稳定论的预测虽然没有雷同,却比较相似。[40]霸权稳定论提出,单独一个政治上强有力的霸权国家通过以下两种或其中一种方式促进了体系范围的经济开放:(1)通过形成特权集团以及单方面提供一些关键的公共产品,促使其他国家能够实现经济的自由化;(2)通过不同的政策偏好强迫其他国家开放经济,实现贸易与投资。这一理论的两种版本都缺乏清晰的微观基础将政治与经济行为体的利益假设和预测结果联系起来。第一种推论不能解释为什么小国家集团无法形成特权集团以及有效提供公共产品。[41]第二种推论探讨了若干替代方案,但从没有成功地解释为什么霸权国家在自由贸易方面比非霸权国家拥有更大利益,以及霸权国家为什么以及怎样能够强制其他国家采取开放的政策。对这一理论及其推论的检验因研究设计不周、观察数量偏少以及主要局限于 19 世纪的英国与 20 世纪的美国而受到质疑。[42]

这里所界定的国际等级制的效应与上述第一个推论在精神上有相似之处,但这里并没有假定政治秩序是一种全球公共物品。实际上,表 5.4 结果表明,秩序效应至少有一部分是私下才有的,两个国家要是都依附于美国,它们受秩序的影响应该最大。本文的研究路径同样认为,秩序没有必要非得由一个霸权国单独提供,而是原则上可以由任何一个主导国向其附属国提供。[43]最后,尽管霸权被理解成单方面提供公共物品是因为它们获得了足够大的绝对收益,这种付出是值得的,此处所说的经济开放遵循的仍是主导国与附属国之间的权威契约,在这一契约里,双方都拥有商定的一些权利与义务。尽管有一些霸权稳定论者玩弄国际政治中的权威概念,他们并没有完整地指出这一概念的意义及其所暗含的义务。[44]从一种权威契约的角度来看,提供政治秩序是主导国为了获取附属国服从以及统治的正当性所支付的治理成本。即便主导国常常从它们创建的政治秩序中获益,无论从绝对意义上,还是从它们书写规则的偏向性来说——主导国提供秩序都可能在净值上会有损失——但主导国也会通过在附属国更加关心的其他议题上赢得服从而弥补这些损失。如果置于权威契约这一更广泛的背景之下,妨碍霸权稳定论的自由贸易的成本与收益等一些简单概念就会变得不甚相关。

尽管在其他方面有一些相似性,国际等级制的意义也同样和霸权稳定论的第二种推论不同。在第二种推论中,霸权被认为在更自由的贸易中拥有更大利益,而且也会愿意采取高成本的行动强制其他国家开放经济。有一项重要的批评指出,在英国或美国的历史中,很少有例子能被界定为强制案例。[45]对等级制的关注表明主导国对服从的期待依赖于从提供有价值的政治秩序中获得的权威。在统治者与被统治者之间的谈判中,秩序与服从是同一枚硬币的两面。因此,主导国强制附属国采取自由贸易的情况不多也不足为奇。事实上,明目张胆地直接试图强迫其他国家经济实施贸易开放或许会产生反效果,这会揭露出主导国是一个专制统治者,而非合法的统治者。然而,我们可以预期主导国在提供政治秩序时会附加一些条件——例如,通过要求组织(如关税及贸易总协定/世界贸易组织)成员遵守特定规则及在它们违规时施加制裁的方式——而且,偶尔也会出手规训不遵守条件的国家。这些机制的重要性通过参与关税及贸易总协定/世界贸易组织而对成对国家贸易水平的促进作用得以说明,无论是在绝对意义上,还是和经济上共同依附于美国关联的意义上。治理靠权威而不是强制,两者看起来截然不同。

最后,霸权稳定论最具有决定性的问题可能在于,它预测了一种悲观的未来,其中经济封闭和以邻为壑的政策都没有成为现实。它的一些分析者关注强制力的物质指标,这是国际“权力”的传统衡量标准,而在面对明显衰落的霸权时受到自由主义迟迟不肯落幕的余晖照耀而不知所措。[46]然而,正如本文反复强调的,权威不同于强制力,而且——至少从美国的经验来看,我们仅有美国的数据——两者的轨迹大相径庭。尽管美国的强制力在 20 世纪七八十年代持续下滑,只有到苏联垮台后才有所转变,这一时期美国的国际等级制总体来说仍然保持了出人意料的强大(见图 3.1 和图 3.2)。由于在美国及其附属国当中都有一些利益集团投资于美国领导下的不同秩序,政策的连续性正好成为关注等级制所预测的对象,即便在(不是安全等级)西欧在 20 世纪 80 年代中期经济等级明显下滑的时候也是如此。从当代国际等级制的镜头来看,自由主义的余晖并不是这样一种神秘的现象。

联盟的正当化

作为政治秩序的回报,附属国通过接受主导国的权威并经常(不是通常)服从它们的命令而使主导国获得正当性。在特定秩序中生存并尊重另一国的权威,这意味着附属国改变了它们本来在自然状态下可能选择的行为。我们已在前文中分析过附属国如何通过减少防御开支和扩大贸易开放而从政治秩序中获益。然而,要表明附属国服从主导国的意愿仍然很难办到。但我们可以通过附属国所采取的一些成本高昂的行动来最好地理解权威在推动服从过程中的作用,它们用这些行动发出信号,表明自己对主导国权威的赞同。

正如在本书第三章讨论的,就观察而言,因权威而服从和在强制阴影下被迫服从没有什么两样。因为有主导国提供的一套政治秩序,服从经常有利于附属国的自身利益。在国际关系中,所谓的服从辩论一直相当重要,但一直都无法解决。有些分析家因为国家对国际法异乎寻常的高服从率而束手无策,而其他的学者则认为,国家仅会加入一些愿意自我约束的协议。[47] 把权威引入这场辩论中,并没有解决这一难题,而且实际上或许仅是增加了另一个服从的理由而使议题变得更加复杂。在平衡状态下,统治者通常仅会发布它们知道下属将会接受的命令,而被统治者常常做一些要求它们做的事情。如果不清楚为什么一些国家会服从特定的规则,那么很难,甚至不可能了解它们的服从是出于承诺,对制裁的恐惧,还是一些内部动机。而且,一些原因——特别是公开表达的原因——常常具有策略性,甚至详细的论述分析也可能具有误导性。尽管服从命令非常重要,而且在服从过程中,附属国改变了它们原本会有的行为,在分析上很难仅仅通过显示附属国的行为事实上符合主导国所设定的愿望而以此表明权威在塑造行为方面的作用。

然而,附属国也通过参与一些可能被称为"象征性膜拜"的行动来表示对权威的尊重,我将这定义为代价高昂的行动,附属国不涉及直接服从命令,但仍然是公开的、通常承认和确认对统治者权威集体服从的表示。[48]事实上,象征性膜拜通过增强其他一些同样尊重统治者权威的附属国表演者的信仰而给予统治者正当性,并强化这一正当性。[49]从这一方面来说,象征性膜拜是非暴力反抗(civil disobedience)的反面物。非暴力反抗通过挑战传统和表明至少有一部分分裂人口否认或者至少挑战统治者的正当性而获得权力,由此使其他人也在反抗这一正当性时更加安全。象征性膜拜通过向附属国表明其他附属国支持统治者而阻止对权威的挑战。重要的是,根据国家参与象征性膜拜的程度,我们可以推断,在附属国广泛的服从模式中至少有一部分是它们尊重权威的结果。

在国家内部,象征性膜拜可以采取多种形式,包括在节假日检阅军队和举行爱国主义庆祝仪式,尊重国旗或其他国家象征(纪念碑、古老战场等),以及尊重政治领导人(包括对他们头衔的使用或对他们特殊的优先性的授予)。在美国,最显而易见的两种仪式是在学校举行运动会,以及其他公开事件之前吟诵效忠誓词(the Pledge of Allegiance)和唱国歌。这些行动大部分对任何单独个体而言都不需要付出太大代价;如果代价过大,会有很多人选择退出,这些行动将无法达到集体确认的目的。但把所有个体、所有事件加起来看,这些成本并不是微不足道。然而,有些行动在个人层面可能成本更大。在任何新的战争发动之前,爱国主义的高潮都会引发"集中到国旗下"的志愿参军,这可能意味着一个人要为国家牺牲自己的生命。作为代价更加高昂的信号,这些行动更深刻地揭示了个人对团体的承诺,特别是对团体权威的尊重。

在国际关系中,一国对另一国的权威并不是正式认可的,而在事实上依据法理主权原则而否认其存在,因此象征性膜拜尽管重要,却很少公开举行。虽然国家之间表面上看起来常常形式平等,但附属国新选举产生的总统或总理几乎都会首先去白宫拜访美国总统,而不是美国总统访问这些国家的首都。举个例子,按照古代帝国式的祈求模式,战后英国首相一般在就职六个月内都会拜访美国总统,而且历任首相都是在就任一年之内出访美国。以色列总理平均在就任两个半月以内拜访美国白宫表达他们的敬意,一些人甚至在当选后的几天之内即出现在华盛顿。[50] 联合国、国际货币基金组织、世界银行和美洲国家组织,这几个叫得上名字的国际组织都把总部设在美国,原因不在于美国的中立地位,而在于华盛顿或纽约形成了美国国际政治秩序的"帝国"中心。我们只要剥开形式平等的外表,就可以看到在世界政治的日常实践中有许多膜拜象征。

象征性膜拜最清晰地展现在附属国跟随主导国加入战争的这一强烈趋势中,这与个人参军表示一种爱国主义行为类似。这种追随领导者的很多行为仅仅是象征性的,因为附属国贡献甚小,而且往往缺乏行动资源,也很少在关键时刻进行战前贸易或投资。尽管如此,对另一国宣战通常是一种代价高昂的行为。尽管刚刚描述的象征性的祈求形式可能受到怀疑者的驳回,但宣战对一国的主权与安全而言至关重要。即便没有从事积极的敌对行为,战争也会将一个国家置于报复的危险之中,就像恐怖主义组织因为西班牙参与了伊拉克战争而袭击西班牙所表明的。参与一场冲突对小国或距离较远的国家而言成本尤其高昂,它们本来可以躲藏起来,或者安全地避免卷入因没有直接利益的其他议题而引起的战争之中。由此,对传统国际关系理论而言,追随领导者参与这样的战争或多或少有点难以解释,但在这里,它能够轻而易举地被解释为是一种象征性的膜拜行为,确认主导国的权威并使其正当化。

证据

在 20 世纪,附属国追随美国加入战争已有清晰的模式。拉丁美洲国家参与第一次世界大战就是最典型的例子,因为它们在这一遥远的大战中几乎没有任何实质性的利益。尽管我们对第一次世界大战前一段时期内的安全与经济等级制缺乏系统的数据,但毫无疑问的是,1900 年之后在美国势力范围内具备对大部分国家的权威。在 1917 年 4 月 6 日美国加入欧洲战争之前,中美国家或南美国家没有一个对欧洲宣战或断绝与德国或奥匈帝国的关系。然而,在随后几个月中,12 个拉丁美洲国家加入敌对行列,它们并没有直接参加战争,而是通过断绝它们的外交关系,以及个别国家向德国与同盟国公开宣战的方式,表达对美国的追随。[51] 类似的趋势同样出现在第二次世界大战当中。虽然一些国家表现出对法西斯的强烈同情,巴拉圭甚至在战争之初的几个月中考虑加入轴心国一方,但在 1941 年 12 月 7 日日本偷袭珍珠港之前,没有一个拉丁美洲国家断绝与德国、意大利或日本的关系或对它们宣战。在多米尼加共和国,当时的独裁统治者拉斐尔·特鲁西略公开表示对欧洲法西斯的钦佩,并且在 1939—1941 年间给予德国实实在在的支持。然而,在日本偷袭珍珠港之后,几乎所有中美洲国家立即加入美国队伍,对日本宣战,而且紧接着几天后大多数也都向德国宣战。实际上,尽管特鲁西略表示过明显的同情,但他在珍珠港袭击后的第二天即对日本宣战,四天之后又对德国和意大利宣战。[52]到这一冲突结束时,大部分拉丁美洲国家都已经加入同盟国一方,尽管一些国家一直拖到胜利在望的 1945 年 2 月才加入。[53]这些国家几乎没有为战争努力提供任何资源;只有巴西提供了军队。举个例子,尽管多米尼加共和国冻结了轴心国在其领土范围内的资产,也允许美国扩大军事使命,将自己作为其在加勒比海地区防御安全的支撑点,但多米尼加共和国并没有向同盟国提供实际的援助——而且实际上,由于战争期间甘蔗的需求量剧增,它享受了惊人的经济增长。对所有这些拉丁美洲国家而言,宣战在很大程度上是一种象征性的姿态,并不是针对轴心国,而是向美国示意。

美国的等级制在 2003 年加入伊拉克自由行动(Operation Iraqi Freedom)上的影响尤其显著,或许形成了众所周知的证实规则的例外。虽然很少国家枳极支持伊拉克萨达姆政权,但诚如我们所见,美国采取的预防性战争仍然在国际上遭到了广泛反对。事实上,在战争爆发的前几天里,美国从联合国安全理事会撤回了一份授权战争正当性的决议草案,因为它意识到这份草案将面临着不可避免的失败。作为回应,美国强迫其他国家支持战争,以此使自己的行动正当化,最终白宫大张旗鼓地宣布形成联盟。[54]这是更为粗暴并因此而显得例外的象征性膜拜的案例之一,相比严格意义上的附属国的自愿行为,它更像是一次"御前演出"。尽管如此,思考有哪些国家在美国需要支持时选择服从仍然很有启发意义。因为一些传统的附属国拒绝加入（特别是德国），而欧洲其他一些附属国（例如英国）迅速报名，成为意愿联盟成员。同样，美国在东亚的传统附属国也加入这一联盟，包括日本与韩国。不足为奇的是，中美洲的所有国家也都加入了这一队伍，除此之外，还有多米尼加共和国。而成为晚间脱口秀节目笑柄的是，许多构成美国在东太平洋地区非正式帝国的小岛国（包括马绍尔群岛与密克罗尼西亚）也承诺加入象征性团结的联盟。尽管有点出乎意外，东欧和苏联的许多前共产主义国家也渴望参加。当时，这些国家很少有附属于美国的，或许还会被当成异类对待。然而，大部分国家都讨好美国，而且自视为未来附属国，求得美国援助，以此和仍然具有威胁性和主导性的俄罗斯作用形成平衡。国防部长唐纳德·拉姆斯菲尔德对"旧欧洲"与"新欧洲"的区分，为美国的支持模式奠定了实际基础。

多胡淳（Atsushi Tago）更系统地编制了一份美国在1950—2000年间所领导的所有军事联盟的综合性列表。[55]他囊括了在数据范围内每次危机发生时国际体系内的所有国家，对为什么有些国家会加入美国领导的联盟而其他国家并没有加入的决定因素进行了检验。表5.5中模型1和模型2显示了在将我的等级制指标加入到多胡淳的分析后呈现出的基本模型。[56]模型1和模型2假定会有一些随机效应，多胡淳用它们检验一些互相竞争的假设。他自不同的理论中提取出一些指标，将其作为一组控制变量加以运用。理论表明，军事开支（反映了一种参与能力，同时也是安全等级制的结果，参见表5.1）、共同语言、共同政体（特别是民主政体）、在持续对抗中的干预（类似于外部威胁的存在）以及联合国正当性（反映为多边同意）可能同时都与等级制和联盟参与相关，它们都应该包含在模型之中。其他的协变量是酌情决定的，这里仅是为了与多胡淳的结果进行对比才重新整理的。正如预期那样，这些协变量表现出一定的相关性，只有大国地位与国内事务干预两项没有显著相关。为了全面检验我的假设和确保避免不同冲突中模型以外因素的混淆效应，以及作为一项鲁棒性（Robustness）检验，模型3和模型4依据冲突，使用了一种固定影响规范。这些模型必然会抛弃所有冲突中恒定不变的指标。固定影响规范仅仅对相关系数产生边际影响。

表 5.5 1950—2000 年美国的等级制与美国领导的军事联盟

	模型 1	模型 2	模型 3	模型 4
安全等级指数	0.823 *		0.878 **	
	0.357		0.300	
军事人员指数		−0.439		−0.404
		0.609		0.506
独立联盟指数		0.901 **		0.931 ***
		0.284		0.243
经济等级指数	1.315 ***		0.936 **	
	0.410		0.345	
汇率机制指数		0.998 **		0.905 **
		0.351		0.329
相对贸易依存指数		0.326		−0.179
		0.866		0.735
大国地位	0.033	0.026	−0.015	−0.028
	1.082	1.040	0.911	0.915
军费开支(自然对数)	0.210 ***	0.208 ***	0.214 ***	0.215 ***
	0.043	0.044	0.041	0.043
同一地区的军事行动	1.893 ***	1.885 ***	1.658 ***	1.645 ***
	0.247	0.245	0.226	0.230
共同的主要语言	1.092 ***	1.068 ***	1.051 ***	1.083 ***
	0.325	0.310	0.240	0.244
与美国共同的民主政体	0.455	0.379	0.484 *	0.407
	0.279	0.276	0.234	0.242
参与持久竞争	−0.352	−0.255	−0.243	−0.185
	0.401	0.389	0.338	0.343
政府危机	0.304	0.287	0.244	0.221
	0.180	0.177	0.169	0.168
联盟战争行动	0.364	0.391		
	0.351	0.351		
国内事务中的联盟干预	−0.524	−0.507		
	0.408	0.406		
联合国合法性	1.889 ***	1.879 ***		
	0.423	0.421		
地区合法性	0.085	0.048		
	0.370	0.372		
常量	−7.592 ***	−7.618 ***		
	0.708	0.712		
冲突固定影响	无	无	是	是
观测数据	1 525	1 525	1 458	1 458
沃尔德卡方检验(模型 1 & 2)伪判定系数(模型 3 & 4)	120.62	124.53	0.18	0.19

因变量:参与美国领导的军事同盟(未参与＝0;参与＝1)。

模型 1 和模型 2 是时间序列 Logit 模型;模型 3 和模型 4 是固定影响 Logit 模型。

* $p < 0.05$

** $p < 0.01$

*** $p < 0.001$

和预期一样,美国的安全与经济等级制和加入一个美国领导下的军事联盟的可能性之间具有强烈的相关性(模型 1 和模型 3)。模型 2 和模型 4 表明,在这种情形下,等级制很大程度上通过独立同盟和汇率机制指数进行操作。固定影响模型是这部分命题最强有力的检验,它表明,等级制对加入联盟倾向的实质影响相当大。在安全上的依附达到 1995 年的巴拿马水平或在经济上的依附达到 1995 年加拿大水平的国家,它们加入美国联盟的可能性大约是非附属国家的 2.5 倍。[57] 这些结果通过各种各样的冲突事件有力地确认了,安全等级制和经济等级制与一国加入美国领导的意愿联盟的倾向呈现正相关。

意涵

象征性膜拜在传统国际关系理论中难以解释。在无政府状态下,形式上平等的国家为什么会以纯象征性的姿态采取一些代价高昂的行动,特别是宣战,来确认它们对他国权威的尊重? 追随一个主导国参与战争,这与均势理论相悖。拉丁美洲国家在第一次世界大战中没有受到德国及其同盟国的威胁。事实上,到它们参与大战时,两边的主要大国都早已将自身陷入一场徒劳无益的争斗,这场争斗可能会阻止它们在以后相当长的时间里介入西半球的事务。在第二次世界大战时期,美国相对拉美国家保持的权力优势大于德国和日本。很多国家主动对法西斯表示同情,但它们在美国参战后也立即加入战争。在伊拉克战争中,美国使其对手相形见绌。均势理论没有预料到其他国家会加入美国;它可能预测其他国家会与伊拉克结成联盟并且帮助保护其主权。

同样,象征性膜拜也很难和集体行动理论保持一致。在这些各种各样的冲突中,很多联盟伙伴都是那些在其他情况下可以轻易避免卷入战争的国家。例如,在 1917 年的战争行动中,加勒比海地区的大部分国家并没有贡献多大力量,而且人们也从没预期它们有什么贡献,但它们通过向同盟国宣战,紧紧跟随美国。在 2003 年,鉴于国际社会对伊拉克战争的明显反对,一些国家本来可以轻易地远离这场冲突。然而,不仅一些重要的大国(如英国),连同一些边缘的小国(如多米尼加共和国与密克罗尼西亚联邦)都团结起来,在这场本不得人心的战争中支持美国。

　　附属国似乎也不会跟随美国去追逐德国、奥匈帝国、轴心国或伊拉克留下的残余利益。[58]附属国并没有从任何一场冲突带来的和平中获得实质的好处。事实上,自 2003 年伊拉克战争以来,伊拉克自由行动成员国面临着不断高涨的国内反对和日益强烈的撤兵要求。一些将它们国家带入这一联盟的国家领导人已被拒绝连任。相反,这些国家似乎将参与战争视为一种支持美国和承认其权威必须付出高昂代价的信号,恰如数据结果表明它们在其他联盟中的作为也是如此。

　　国家确实会屈服于权威,即便在国际关系之中也是如此。这意味着,附属国或许会服从更为一般性的命令,不仅仅是出于共同享有利益或共同承担威胁性惩罚,还因为它们尊重或服从主导国的权威。然而,更重要的是,无论是象征性的膜拜,还是更为一般的对权威的服从,它们都无法在标准的国际关系理论中得以解释。

　　依附于美国的一些国家——推而广之,更一般的附属国——与非附属国有着很不一样的行为。附属国在防御开支上承担的比例较小,彼此之间的贸易越来越多,除此,它们还会追随其主导国参与战争。这些行为均与关系型权威路径以及国际等级制的预测相符。

　　纵览本章所呈现的模型结果,很明显的是,与安全等级制指标相比,经济等级制指标在预测附属国的行为上不太强烈,而且有时也缺乏准确性。经济等级制在预测贸易开放度和国家间贸易流动以及联盟形成方面最起作用,但似乎与防御努力大不相关。这需要进一步的研究和调查。当然,也有可能是经济等级制并不具有所预测的效应,或者复合结果应被认为是对理论的冲击。还有一种可能是经济等级制在衡量方面存在缺陷。尽管具有表面效度、聚合效度和区分效度,经济等级指标仍可能缺少预测效度。在第三章讨论的一个可能的问题是,汇率机制指数无法衡量那些没有与美元直接挂钩的国家,这些国家的外汇机制可能与美元挂钩的其他货币相联系。如果问题大部分存在于衡量错误,那么仅从这些方面来驳斥整个理论是不恰当的。[59]然而,诚如本书第四章讨论的,经济等级制与美国参与包括附属国在内的危机的可能性之间有着强烈关联,而且在除防御努力外的所有检验中都呈现积极结果,这些结果使这里汇报的检验中出现的衡量错误的严重性让人怀疑。

最后的一种可能性是,这些结果告诉我们一些关于世界真实而又重要的东西。仅经济等级制本身可能不足以创建一定水平的政治秩序,或者产生美国足够可信地使附属国减缓自身防御努力的承诺。实际上,本章所揭示的经济等级制的主要影响更多是和对美国政策的服从相关,它内嵌于关税及贸易总协定/世界贸易组织和联盟的参与之中,而不是反映在构成防御努力或者反过来政治秩序的一般安全议题上。等级制的不同维度与不同行为之间的关联方式,可能比本文提出的理论所预测的更为微妙。在得出上述三种可能性是正确的之前,有必要在理论与方法上进行进一步的修正。尽管如此,到目前为止,整理的大部分证据都支持本文提出的理论,它们也表明等级制对世界政治具有重要的影响。

国家之间的等级关系对公认的国际关系理解造成了挑战。主流的理解认为体系作为一个整体是无政府的,这是毋庸置疑的公理。美国尽管在全球所有地区都拥有相当数量的等级制,目前离统治世界仍然非常遥远。然而,国家间的等级关系对人们广泛接受世界政治体系无政府的后果起到了调和作用。附属国并不是完全依赖自助,而是依赖于其他国家的保护,这种保护是以正当性和服从换来的。附属国没有制衡主导国;相反,它们通过减少自身的防御努力、开放经济进行贸易,以及出借它们的"道义"(如果不是物质)支持将主导国生产秩序的努力正当化等举措,从政治秩序中获益。国际关系并不是霍布斯式的自然状态,而是一种混合型社会:一方面在相对的无政府状态下,自助仍旧是通行的法则;另一方面在相对的等级制下,一定程度的权威、和平与自由贸易也大行其道。

注 释

1. 当然,《独立宣言》指出这些权利是"不可分割的",但它并未涉及上述三个目标之间的权衡量。

2. 这一假设与奥尔特菲尔德和莫罗提出的相似,参见 Altfeld 1984, Morrow 1991, 1993。然而,他们的这些成果限制了与联盟的外部联系的变量范围,而联盟属于安全关系的无政府类型,国家为较少的安全而放弃少许主权。莫罗(Morrow 1991, 909)将自治界定为改变现状的能力。按本文分析方法,国家为更多的安全而放弃制定免于外部控制的政策自由之能力,而忽略国家对现状的偏好。

3. 关于拉丁美洲的安全对抗,参见 Mares 2001。

4. 令人奇怪的是,防御努力并没有得到太多关注。经济学家们采用相同定义进行的一些研究,参见 Aufrant 1999；Smith 1995；and Hartley and Sandler 1999。关注联盟责任分担的相关文献,参见 Oneal and Whatley 1996。扩大至民主与胜利方面的文献,政治科学家开始关注防御努力与政权类型。参见 Fordham and Walker 2005；Goldsmith 2003；Goldsmith 2007。在我们所检验的等级制对防御努力的效应方面,目前没有权威的模型。

5. 实质上由于其他等级制数据的缺失,导致存在遗漏变量的偏向。从理论上以及可获取的证据似乎支持下述推论,国家仅依附于另一大国,这意味着其他一些等级制的标准与美国的等级制标准是成反比的关系。这意味着如果其他等级制标准发生作用的话,那么美国等级制的协同因素将实际上比下面报告的更为显著。然而,这种例外在下文讨论的华沙条约成员国的结论中有所减缓。

6. 本人曾在 1990 年进行过一次尝试,参见 Lake 1999a。

7. 独立同盟与其他同盟数量之间的关联相对高达 0.72,这或许会引起多重共线性(multicolinearity)的问题。尽管如此,这两个变量在下文的回归分析中一贯非常显著。在模型三中其他同盟数量的下降没有改变独立同盟指标的重要层级或标志。同盟的总数可能被等级制所替代,在等级制中我们预期这一变量将产生负面的信号。在下文报告的所有回归分析中,这一变量始终是正面与显著的。

8. 在下一项对贸易开放程度的检验中,我发现人均收入具有边际递减效应。人均国内生产总值的平方在加入到模型中时并不显著。

9. Siverson and Emmons 1991.

10. 参见 Lake 1992；Reiter and Stam 2002；Goldsmith 2007。

11. 关于时间序列截面数据的合适模型方面,并没有一致的意见。特别是序列相关是一个重要的问题,甚至在本研究纳入一个滞后的因变量的情况下也是如此。考虑到缺乏一致意见,本文所使用的模型利用 Stata(8.0 版本)通过两种方式评估。模型 1、3、4 采用面板校正标准误(xtpcse)评估。参见 Beck and Katz 1995。模型 2 通过国家固定影响评估(采用 xtregar)。除了两项控制变量以外,评估的结果有力支撑了替代性解释。Stata 不能在这些模型中加入国家固定影响来计算面板校正标准误。

12. 对于这一模型的批评,参见 MacDonald 2008。将多达 10 个具有高度影响力的按国家与年份(计算)的例外排除掉,并没有改变安全等级系数的信号或一般显著性,但也确实降低了它们实质影响的估值。在这些例外的案例中,防御开支在战争或重大冲突中暴涨。实际上,排除在外的按国家与年份(计算)的案例中最高层级的是 1990 年至 1993 年的科威特,在此期间,其防御开支上升至超过国内生产总值的 100%。然而,排除这些高层级的案例,会减少因变量中的重要变量。防御努力有所滞后,这导致系数从 0.66(表 5.1,模型 1)增加至 0.94(在排除例外的案例后)。这意味着前一年的防御努力成为下一年防御努力近乎完美的预测。滞后的因变量几乎包含了所有数据上的变化,由此安全等级和所有成比例下降的协变量的系数变得不足为奇。实际上,唯一的奇怪之处或许在于,一旦滞后赋值因为最大案例每年的变化而被"修正",那么防御努力的任何变量在数据上都会出现显著相关的效果。

13. 有趣的是,在模型 3 中报告的两项构成指数传递出截然相反的信号,这意味着,控制其中任何一项,那么在防御努力的总指标中会产生抵消的效应。然而,值得注意的是,汇率机制指数的负面效应非常小,在统计上几乎接近于零。

14. 关于国家脆弱性与内战,参见 Fearon and Laitin 2003。

15. Lake 1996;Lake 2001;Wendt and Friedheim 1995.

16. 无可否认,该模型并不是作为强制力对防御努力的一种检验而设计的。更重要的是,强制力的协变量不可能和安全与经济等级的协变量相同。在得出强制力对防御努力具有较小或者不具有影响的结论之前,我们需要界定并控制这些与强制力和防御努力同时关联的变量。

17. Waltz 1979,117.

18. Ibid.,121.

19. 参见 Haas 1953。

20. Waltz 1979,121.

21. Walt 1987.

22. Waltz 1979,125.

23. Ibid.,126.

24. Olson and Zeckhauser 1966;Hartley and Sandler 1999;Murdoch and Sandler 1982.

25. 参见 Schroeder 1976。利维和汤普森发现,如果潜在霸权国家获得体系中三分之一或更多的总体军事能力时,国家会放缓制衡,但最终也会制衡,参见 Levy and Thompson 2005。

26. 关于"追随",参见 Schweller 1994;Schweller 1997;Schroeder 1992;Schroeder 1994;关于推诿责任,参见 Christensen and Snyder 1990;Rosecrance and Lo 1996。

27. 参见 Brown,Nardin,and Rengger 2002,337。

28. Gowa 1994;Kastner 2009.

29. 这里的假定不要求个人或国家追求"相对收益"或在零和世界中寻求福利的最大化。关于相对收益,参见 Grieco 1993。

30. 关于国内自由主义与霸权,参见 Gilpin 1977。

31. Solingen 1998.

32. Williams 1972;Lafeber 1985.关于这一主张的最新进展,参见 Bacevich 2002。

33. Milner and Kubota 2005.尽管我是从他们的基本模型出发,但我这里关注的是贸易开放程度,而不是他们文章中的关税率或贸易壁垒。在我看来,贸易开放程度与法定税率或者与在所有壁垒上简单的名义变量相比,是实际自由化可以采取的更好措施。我将样本从 1970—1999 年的欠发达国家扩展至 1950—2000 年的所有国家。我没有包括许多其他的协变量,如经济危机或收支平衡危机,它们是米尔纳和久保田庆子在他们的模型中发现没有一致显著相关的,而且我们缺乏这些变量的长期数据。

34. Rose 2004；Tomz, Goldstein and Rivers 2007.特别是我在表5.2中采用汤姆斯、戈尔斯坦和里弗斯的模型3和模型4,但限制所有成员变量以获得相同的系数,正如在他们模型5与模型6中那样。不幸的是,一些成对国家的安全与经济等级的数据缺失,特别是汇率制度指数。我还排除了1948年和1949年,由于等级制数据缺失,以及包括美国作为成员之一的所有二分体国家。这减少了罗斯与汤姆斯、戈尔斯坦与里弗斯观察数量的38%,即从234 597减少至144 489。尽管本文选择模型中样品数量较少,但罗斯关于关税及贸易总协定/世界组织成员的变量通常是负面和不相关的,而汤姆斯、戈尔斯坦与里弗斯修正参与变量后成正向高度相关。这些结果分别在他们的文章中有所体现。

35. 罗斯和汤姆斯、戈尔斯坦及里弗斯也检验了成对国家固定影响的不同模型。参见 Rose 2004；Tomz, Goldstein and Rivers 2007。由于安全等级与经济等级指标在成对国家之间是相当稳定的,包括一些模型中的成对国家固定影响,它们和这里提出的那些"抵消"等级效应和产生数据上不显著的系数有点类似。对这一现象解释的一种方式在于,当控制成对国家效应,安全与经济的等级制并不是没有起作用,而是成对国家固定效应实际上捕捉到了安全与经济等级制中的遗漏变量。

36. 由于因变量是贸易的自然对数,等级制相对其他变量所造成实质性影响的重要性很难解释。为了便于比较,我调整了相对共同参与关贸总协定/世界贸易组织所带来的影响。

37. 安全等级的任何指标并没有显著的互动效应。与模型4相似,在拥有汇率机制和相对贸易依存指数的情况下,这些变量之间的四种互动方式以及关贸总协定或世界组织成员国的不同分类(与模型5相似)都与模型5得出的结果并不一致,但这不能简单地解释为互动方式的数量较大。

38. Waltz 1979, 93.

39. 然而,需要注意的是,当代的一些"失败国家"的中央政府通常不能在远离首都之外的地方有效地行使权力,它们对美国的依附关系可能弱于其他国家,例如关岛、波多黎各甚或形式上是主权国家的密克罗尼西亚联邦。

40. 关于霸权稳定论,参见 Kindleberger 1973；Gilpin 1975；Gilpin 1977；Krasner 1976；关于评估霸权对贸易流动作用的严密经验处理方式,参见 Mansfield 1994。

41. Snidal 1985；Lake 1988.

42. 参见 Lake 1993。

43. 然而,考虑到数据局限,我仅能够检验美国作为一个主导国所引起的效应。

44. Gilpin 1981, esp.30.

45. Mckeown 1989.也参见 James and Lake 1989。

46. 关于自由主义的"余晖",参见 Krasner 1976 和 Brawley 1999。

47. 关于服从趋势,参见 Chayes and Chayes 1993;Chayes and Chayes 1995。关于选择,参见 Downs, Rocke, and Barsoom 1996。

48. 由此,象征性膜拜是指一种本身无所谓对与错、却带着揭示意义的行动性声明。参见 Laitin 2006;引自 Austin 1961,66—67;Pitkin 1972,280。

49. 因此,象征性膜拜不仅仅是简单的权威声誉,而是统治者与每个创造权威的附属国之间的平衡状态的一部分。参见第四章关于规训的内容。

50. 关于外国领导人访问情况,参见 http://www.state.gov/r/pa/ho/c1792.htm, accessed on December 7, 2007。

51. 仅有两个非附属国(希腊与泰国)在美国之后加入战争,资料来源:www.u-s-history.com/pages/h1112.html, accessed on May 9, 2005。有趣的是,多米尼加共和国当时处于美国的占领与戒严令之下(参见导论部分),并没有对德国或奥匈帝国宣战。

52. Atkins and Wilson 1998,82;Hartlyn 1991,187.

53. 19 个拉丁美洲国家最后参与了第二次世界大战,要么通过断绝与轴心国的外交关系,要么更常见地向轴心国宣战。关于第二次世界大战期间不同国家所采取行动的简要描述,参见 http://www.kommersant.com/p576136/r_1/All_Participants_of_World_War_II/。

54. 关于 2003 年 3 月 27 日伊拉克自由行动的白宫新闻发布情况(http://www.whitehouse.gov.news.releases/203/03/print20030327-10.html, accessed on April 6, 2003),参见第四章。

55. 一个合格的联盟包含以下情况下的军事行动:(1)至少一国接受美国要求在战争区域部署武装力量;(2)美国提供联盟力量的最大份额;(3)美国军事官员作为多国军队的指挥官,或者美国军事指挥官协调与任命同盟部队在战场中的任务。伙伴国必须至少部署 20 名作战人员作为武装力量,或者提供前线基地或者后勤保障,在缺乏上述条件的情况下行动无法进行。伙伴国不包括仅提供经济援助的国家。联盟包括朝鲜战争(1950 年)、中东多国部队(MNF, 1959 年)、巴拿马海军巡逻(1959 年)、古巴导弹危机(1962 年)、泰国边境保护(1962 年)、多米尼加泛美和平部队(1965 年)、越南战争(1965 年)、黎巴嫩多国部队(1982 年)、苏伊士国际部队(1983 年)、格林纳达干预(1983 年)、海湾战争(1990 年)、伊拉克禁飞区(1991 年)、索马里干预(1993 年)、海地干预(1994 年)以及科索沃(1999 年)。这一方法选择以军事力量的运用为背景,例如 1989 年巴拿马入侵中,没有其他国家参与。但考虑到至少要有一个其他国家参与美国领导的联盟,我们依然可以寻找对哪些国家选择参与进行解释。参见 Tago, 2007, 188—190。

56. 我排除了多胡淳关于一国是否与美国结盟的名义变量,因为它几乎与我提出的独立联盟指标相关,相应地也与安全等级制强烈相关。我也抛弃了多胡淳关于一国是否介入战争的变量,而后在缺少数据的情况下通过列表观察法,发现这一变量基本与联盟成员在同一直线。

57. 面板时间序列对数（panel times series logit，xtlogit，多胡淳使用，本文模型 1 与模型 2 也参照使用）与条件固定影响对数（clogit)都没有产生易于解释的结果。为了避免表 4.1 和表 4.3 评定模型报告中的相对危险，作者在此将实质性解释奠定在优势率（odds ratio)，在小概率事件（如参与联盟）中优势率十分接近危险率（risk ratio)。参见 Tomz 2007b，124 n.29。安全等级制指数一个单位变化的优势率为 2.41，经济等级制指数为 2.55，独立同盟指数为 2.50，汇率机制指数为 2.47。安全与经济等级制的共同效应实质上是巨大的：任何附属国家处于 1995 年巴拿马（安全方面）或加拿大（经济方面）的水平，那么参与美国领导联盟的可能性为非附属国家的六倍以上。

58. Schweller 1994.

59. 拉卡托斯提醒，要小心以"天真的方法论证伪"。

结　　论

国际关系被人们几近普遍地认为是一种无政府的自然状态,其中各个国家依赖于自助。国际关系理论建立在一种正式—法律型权威观念和主权不可分割的假定之上,假定各国在形式上平等,没有一个国家向任何他国负有义务。现有理论尽管接受国家对彼此强制能力的不同,它们并没有承认某些国家对他国行使或多或少的权威。

实际上,主权是国家经过协商而达成的一种关系,国家在不同时间、不同问题领域对其拥有的程度不一。通过这样一种关系型的权威观念,世界政治完全可被视为一个充满各种等级关系的国度。有些国家确实在无政府状态下互相作用,但仍有许多国家曾将自己在安全和经济政策上的权威至少部分地割让给了美国或其他国家。国际关系不是一片清一色的布块,而是一块丰富多彩的挂毯,上面深浅不一、色彩多样而图案各异。

国际等级制不仅存在,它还在起作用。等级制影响着附属国的各项政策选择和行为,也同样影响着主导国的政策选择和行为。或许最引人注目的在于,它挑战了一般人们所认为的国际关系自助性质的核心,附属国在防卫上花费的国内生产总值比例明显低于非附属国;而反过来,当主导国介入一场国际危机时,它们更有可能援助自己的附属国。对于附属国而言,或许是由于享有的安全与接收的命令不相上下,它们更有可能开放国际贸易,尤其是在与附属于同一主导国的其他国家的关系中更是如此。而且,附属国追随其主导国加入战争的可能性也更大。尽管它们或许会使各项规则偏向于自己的利益,以此创造并维护它们对其他国家所享有的权威,主导国也必须生产政治秩序,规训附属国,并克制它们自身的行动自由。主导国并非不受它们所支配的权威的影响。

等级制在起作用一事表明,国际关系的一些重要原则需要重新考虑。世界并非一个完全霍布斯式的、由权势胜过权利的自然状态。就如在国内一样,一定的国际权威会缓和因安全和权力而进行的斗争,也会改变各国之间的关系。因此,并不是所有的国家都依赖于自助。对很多分析者而言,无政府状态的一项主要含义在于国家必须依靠它们自身的努力和战略。在一个不存在权威的世界中,国家最终能够依赖的没有其他人,只有它们自己。然而,在一个充斥着各种等级制的国际体系中,附属国将为了获得保护,投向主导国的怀抱,促进合作,以及解决与第三方的分歧。在具有权威性的秩序之下,国家能够在国际上飞黄腾达。

国家对他国的权力或威胁并不总是制衡,而有时会接受主导国的领导。制衡常被作为国际政治中的重要规律之一。在无政府状态下,国家被迫集中或动员它们的内部资源以对抗最强大或最具威胁的国家。而另一方面,在不断变化的等级制下,制衡将会比其他情形下人们所预期的更少发生。正如在第五章中所讨论的,这既不是追随强国,希望分得主导国在战争中的一杯羹,也不是“搭便车”,而是一种出于主导国和附属国双方利益的以保护换服从的交易。相较于结成联盟反对主导国,各附属国更乐于躲在主导国羽翼下寻求庇护。这一更为温和的追随形式有助于解释后冷战时期对美国制衡的缺失,其为当代国际政治一直无法解决的难题之一。有相当多的国家并没有感觉到美国权力的威胁,它们仍然充分依赖于美国,并承认美国的作用是合法的。这样,国际社会一直没有形成一个与美国对抗的联盟。

服从并不单单是强制的一种功能体现。一国由丁他国要求而进行的服从通常被认为处于不对称的权力关系之中,是威胁或实际使用武力的结果。然而,附属国接受其主导国的权威并服从其命令,深信主导国的统治合法。该服从的一个标志便是象征性的膜拜,尤其是在它们共同参与的战争中支持主导国的倾向。更为普遍的是,即便缺乏任何公开的威胁或强制压力的使用,我们也能观察到附属国的服从,就像在自由贸易中的举动。尽管如此,主导国的规训对于维持服从和权威关系本身而言,仍然非常重要。

　　主导国提供秩序,并不出于其狭隘的自身利益,而是作为一种制造权威的手段。保护人身不受威胁,财产安全,以及所作承诺能够得以遵守的期待对主导国和附属国同样重要。然而,在许多国际关系研究中,秩序一直被认为是一项公共物品,只有当大国出于利他主义或形成一个特权集团时才会提供。而另一方面,在一个充满各种等级关系的世界当中,主导国拥有重要的动机为其附属国提供秩序,无论国家大小。正是通过这一秩序的供应,主导国赚取权威,而反过来,也获得发布合法命令和增强其优先统治的能力。

　　主导国拥有的权力比其强制力单独体现的更多。权威并不仅仅是物质能力,或者甚至也不仅仅是源自美国文化和社会吸引力的"软实力",尽管这非常重要。[1]相反,权威是命令的能力,它是其他国家让渡正当性的结果。它也可能给予主导国在必要时运用其附属国资源的能力,就像追随领导者步入战争这一模式所体现的那样。正如我们已经看到的,权威并不是一项有形的、物质的资产,它不能由国际关系中所使用的"权力"的标准工具很好地加以捕捉,例如国内生产总值或军费支出。但是,它同样真实地存在着。

　　主导国寻求正当性,并没有试图摘取其强制力(种下)的所有果实。在无政府状态下,人们认为强者剥削弱者。正如修昔底德所观察到的,国际政治并不受权利或正义的限制,而是"强者依其权力为所欲为,弱者忍气吞声"[2]。然而,实际上,主导国放弃自我扩张的政策,而试图创建一些其他政策,用以扩张或维护它们自身的正当性。而为了获取权威,必不可少的是通过各种行为将自身利益糅合进普遍利益。而且,为了可信地承诺它们不会滥用附属国授予的权威,主导国会自缚双手,或者按约翰·伊肯伯里的话说,"自我限制"它们的权力。[3]

　　在最深层次上,国家不会试图将生存或安全作为一项根本目标。[4]国家对主权的自愿让渡一般被视为是反常的。[5]然而,在等级制形成的过程之中,国家经常将其部分主权转让给他国。倘若等级制是国际关系的一个普遍特征,这将意味着国家追求的东西并不是定义为主权的生存,也意味着这一原则的例外不能简单地被视作怪事或历史的稀奇,而应被视为更大规模的政治演算的一部分。

等级制并非一个客观的或自然的事实，就像核武器的拥有一样。相反，它由各国本身的互动所生产并进行再生产。要使主导国的权力具有权威性，而不是简单的强制性，那它就必须是合法的。反过来，正当性只有通过附属国的实践才能授予。最终，该支持一方面依赖于附属国在主导国所提供政治秩序中所获得的收益，另一方面也有赖于附属国不会受到它们让渡的权威被滥用在自己身上的可靠保证。权威生于各国行为，同样，它也能毁于各国行为，尤其会毁于它们对外生威胁和战略失误做出反应的方式。

国际等级制可能不及国内等级制坚固。主导国对附属国行使的权威通常低于国家本身对其国民行使的权威，至少在今天如此。在国际上，主导国提供政治秩序，但比起国内秩序，它们在范围上通常更为狭窄，至少在发达世界如此。既然知道国际秩序不太安全和广泛，行为体就不会向其投资多少资产，而反过来也不愿在其面对改变或挑战时加以保护。由于具有很少的投资利益，国际等级制显得更为脆弱。对主导国而言，常常因为它们拥有自己本身的国内或自治资源，不会受到附属国支持的左右，也同样更有可能通过维护那些不被他国视为合法的权力而行事过头。由于参与现有秩序的行为体较少，权威契约各方要改正错误的压力也会比较小，这样差错可能导致正当性以及因此而来的权威的破裂机会则会变大。具有讽刺意味的是，外交官和学者一样在认识等级制在世界政治中的重要作用时遭到了集体失败，这或许对这些战略失误的经常发生和国际权威的相对脆弱起到了推动作用。

未　来　的　研　究

透过国际等级制的镜头去看，国际关系显得截然不同。回到导论结尾的隐喻，就像一幅格式塔转换的图画，重新聚焦于等级制展示了一个另外的世界，如果我们愿意并选择去看它，它便与我们同在。我希望，理解国际等级制可以产生一些新的理论，并在第四章、第五章所检验的假设之外产生一些可检验的假设。除了对等级制测量标准的提炼和对其他命题的详细阐述和测试——这是我衷心提倡的——三个更为宏大的研究方向本身显示,它们将有助于进一步增强国际等级制镜头的敏感度,这样,我们最终可以更清楚地理解世界政治。

首先,与这里提出的安全和经济等级制这一对连续体平行的是"联邦制的"超国家等级形式,在这一形式中,原来或潜在的两个或两个以上主权构成单位组成一个第三方,对各成员单位进行平等管理。由于存在安全和经济等级,诸如此类的联邦制形式可能会因为它们所掌握的权威的幅度而发生变化,形成一个连续体,从无政府状态到获得授权的国际组织、到拥有仅限于外交事务权威的联盟政府、再到拥有更大权威的联邦国家,以及最终跨越到拥有完全中央权威的混合型国家。[6]查德·雷科托(Chad Rector)发现,一个与这里所用模式类似的关系型缔约模式解释了成功联邦与失败联邦的几个案例。[7]欧盟的发展,以及甚至更为有限的超国家权威形式的发展,为有关国际等级制形式与原因的其他研究提供了一条清晰的路径。这一方向分析的挑战性在于为国际等级制的所有形式建立一个综合性的理论。

其次,等级制是对无政府状态的一种替代。本书最主要的贡献在于发现并试图理解国家之间等级关系的连续体。但就如其他观察者所指出的,网络也可以成为有效的治理形式,无论是在国内还是不同国家之间。[8]就像联邦式的等级制一样,网状的治理形式在当今世界看来好像正在扩大——或至少得到了新的关注。[9]最终,我们想要解释人们在无政府状态、等级制和网络三者之间的选择,它们是管理政治互动尤其是管理国际关系的不同方式。[10]

最后,本书理论的提出来自于二元关系的角度,分析单位是主导国和一系列构成附属国的个体。然而,附属国个体的集合被视为一个未经分化的群组,类似于国内政治研究中的中间选民模型。[11]主导国与其附属国之间权威契约的一个关键而未经理论化的部分是中间人的作用,或者说是附属单位一些个体的作用,它们作为主导国与其余人口之间的经纪人而进行活动。[12]

并非所有的中间人都是一样的。一些中间人管理着接近其中间选民的立场,而且获得广泛的支持。德意志联邦共和国首任总理(1949—1963

年）康拉德·阿登纳（Konrad Adenauer）就曾因其亲西方的政治观点及温和而有效的领导受到了美国的青睐，但他同样在新的民主政治体制选举中获得强大多数支持，当选并连任。其他一些人利用等级关系及其优点，促进他们自身的独裁统治。事实上，有一段时间，准确来说，主导国偏爱于缺乏大众支持而更为依赖自己支持的独裁者，因为它们是更为温顺的代理人。正如导论中所解释的，多米尼加的独裁者拉斐尔·特鲁希略尽管在本国不得人心，但他却能够利用其作为美国中间人的角色维持权位三十余年，残酷镇压政治对手，而在发展自己的国家上几乎一事无成。只有当他开始拉拢其他国家的支持时才被美国人除掉。更广泛一点，国际等级制可能具有一些分配的意义，不仅是在这整段文字所强调的主导国与附属国之间，也是在附属国人口内部。如果是这样，中间人就可能是一整个阶层，而非具体的个人。

遗憾但或许并不奇怪的是，由于既有研究中对等级制的重视不够，我们没有一个良好的中间人理论。拆解权威契约并将中间人的作用进行理论化是研究计划中重要的下一步。我认为，这将厘清权威和正当性是如何在国内和国家间创造出来并加以维持的。我想，这也将修正本书理论提出的论点，即等级制下必然有一些附属的东西可以至少作为次优的治理选择。尽管这必须为附属国所平均持有，或为每个国家的中间附属群体所持有，但它显然不是一种所有附属国都从国际等级制中平等受益的情况。将国内政治引入国际等级制理论很有可能给等级制及其影响带来其他的理解。

没有一项研究能够以一概全。简单展示一下等级制存在并发挥着作用是必要的第一步。我希望，这本书成为一个进步研究计划的起始，而不是结束。

美国等级制的未来

如果通过国际等级制的镜头观察，国际关系看起来发生了变化，那么在未来的几年和几十年中，适于美国外交政策的措施也会有所不同。正如学者们需要从不同的角度去看，美国公民及其选出的领导人也必须认识到，等级制发挥作用的同时却也异常脆弱。只有通过小心的培育，美国才能重建其自 2003 年以来丧失的国际权威，并防止滑回自然状态。

目前，没有替代美国等级制的可行选择。尽管一些欧洲国家对部分前殖民地保有残留的权威，俄罗斯控制着其临近的几个国家，但没有其他国家能拥有（像）美国如今所拥有的那样广泛的国际等级制。相应地，在欧洲之外，很少有针对封建等级形式的运动，不止是因为美国获益于既有的权威关系，而且在于它可能反对创建任何削弱其优势的替代性选择的努力。在某种程度上，它的权威已经创建了使其附属国受益的相对和平与繁荣区，美国所领导的持续的等级制比其他情形下一个完全的无政府自然状态更为可取。实际的政策问题就变为美国如何能够在满足国家和全球责任的同时最好地维护其国际权威。在这里，我并不想做一个全面的调查，而只是说明在关于如何应对一个崛起的中国及在伊拉克战争之后如何行动的争论中所存在的差异。

中国的崛起

倘若国际政治仅是强制力的功能之一，那么就可以简单地预测未来：对美国而言，中期预测将充满光明，而长期预测则布满黑暗。查尔斯·克劳萨默（Charles Krauthammer）首先提出的"单极时刻"看起来开始变成单极时代。[13]冷战结束后，美国已不再面对一个势均力敌的竞争对手，也不太可能在未来的 25 年左右面对这样的情形。尽管各个国家和非国家行为体将继续在全球范围内挑战美国的利益，而且有可能对美国本土及海外公民发动袭击，仍没有一个国家看起来能够在下一代对其构成重大威胁。

然而，从长远来看，几乎可以肯定的是中国将脱颖而出，成为与美国互相匹敌的超级大国。由于其人口众多，幅员辽阔，以及经济增长迅速，中国的经济总量将有可能在 2025—2050 年间的某个时间超过美国。[14]尽管它仍将是一个"贫穷的"超级大国，人均收入远低于发达国家，它庞大的经济规模将使其很有可能成为世界舞台上的一个主要参与者，而且有可能部署一种等同于美国所部署的全球性军事势力，倘若它选择这样做的话。鉴于中华帝国的历史，以及相对贫穷的状态，许多人预计中国的利益将与美国利益发生冲突。因此，从长远来看，一个新的两极国际体系有可能、甚至很有可能会出现。

当然，这样一种情形建立在强制力是国际权力的唯一形式这一前提之上。然而，通过国际权威和美国等级制的镜头去看，短期和中期似乎更为脆弱，而长期则包含着一些种子，如果精心培养，或许会成就一个更有希望或者良好的未来。[15]

首先就长期来看。正如本书从头至尾所认为的，权威是强制力的一个替代（概念）。投资于权威，并利用权威（而不是强制力），为将包括中国在内的潜在竞争对手拉入一个由美国所领导的国际体系创造了可能。这里类比的是美国在第二次世界大战之后所创建的西方体系。通过提供一套惠于自身及其西欧和东北亚附属国的政治秩序，美国赢得了大量权威和正当性，领导这一由各国组成的共同体，包括英、德等大国以及崛起的经济新贵，诸如日本和韩国。该体系一方面创造了反对苏联的安全，另一方面为美国的各附属国创造了巨大的经济繁荣。[16]这些国家对美国所领导的秩序的"买入"掩盖了其他的可能性，即可能演变为一个更加多极的世界，拥有一层对抗而非低眉顺眼的中等国家或一个统一的欧洲，在世界事务中挑战而不是拥护美国。即使在欧洲国家自战争中恢复元气、日本和韩国实施工业化并加入经济合作与发展组织——富国的俱乐部——之后，它们在美国所领导的秩序中获得的既得利益也有助于维持先前所形成的等级关系。（之前）产生的多元安全共同体将这些国家锁入一系列美国的等级制中，推动所有国家的和平与经济增长。

即使今天中国的地位迥异于饱受战争摧残的欧洲和东北亚经济体——它们推动了美国等级制在第二次世界大战废墟上的建设，在未来也有可能出现一种类似的结果。中国大陆紧跟日本、韩国及亚洲其他"四小龙"的路径，正在寻求一种出口导向型的增长战略，而这不仅依赖于中国本身的持续开放，也有赖于美国及其附属国所控制并由经过它们同意的规则所管辖的开放型世界经济的健康发展。虽然在绝对意义上中国并不是一个"小国"，但它除了在世界市场上是一个"价格接受者"之外，在国际制度中也是一个"政策接受者"。迄今为止,它在很大程度上都是随着现有体系的发展而不断进行适应。[17]反过来,它也在目前的国际秩序内累积了重要的国内利益,这些利益将在未来几年时间内变成一股举足轻重的政治力量,支持中国融入而不是挑战美国秩序。[18]这是与中国进行合作而非对抗战略的分析基础,它往往被其拥护者暗中忽略,也鲜有联系于权威的各种议题。中国融入当前世界秩序的程度越深,在未来挑战美国权威的可能性就越小,即使是随着它强制力的不断增长。希望中国能够像西方体系中的法国一样:成为一个很难驯服但最终忠诚的盟友。

如果将中国整合进现有秩序的战略到头来无法实现,那么美国投资于国际权威并加强其对他国的国际权威将仍然使自己面临一个敌对的竞争对手,即使是拥有一群忠诚而又归属于美国领导下的国际秩序的附属国。尽管美国和中国的经济力量及双方的强制能力有可能变得更加旗鼓相当,但美国控制的阵营会更大,在总体上强于中国。这里再次和冷战时的西方阵营进行类比。例如在 1985 年,美国一国的国内生产总值就以 1.8∶1 的比例远远超出苏联。而北约成员国的国内生产总值合计起来与华沙条约国家整体国内生产总值的比例甚至为 2.9∶1,而且所有"西方"国家的合计总量与东方阵营相比,达到了惊人的 3.3∶1。[19]相比苏联,美国构建的附属国网络明显较大。倘若美国维持其当前在欧洲、东北亚和拉美附属国的权威,并大概将这一权威扩展至南亚和东南亚的一些新的附属国,那么其等级制的整体资源将在很久的未来继续遥遥领先于中国。以这样的规模来检验,中国——就像冷战时期的苏联——最终将很有可能只是另一个挑战美国及其领导的政治秩序的受挫者。

然而,随着中国的不断增长,它很有可能出价收买其本身已有的附属国,对抗美国目前的等级制。我们已经看到一些苗头,中国在排除美国参加的一些地区论坛中努力将自己定位成一个亚洲的领导者,并努力寻求石油生产国的支持,比如苏丹——这些国家由于其人权或其他政治行为被西方国家所规避。中国或许还试图通过向目前寄居于美国等级制的一些附属国提供更好的待遇而使自己的出价高于美国。在这场竞争当中,美国将继续享有真正的优势,因为它领导下的秩序所提供的好处众所周知。归属这些秩序,附属国可以获得实质的利益,而且美国的民主政治体制及其历史上相对"稀薄"的等级实践使其不会滥用所享权威的承诺令人放心。由于正当性附着于现有的等级制，中国不得不向潜在的附属国提供一套甚至更为丰厚的一揽子交易，以争取它们离开美国的怀抱，而这将减少中国自己从得以形成的等级制当中获取收益；或者，它将开发作为一个可靠领导者的声誉，而这将极其困难，因为其本身的制度以及当前在其领导人的政治构想上继续保持自己的帝国历史。尽管如此，美国也必须做好准备，应对中国对附属国的各种企图，而且有可能被迫与之竞争，无论是提供比以往更多的秩序以换取日益稀薄的等级秩序，还是通过各种自毁利益的方式重新书写该秩序的各项规则。暂且不论与其附属国所达成的新契约的形式，美国受到的"净"影响将使未来它在等级制中远不及过去那样有利可图。这或许会使美国进一步对国际事务的兴趣下降，而更有可能通过让其权威自生自灭及忽略其附属国的方式以独善其身。

然而，关键问题在于美国的权威是否能够在短中期内得以维持。在这里，未来将比一般人所认为的更加脆弱。美国的权威远比物质资源脆弱，后者给予美国要挟他国的能力。由于各种战略失误，它已受到严重削弱。问题是，它能否挣回那些自己曾失去的东西？

伊拉克战争

布什政府最终决定在没有他国赞同的情况下发动对伊拉克的战争，这或许比20世纪的任何事件都要破坏美国的国际权威，后果也更为严重。在20世纪最初的年代里，美国对拉美建立了首批等级关系，1945年之后，它将这些等级关系扩展至西欧和东北亚，并进一步试图在冷战后将它们延伸至全球其他地区，在这一过程中，美国精心培育自己的国际权威。正如在第四章中所述，它一直殚精竭虑，使其他国家确信自己不会滥用它们所授予的权威。它将自己的铁拳藏于正当性的丝绒手套之中。但在要求强行推翻萨达姆·侯赛因的过程中，美国索要新的权威，而其他国家却拒绝支持。预防性的政权改变的权力居于主权原则核心，在之前从来不受国际环境约束。在2001年的阿富汗例子中，美国所领导的推翻塔利班的行动发生在一场前所未有的恐怖分子袭击美国本土之后，而其行动者是一个与该政权紧密相关的组织。但预防性的政权改变是某种几乎全新的东西,而且在其他国家眼中,如果赞成的话,将成为一个可能开启危险先例的动作。美国面对国际反对发动伊拉克战争,尤其是在缺乏最重要的一些附属国支持的情况下,也明确宣示,自己既不会受困于本身所作的承诺,也不会受累于对他国同意的需要。它露出了铁拳。

即使美伊关系并未直接影响到其各自与美国的权威契约,为这一战争辩护的一些普遍说法,以及布什政府在面对国际反对时的顽固坚持,也导致附属国和非附属国都对美国对其历史上克制政策的承诺发生了动摇。继拒绝京都议定书之后,美国撤出了在《禁止生物武器公约》中创建一项有效核查机制的努力,宣布反对《全面禁止核试验条约》,退出《反弹道导弹条约》,在建立国际刑事法院的条约上作出"不予签署"的姿态,从而发出了不愿受制于人的明确信号。[20]反过来,在其伊拉克政策遇到反对时,小布什政府官员的首先反应是威吓其传统附属国,这体现为国防部长唐纳德·拉姆斯菲尔德(Donald Rumsfeld)对"老欧洲"的诋毁以及他于2003年在伊拉克战争发动时试图分化欧洲大陆的努力。除此,布什政府没有听取附属国的意见,也没有努力获得它们的首肯,而是一而再、再而三地冲向前方,相信这些国家一旦目睹美国强大的强制力,最终会回到自己身边。[21]在这一过程中,它不仅表明自己有可能会打破先前加诸自身的各项限制,也展示了它有意愿——事实上,急不可耐地——这样做。[22]即便它们或许已对萨达姆·侯赛因政权的可憎性质达成了共识,这一超越权限的特别行动仍损害了美国等级制的核心,并严重削弱了美国在他国眼中的正当性。

伊拉克战争已被证明是一项关键的战略失误。美国不仅在缺乏规划和充足资源的情况下挑起伊拉克战争,[23]显示出自己无力兑现先前承诺给他国的政治秩序,也平白无故地向长期以来在必要时刻维持美国权威的附属国竖起了大旗。这一危害在2004年布什总统以多数普选票获得连任后进一步加重,它向国外的观察者表明,一般的美国人支持或至少不反对这一新的面向世界的立场。[24]

那些还在怀疑权威或等级制是否在国际关系中发挥作用的人只要看看自2003年以来,美国在重建伊拉克、反对核武器在朝鲜和伊朗扩散,或阻止达尔富尔种族灭绝过程中召集同盟所面临的重重困难就可以得知。

美国对采取协调行动的呼吁如今已受到了质疑和忽视，而且在某种程度上，那些已然发生的合作很大部分也是依赖于条款，而不是华盛顿的偏好。它也正面临着一轮民主选举的浪潮，拉美的一些左翼政府反对华盛顿共识和美国在该地区的历史性作用——而要抵消这一趋势，它可以直接做的微乎其微。美国要在一个自己权威早已严重受损的世界中追求其利益与安全的灵活性，如今面临着各种各样的困难和代价。

走向新的社会契约

尽管有些附属国早就得出结论说美国已经成为一个帝国主义国家而非一个合法的领导国，但仍有一些很强的自我平衡力量在起作用，或许还将有助于矫正最近的过火行动。无论在美国国内还是在海外，都有许多利益集团归属于国际秩序，它们强烈要求一种更为内敛的美国领导政策作为回报。从国际上来说，这一要求的核心朝向商业目标，它在美国在拉美和欧洲所创建的政治秩序下不断壮大和繁荣。具有讽刺意味的是，这些受左派诋毁的全球化的指挥者看起来却像是推动美国回到一条内敛领导的多边路径的主要利益关联者。他们的成功——尽管受到美国在近几十年来意识形态色彩最为浓厚的某一政府的限制——或许反映在小布什政府在其第二任期内返回一种更为温和的外交关系路径，特别是在应对朝鲜和伊朗核武器计划的过程中重启多边主义之中。[25]同样，也正是这些利益集团在 2008 年的大选中脱离共和党，转而支持更为中立的候选人巴拉克·奥巴马（Barack Obama）。

反过来，这些既得利益者无论与左派还是与右派都截然相反。就左派而言，自由国际主义的批评者青睐的是一个更具包容性的、增强国际制度作用的多边主义，使全球公民社会和权力的走廊合为一体，除此，他们还偏爱一套权利导向的规则体系。[26]关于制度应当如何改革以及何种权利应被置于国际层面仍有相当大的争议。欧盟宪法的失败就是一个很好的例子。但美国目前的等级体系和有利于全球化的国际秩序相对 21 世纪的各项挑战而言，仍被广泛视为不够允分。

在右派，倾向于美国权力单边使用的新保守主义者和渴望退出领导责任的孤立主义者联合起来，反对任何对美国在全球舞台上行动自由的限制。虽然在他们青睐的美国参与世界事务的程度上方式明显不同,但新保守主义者和孤立主义者在原则性的单边主义上达成了共识,这反映在他们对美国主权的崇敬——而倘若是他国主权,则很难说。[27]

自冷战结束以来,随着新保守派在乔治·W.布什总统第一任期内简单胜出,这些针对通过多边领导而施行内敛等级政策的挑战者队伍不断壮大。[28]具有讽刺意味的是,鉴于其对美国在全球范围内的等级制的未来以及对其附属国日常生活所具有的重要性,美国外交政策的方向将几乎完全取决于在本土自我中心主义的政治斗争中哪种路径获得胜利。

美国等级制的时代尚未结束。即使受到发动伊拉克战争这一决策的严重削弱,美国的权威在世界政治中仍是一股强大的力量。但是,它也不可能恢复原状。正如在前文所强调的,一旦受损,正当性就不可能轻易修复。

在过去的一个世纪中,对(国际)政治秩序而言,美国一直是一股举足轻重的力量。更一般地对其附属国和世界而言,它已提供了一套和平与稳定的举措,也提供了在国内和国家间管理行为的各种规则,创造了前所未有的全球一体化和繁荣程度。建立和维护秩序是其权威依赖的基础。如果美国要继续领导,它必须支撑并增强这一套秩序——而这要求一项持续参与的政策。由于美国早已行动过头,因而解决办法并不是退回孤立主义,而是必须在实际中履行这一早先提供并承诺未来依旧提供的秩序。这项任务在未来的几年和几十年中或许会变得更为重要。由于全球化扩张和跨国外部经济效果对全球治理创造了更大需求,对某种形式国际权威的呼吁将变得更为响亮和突出。美国能够通过其现有的以及可能拥有的新的等级制,在满足这一要求的过程中发挥重要作用。

然而,如果美国成功重建其权威,它将不得不再次变成——就像乔治·W.布什在2000年竞选时所承诺的——一个"谦虚的"国家。在各国国内,合法的政府都不能凌驾于法律之上。这一点在国际上也是如此。占有优势并不会将美国从这些它所希望其他国家遵守的规则当中免除掉。"9·11"事件并没有单独为美国创造新的、特有的权利。通过遵守它为其他国家书写的规则,美国可以展示一项新的限制其本身巨大强制力的承诺。同时,美国必须回到多边主义战略。尽管被新保守主义者嘲笑说对美国权力的这一限制毫无必要且耗资巨大,但多边主义仍然拥有众多未被承认的优点。通过自缚双手,无论是在过去还是现在,多边主义都促进了美国对他国权威的正当化。加诸美国身上的枷锁是各项费用,但恰恰是这些费用才使美国的克制令人信服,也使其政策具有正当性。多边主义以一种其批评者并未意识到的方式,通过创造正当性而将原始的强制力转变为权威。

很多就像在其他情况下一些人可能希望的那样,正当性源于附属国的意见。权威由被统治者授予统治者。统治者——包括各个主导国——并不能随心所欲地界定自己的什么行为是合法的,什么是不合法的。不论其强制力如何超群——这诱使许多国家认为美国能够而且应该单独塑造自己的命运,以及世界的命运——美国都必须再次学会倾听,然后在其附属国可接受的范围之内行事。否则,即使它为了减少等级制形式而或许早已放弃帝国,它将依然被别国定义为一个帝国主义国家;而且它在21世纪精心培育的权威将可能被那些受它统治的国家所排斥。然而,倘若美国及其附属国回归自然状态,我们或许面对的未来就像霍布斯所描述的那样,其中生活充满了"孤独、贫穷、肮脏、野蛮以及粗暴"[29]。

注　释

1. 关于软实力的讨论,参见 Nye 2002。

2. Thucydides 1972,402.

3. Ikenberry 2001.

4. 现实主义者很清楚各国谋求生存,但这明确指什么却并不总是显而易见。华尔兹将混合(amalgamation)援引入较大的单位之中,作为一个目标,在此之上,国家有可能将某个更高的价值置于生存本身之上,暗示着就生存而言,它将是一个持久性主权单位。参见 Waltz 1979,92;也参见 Mearsheimer 2001,18—22。

5. Grieco 1997,184—186.

6. 参见 Lake 2003。

7. Rector 2009.

8. Powell 1990.

9. 参见 Keck and Sikkink 1998;Slaughter 2004;以及 Kahler 2009。

10. 关于这一方向早期的一些步骤,参见 Kahler and Lake 2009,以及 Jung and Lake 2008。

11. 根据权威的集体性质,将附属国个人的集合认为是一个必要的绝对多数或许是合适的。然而，即使在这样的模式中，依然存在一个中间选民，他在形成绝对多数的过程中是决定性的，而且他的偏好将决定政策。

12. 关于国际等级制内的各个合作者，参见 Hollander 2006。

13. Krauthammer 1990/91.

14. 参见 Tammen et al. 2000，153—157；以及 Mearsheimer 2001，396—400。

15. 关于未来亚洲的安全秩序，参见 Friedberg 2005；Ikenberry and Mastanduno 2003；Kang 2003a；Kang 2003b；Kang 2003/04；Mastanduno 2002；Mastanduno 2005。

16. 关于美国体系，参见 Calleo and Rowland 1973；Gilpin 1981；Gilpin 2001；以及 Ikenberry 2001。关于多样性中他所称的美国的绝对统治，参见 Katzenstein 2005。

17. Johnston 2003. 关于小布什政府在其第二任期后期促使中国成为国际经济中的一个利益相关者的努力，参见 Drezner 2007，41。

18. Moore and Yang 2001，但同时参见 Shirk 2007。

19. 所有的比例数字来自沃尔特的计算，参见 Walt 1987，289—291。

20. Soderberg 2005，124—127. 关于这些事件如何破坏美国正当性的一个富有洞察力的解释，参见 Tucker and Hendrickson 2004。

21. Mann 2004，237.

22. Prestowitz 2003.

23. Gordon and Trainor 2006；Packer 2005.

24. Sweig 2006，86.

25. Sanger 2006.

26. 除其他外，参见 Florini 2003；Slaughter 2004。

27. Rabkin 2004；Rabkin 2005.

28. 关于新保守主义，参见 Mann 2004；Mann 2003。关于更多极端的观点，参见 Norton 2004。关于"局内人"对新保守主义的批评，参见 Fukuyama 2006。

29. Brown，Nardin，and Rengger 2002，337.

附　　录

　　本附录为各章使用的每一变量提供了正式的定义、来源和描述性统计。第一部分呈现的是安全和经济等级指标的定义和来源。这些指标全都用于其他数据集。剩下的变量都依据数据类型而进行整理，首先是国家—年份数据，接着是危机层次数据、双边层次数据，最后是联盟数据。所有的复制数据集和用来重新整理本书报告所有结果的 STATA 操作命令（do files），可参见网址 http://dss.ucsd.edu/～dlake/data.html。

等　级　指　数

　　军事人员指数（index of military personnel）：每个国家的人口总数除以该国所驻外国现役军事人员的总数，将 1995 年的最高值标准化为 1。军事人员数据来自国防部网站，可参见 www.heritage.org/Research/National Security/troopsdb.cfm。关于人口的定义可见下文。该指数由作者自制。

　　独立同盟指数（index of independent alliances）：预期效用生成数据（EUGene）软件复制了用来计算 S 分值或同盟组合相似性的矩阵平方。[1]独立同盟的分值利用 gportu41 计算得出，其范围在 0—50 之间浮动，它计算的是与 i 国结盟而没有和美国结盟的国家数目。在此基础上，如果 i

国与美国结盟,这一指数就可以计算为独立同盟数目的倒数。如果一国没有和美国结盟,赋值为 0;这一变量取值自然在 0—1 之间。该指数由作者自制。

安全等级指数(index of security hierarchy):军事人员指数和独立同盟指数的总和,将 1995 年分值最高的国家标准化为 1。该指数由作者自制。

汇率机制指数(index of exchange rate regimes):实际汇率机制采用了莱因哈特和罗戈夫的分类。[2]"锚货币"定义来自迈斯纳和欧姆斯。[3]对于锚定美元的国家,莱因哈特和罗戈夫指数重新调整为 9—15 = 0, 5—8 = 1, 3—4 = 2, 1—2 = 3。其他国家全部赋值为 0。将 1995 年分值最高的国家标准化为 1。"锚货币"数据由克里斯托弗·迈斯纳友情提供。该指数由作者自制。

相对贸易依存指数(index of relative trade dependence):定义为 B 国与美国的贸易量/B 国国内生产总值 − (B 与苏联/俄罗斯)的贸易量/B 国国内生产总值 + B 与中国的贸易量/B 国国内生产总值 + B 与英国的贸易量/B 国国内生产总值 + B 与法国的贸易量/B 国国内生产总值。它将 1995 年的最高值标准化为 1。贸易数据来自格莱迪奇(Gleditsch)。[4]该指数由作者自制。

经济等级指数(index of economic hierarchy):汇率机制指数和双边贸易依存指数之和,将 1995 年分值最高的国家标准化为 1。该指数由作者自制。

国家—年份变量(参见表3.1, 3.2, 5.1—5.3)

这一数据集中的所有变量最初都通过 EUGene 数据生成软件产生,除非另有说明。[5]

能力分值(capability score):战争相关指数的国家物质能力数据集计算的一种能力分值,它将六种物质能力的年度指标合并在一起,它们分别是军费开支、军事人员、能源消耗、钢铁产量、城镇人口和人口总数。

内战(civil war):二值变量(binary variable),如果一国参与一场内战,则为1。来自COW国家间战争数据(Intra-State War Data,1816—1997,v3.0)。

冷战(cold war):二值变量,1950—1991年间所有国家都赋值为1。作者自制。

表 A.1　国家一年份水平变量(1950—2000 年)

变　量	观察值	平均值	标准差	最小值	最大值
安全等级指数	7 111	0.211	0.420	0	5.913
军事人员指数	7 465	0.107	0.608	0	10.826
独立联盟指数	7 138	0.309	0.458	0	1
经济等级指数	5 179	0.208	0.320	0	2.781
汇率机制指数	6 090	0.208	0.364	0	1
相对贸易依存指数	7 210	0.062	0.300	0	8.980
能力分值	7 138	0.007	0.023	0	0.320
内战	7 138	0.075	0.264	0	1
冷战	9 737	0.823	0.382	0	1
防御努力	6 714	0.026	0.047	0	1.402
民主	6 532	− 0.462	7.532	− 10	10
人均GDP	7 465	5 992.402	6 444.167	281.26	46 064.72
人均GDP总值平方	7 465	7.74e+0.7	1.74e+0.8	79 107.2	2.12e+0.9
人口对数	7 465	8.504	2.055	1.946	14.046
大国	7 138	0.038	0.192	0	1
华沙条约成员	9 737	0.028	0.164	0	1
国家间军事化争端介入	7 138	0.349	0.477	0	1
石油输出国组织的中东成员国	9 737	0.032	0.176	0	1
军事人员	7 075	171.850	496.051	0	5 800
其他同盟数量	7 138	9.295	10.883	0	53
人口	7 465	27 964.26	98 134.12	7	1 258 821
实际GDP(以1996年的美元计价为准)	7 465	140 334.4	503 006.3	7.191	9 169 655
贸易开放度	5 754	64.069	43.342	3.148	473.857

防御努力(defense effort):国防开支/国内生产总值。军费开支来自COW国家物质能力数据集。GDP来自格莱迪奇的统计。[6]作者自行计算。

民主(democracy)：政体 2(Polity2)变量来自政体 IV(Polity IV)数据集。[7]

人均国内生产总值(GDP per capita)：按照 1996 年美元价格来算，国内生产总值/人口数量。国内生产总值和人口数据均来自格莱迪奇。[8]

人均国内生产总值平方(GDP per capita squared)：参见人均国内生产总值。作者自行计算。

人口对数(log of population)：人口的自然对数，参见人口定义。

大国(major power)：二值变量，如果一国为大国，则赋为 1，以 COW 成员名单为基础。

华沙条约成员(member of Warsaw Pact)：二值变量，如果一国为华沙条约组织联盟成员，则赋值为 1。作者自行编制。

国家间军事化争端介入(MID involvement)：二值变量，如果一国介入一场军事化的国家间争端，则赋值为 1，如 COW 国家间军事化争端数据集所定义和报告的那样。

石油输出国组织的中东成员国(middle Eastern member of OPEC)：二值变量，如果一国位于中东地区(COW 国家编码 600—699)且是石油输出国组织的正式成员，则赋值为 1。作者自行编制。

军事人员(military personnel)：人员以千计算，来自 COW 国家物质能力数据集 v3.02。

其他同盟数目(number of other allies)：EUGene 数据生成软件复制了用来计算 S 或同盟组合相似性的矩阵平方。[9]其他同盟这一变量的数目等于 gprortul1，gportul2，gportul3 和 gportul4 的总和减去 1(假定每个国家与其自身结盟)的结果，它也代表了一国所参与防御同盟的总体数目。

人口(population)：人口以千计算，数据来自格莱迪奇。[10]

实际国内生产总值(以 1996 年的美元为标准)：国内生产总值按照1996 年美元不变的标准，以百万计。数据计算来自格莱迪奇。[11]

贸易开放度(trade openness)：贸易总额计算为占国内生产总值的百分比；进出口以及国内生产总值数据来自佩恩表(Penn World Tables)v.6.1。

危机层次变量(参见表4.1—4.3)

前文所描述的国家—年份变量提取出来,适用于等级制的所有变量。参见本书正文有关参与或不参与危机(争端)的可观察到的最高层级等级制的架构。

危机持续时间(duration of crisis):危机经历的时间长度,以天计算,来自国际危机行为(ICB)数据集。[12]国际危机行为变量代码为 BREXIT。

争端持续时间(duration of dispute):争端经历的时间长度,以天计算,来自 COW v3.02。[13] COW 中变量代码为 MAXDUR。

危机的地缘政治重要性(geopolitical salience of crisis):有序变量分为五类,用以描述一场国际危机在所涉及地区数目和重要性方面的重大性,来自国际危机行为。[14] 1 = 一个次要地区(即南美洲);2 = 两个次要地区;3 = 一个主要地区(即欧洲)和一个次要地区;4 = 两个主要地区;5 = 整个世界。参见布雷彻(Brecher)和威尔肯菲尔德(Wilkenfeld)在 1997 年《危机研究》中的例子。[15]国际危机行为中变量代码为 GEOSTR。

表 A. 2　危机—层次变量

变　　量	观察值	平均值	标准差	最小值	最大值
MID 数据					
安全等级指数	1 172	0.249	0.450	0	5.913
军事人员指数	1 173	0.160	0.725	0	10.826
独立联盟指数	1 172	0.345	0.465	0	1
经济等级指数	844	0.252	0.321	0	1.742
汇率机制指数	938	0.285	0.389	0	1
相对贸易依存指数	1 058	0.080	0.239	0	4.706
争端持续时间	1 218	144.991	365.624	0	4 764
争端之中暴力阶层	1 079	0.486	1.173	0	6
美国加入正在进行中的国家间军事争端	1 218	0.025	0.155	0	1
ICB 数据					
安全等级指数	300	0.228	0.582	0	5.144

（续表）

变　量	观察值	平均值	标准差	最小值	最大值
军事人员指数	300	0.235	0.407	0	1
独立联盟指数	300	0.225	1.061	0	10.288
经济等级指数	243	0.282	0.385	0	1.742
汇率机制指数	255	0.273	0.396	0	1
相对贸易依存指数	293	0.120	0.323	0	2.323
危机持续时间	300	151.403	221.058	1	1 461
危机的地缘政治重要性	300	1.533	1.013	1	5
危机之中暴力层级	300	2.377	1.012	1	4
美国加入正在进行中的危机	300	2.003	0.791	1	3

危机之中暴力层级（level of violence in crisis）：有序变量，描述国际危机中整体的暴力程度，来自国际危机行为。[16] 1＝无暴力；2＝小型冲突；3＝严重冲突；4＝全面战争。国际危机行为中变量代码为 VIOL。

争端之中暴力层级（level of violence in dispute）：争端各方军事伤亡人数，来自 COW v3.02。[17] COW 中变量代码 FATALPRE。

美国加入正在进行中的国家间军事争端（United States joins an ongoing MID）：二值变量，如果美国加入一场正在进行中的危机，成为危机参与方，赋值为 1，不包括美国作为初始参与方的所有案例。编码来自 COW 国家间军事化争端（MIDs）数据集 v3.02。[18]

美国加入正在进行中的危机（United States joins an ongoing crisis）：分类变量（categorical variable），来自 ICB v5.0。[19] 不包括美国被编为一个行为体的所有案例。国际危机行为中变量代码为 USINV。

表 A.3　双边—年份层次变量

变　量	观察值	平均值	标准差	最小值	最大值
安全等级指数（双边互动）	206 998	0.061	0.189	0	7.546
军事人员指数（双边互动）	208 928	0.009	0.198	0	17.798
独立联盟指数（双边互动）	207 662	0.161	0.362	0	1
经济等级指数（双边互动）	145 036	0.049	0.148	0	2.136
汇率机制指数（双边互动）	162 606	0.056	0.195	0	1
相对贸易依存指数（双边互动）	193 236	0.007	0.108	0	13.951
同时参加关贸总协定	234 597	0.652	0.476	0	1
共同殖民者	234 597	0.100	0.300	0	1

（续表）

变　　量	观察值	平均值	标准差	最小值	最大值
共同语言	234 597	0.222	0.416	0	1
货币联盟	234 597	0.014	0.118	0	1
曾处于殖民地关系	234 597	0.021	0.142	0	1
（关税）普惠制	234 597	0.231	0.422	0	1
距离对数	234 597	8.165	0.809	3.783	9.421
成对国家间年度贸易总量对数	234 597	10.062	3.336	− 16.090	20.811
实际 GDP 产出对数	234 597	47.881	2.676	35.388	59.090
实际人均 GDP 产出对数	234 597	16.034	1.504	9.716	21.598
土地面积产出对数	234 597	24.206	3.280	9.639	32.769
内陆国家数目	234 597	0.246	0.466	0	2
岛国数目	234 597	0.341	0.539	0	2
只有一方参加关贸协定	234 597	0.306	0.461	0	1
区域自由贸易协定	234 597	0.015	0.120	0	1
共同边界	234 597	0.031	0.172	0	1

双边层次变量（Dyadic Variables）（参见表 5.4）

等级制的所有变量均按成对国家之间双边互动的方式计算，来自安德鲁·罗斯（Andrew Rose）《我们是否确实认为 WTO 促进了贸易》一文，除非另有说明。[20]

同时参加关贸总协定（both participate in GATT）：二值变量，如果一对国家之中两国均是关贸总协定或世界贸易组织的参与者，则为 1。[21]

共同的殖民者（common colonizer）：二值变量，如果一对国家在 1945 年之后拥有同一殖民者，则为 1。

共同语言（common language）：二值变量，如果一对国家拥有共同的语言，则为 1。

货币联盟（currency union）：二值变量，如果一对国家之中两国在 T 时间使用同一货币，则为 1。

曾处于殖民地关系（ever in a colonial relationship）：二值变量，如果一对国家之中有一国曾是另一国的殖民地，则为 1。

（关税）普惠制（GSP）：二值变量，如果一对国家中有一国曾通过普惠制（Generalized System of Preferences）对另一国给予贸易减让，则为 1。

距离对数（log distance）：距离的对数，一对国家之中两个国家间英里数的对数。

成对国家间年度贸易总量对数（log of total annual trade between country pairs）：一对国家之中两国之间实际双边贸易的均值对数。

实际国内生产总值产出对数（log product of real GDP）：计算为一对国家之中每一国实际国内生产总值产出（以美元不变计算）的对数。

实际人均国内生产总值产出对数（log product of real GDP per capita）：一对国家之中每一国实际人均国内生产总值产出对数。

土地面积产出对数（log product of land area）：按照一对国家之中每一国的平方公里计算。

内陆国家数目（number landlocked）：一对国家之中内陆国家的数目（0，1 或 2）。

岛国数目（number of islands）：计算一对国家中岛国的数目（0，1 或 2）。

仅有一国参与关贸总协定（only one participates in GATT）：二值变量，如果一对国家中只有一国参与关贸总协定或世界贸易组织，则为 1。[22]

区域自由贸易协定（regional FTA）：二值变量，如果一对国家中两国均属于同一区域贸易协定，则为 1。

共同边界（shared border）：二值变量，如果一对国家之中两国共享同一边界，则为 1。

联盟变量（参见表 5.5）

前文所描述的国家—年份层级数据提取出来，适用于等级制的所有变量。所有其他变量来自田子敦（Tago）。[23]

国内事务中的联盟干预（coalition intervention in domestic affairs）：虚拟变量（dichotomous variable），如果一个联盟的创建是为了对他国领

土内事务采取行动而没有获得该国政府准许,则赋值为1。

联盟战争行动(coalition war operation):虚拟变量,如果一个联盟的创建是为了对至少一个主权国家采取军事行动,而且造成战斗伤亡超过1 000人,则赋值为1。

表 A.4　联盟层次变量

变　量	观察值	平均值	标准差	最小值	最大值
安全等级指数	2 095	0.192	0.363	0	5.362
军事人员指数	2 095	0.082	0.490	0	9.724
独立同盟指数	2 103	0.301	0.454	0	1
经济等级指数	1 537	0.199	0.310	0	1.224
汇率机制指数	1 585	0.212	0.362	0	1
相对贸易依存指数	2 035	0.058	0.237	0	6.065
国内事务中的联盟干预	2 103	0.336	0.472	0	1
联盟指争行动	2 103	0.260	0.439	0	1
政府危机	2 103	0.162	0.475	0	6
参与持久竞争	2 103	0.166	0.372	0	1
共同的主要语言	2 103	0.191	0.393	0	1
与美国共同的民主政体	2 103	0.332	0.471	0	1
大国地位	2 103	0.023	0.149	0	1
军费开支(自然对数)	2 103	10.497	4.610	0	19.337
同一地区内的军事行动	2 103	0.183	0.387	0	1
地区合法性	2 103	0.377	0.485	0	1
联合国合法性	2 103	0.371	0.483	0	1
美国领导的军事同盟	2 080	0.081	0.273	0	1

政府危机(government crises):威胁一个政权垮台的危机情形总数。

参与持久竞争(involvement in enduring rivalry):虚拟变量,如果一国参与至少一起持久性的竞争,则赋值为1。

共同的主要语言(joint primary language):虚拟变量,如果一国与美国共用同一种主要语言,则赋值为1。

与美国共同的民主政权[joint regime(democratic)with the United States]:虚拟变量,如果一国拥有政体 IV(Polity IV),民主得分大于7,则赋值为1。

大国地位(Major power status):虚拟变量,如果一国是 COW 界定的大国,则赋值1。

军费开支(自然对数,military expenditures,natural log):军费开支来自 COW。

同一地区内的军事行动(operation within the same region):虚拟变量,如果一国和联盟目标处于同一地区,则赋值为1;这里的地区由 COW 中的国家编码定义。

地区合法性(regional legitimation):虚拟变量,如果一个联盟受到地区政府间组织的授权,则赋值为1。

联合国合法性(U. N. legitimation):虚拟变量,如果一个联盟受到联合国安理会决议授权,则赋值为1。

美国领导的军事同盟(U. S.-led military coalition):虚拟变量,如果一国参加美国领导的同盟,则赋值为1。

注 释

1. Bennett and Stam 2000.

2. Reinhart and Rogoff 2004.

3. Meissner and Oomes 2004.

4. Gleditsch 2002.

5. Bennett and Stam 2000.

6. Gleditsch 2002.

7. Marshall and Jaggers 2002.

8. Gleditsch 2002.

9. Signorino and Ritter 1999.

10. Gleditsch 2002.

11. Ibid.

12. Brecher and Wilkenfeld 1997.

13. Ghosn, Palmer, and Bremer 2004.

14. Brecher and Wilkenfeld 1997.

15. Ibid.

16. Ibid.

17. Ghosn, Palmer, and Bremer 2004.

18. Ibid.

19. Brecher and Wilkenfeld 1997.

20. Rose 2004.

21. Tomz, Goldstein, and Rivers 2007.

22. Ibid.

23. Tago 2007.

参 考 文 献

Adler, Emanuel, and Michael Barnett, eds. 1998. *Security Communities*. New York: Cambridge University Press.

Allawi, Ali A. 2007. *The Occupation of Iraq: Winning the War, Losing the Peace*. New Haven, CT: Yale University Press.

Allison, Graham T. 1971. *Essence of Decision: Explaining the Cuban Missile Crisis*. Boston: Little, Brown.

Altfeld, Michael F. 1984. The Decision to Ally: A Theory and Test. *Western Political Quarterly* 37(4):523—544.

Altfeld, Michael F., and Bruce Bueno de Mesquita. 1979. Choosing Sides in Wars. *International Studies Quarterly* 23(1):87—112.

Anscombe, G. E. M. 1990. On the Source of the Authority of the State. In *Authority*, edited by Joseph Raz, 142—173. New York: New York University Press.

Atkins, G. Pope, and Larman C. Wilson. 1998. *The Dominican Republic and the United States: From Imperialism to Transnationalism*. Athens: University of Georgia Press.

Aufrant, M. 1999. France and Its Allies: A Comparative Study of Defense Spending Trends since 1985. *Defense and Peace Economics* 10(1):79—102.

Auster, Richard D., and Morris Silver. 1979. *The State as Firm*. Boston: Martinus Nijhoff.

Austin, J. L. 1961. *Philosophical Papers*. Oxford: Clarendon Press.

Axelrod, Robert. 1984. *The Evolution of Cooperation*. New York: Basic Books.

Bacevich, Andrew J. 2002. *American Empire: The Realities and Consequences of U. S. Diplomacy*. Cambridge, MA: Harvard University Press.

Baldwin, David A. 1985. *Economic Statecraft*. Princeton, NJ: Princeton University Press.

Barkey, Karen. 2008. *Empire of Difference: The Ottomans in Comparative Perspective*. New York: Cambridge University Press.

Barnett, Michael, and Raymond Duvall, eds. 2005. *Power in Global Governance*. New York: Cambridge University Press.

Barton, John H., Judith Goldstein, Timothy E. Josling, and Richard H. Steinberg. 2006. *The Evolution of the Trade Regime: Politics, Law, and Economics of the GATT and the WTO*. Princeton, NJ: Princeton University Press.

Barzel, Yoram. 2002. *A Theory of the State: Economic Rights, Legal Rights, and the Scope of the State*. New York: Cambridge University Press.

Baum, Matthew A., and David A. Lake. 2003. The Political Economy of Growth: Democracy and Human Capital. *American Journal of Political Science* 47(2):333—347.

Baumol, William J., John C. Panzar, and Robert D. Willig. 1982. *Contestable Markets and the Theory of Industry Structure*. New York: Harcourt Brace Jovanovich.

Beck, Nathaniel, and Jonathan N. Katz. 1995. What to Do(and Not to Do) with Time-Series Cross-Section Data. *American Political Science Review* 89(3): 634—647.

Beisner, Robert L. 1968. *Twelve against Empire: The Anti-Imperialists, 1898— 1900*. New York: McGraw-Hill.

Bennett, D. Scott, and Allan C. Stam. 2000. Eugene: A Conceptual Manual. *International Interactions* 26(2):179—204.

Bernard, Chester I. 1962. *The Functions of the Executive*. Cambridge, MA: Harvard University Press.

Blau, Peter M. 1963. Critical Remarks on Weber's Theory of Authority. *American Political Science Review* 57(2):305—316.

——. 1964. *Exchange and Power in Social Life*. New York: John Wiley & Sons.

Boone, Catherine. 2003. *Political Topographies of the African State: Territorial Authority and Institutional Choice*. New York: Cambridge University Press.

Brawley, Mark R. 1999. *Afterglow or Adjustment: Domestic Institutions and Responses to Overstretch*. New York: Columbia University Press.

Brecher, Michael, and Jonathan Wilkenfeld. 1997. *A Study of Crisis*. Ann Arbor: University of Michigan Press.

Brooks, Stephen G., and William C. Wohlforth. 2005. Hard Times for Soft Balancing. *International Security* 30(1):72—108.

Brown, Chris, Terry Nardin, and Nicholas Rengger, eds. 2002. *International*

Relations in Political Thought: Texts from the Ancient Greeks to the First World War. New York: Cambridge University Press.

Brzezinski, Zbigniew. 1967. *The Soviet Bloc: Unity and Conflict*. Rev. and enlarged ed. Cambridge, MA: Harvard University Press.

Bueno de Mesquita, Bruce, Alastair Smith, Randolph M. Siverson, and James D. Morrow. 2003. *The Logic of Political Survival*. Cambridge, MA: MIT Press.

Bull, Hedley. 1977. *The Anarchical Society: A Study of Order in World Politics*. New York: Columbia University Press.

Buzan, Barry, and Richard Little. 2000. *International Systems in World History: Remaking the Study of International Relations*. New York: Oxford University Press.

Buzan, Barry, and Ole Wæver. 2003. *Regions and Powers: The Structure of International Security*. New York: Cambridge University Press.

Calder, Kent E. 2007. *Embattled Garrisons: Comparative Base Politics and American Globalism*. Princeton, NJ: Princeton University Press.

Calhoun, Craig, Frederick Cooper, and Kevin W. Moore, eds. 2006. *Lessons of Empire: Imperial Histories and American Power*. New York: The New Press.

Calleo, David P., and Benjamin Rowland. 1973. *American and the World Political Economy: Atlantic Dreams and National Realities*. Bloomington: Indiana University Press.

Cardoso, Fernando Henrique, and Enzo Faletto. 1979. *Dependency and Development in Latin America*. Berkeley: University of California Press.

Carothers, Thomas. 1998. The Rule of Law Revival. *Foreign Affairs* 77(2): 95—106.

Chandrasekaran, Rajiv. 2006. *Imperial Life in the Emerald City: Inside Iraq's Green Zone*. New York: Vintage Books.

Chayes, Abram, and Antonia Handler Chayes. 1993. On Compliance. *International Organization* 47(2):175—205.

——. 1995. *The New Sovereignty: Compliance with International Regulatory Agreements*. Cambridge, MA: Harvard University Press.

Christensen, Thomas J., and Jack Snyder. 1990. Chain Gangs and Passed Bucks: Predicting Alliance Patterns in Multipolarity. *International Organization* 44(2):137—168.

Clark, Ian. 1989. *The Hierarchy of States: Reform and Resistance in the International Order*. New York: Cambridge University Press.

——. 2005. *Legitimacy in International Society*. New York: Oxford University Press.

Clarke, Peter. 2008. *The Last Thousand Days of the British Empire: Churchill*,

Roosevelt，and the Birth of the Pax Americana. New York： Bloomsbury Press.

Clinton，Bill. 2005. *My Life*. New York： Vintage Books.

Coase，Ronald J. 1960. The Problem of Social Cost. *Journal of Law and Economics* 3：1—44.

Cohen，Benjamin J. 1998. *The Geography of Money*. Ithaca： Cornell University Press.

——. 2003. Monetary Governance in a World of Regional Currencies. In *Governance in a Global Economy： Political Authority in Transition*，edited by Miles Kahler and David A. Lake，136—167. Princeton，NJ： Princeton University Press.

Cook，Don. 1995. *The Long Fuse： How England Lost the American Colonies，1760—1785*. New York： Atlantic Monthly Press.

Cooley，Alexander. 2005. *Logics of Hierarchy： The Organization of Empires，States，and Military Occupations*. Ithaca： Cornell University Press.

——. 2008. *Base Politics： Democratic Change and the U. S. Military Overseas*. Ithaca： Cornell University Press.

Cornes，Richard，and Todd Sandler. 1986. *The Theory of Externalities，Public Goods，and Club Goods*. New York： Cambridge University Press.

Cowhey，Peter F. 1993. Domestic Institutions and the Credibility of International Commitments： Japan and the United States. *International Organization* 47 (2)：299—326.

Cowhey，Peter F.，Jonathan D. Aronson，and John E. Richards. 2008. The Peculiar Evolution of 3G Wireless Networks： Institutional Logic，Politics，and Property Rights. In *Governing Global Electronic Networks： International Perspectives on Policy and Power*，edited by William J. Drake and Ernest J. Wilson III. Cambridge，MA： MIT Press.

Cowhey，Peter F.，and John E. Richards. 2006. Building Global Service Markets： Economic Structure and State Capacity. In *The State after Statism： New State Activities in the Age of Liberalization*，edited by Jonah D. Levy，301—339. Cambridge，MA： Harvard University Press.

Cox，Gary W. 1997. *Making Votes Count： Strategic Coordination in the World's Electoral Systems*. New York： Cambridge University Press.

Crandall，Russell. 2006. *Gunboat Democracy： U. S. Interventions in the Dominican Republic，Grenada，and Panama*. Lanham，MD： Rowman and Littlefield.

Crawford，Neta C. 2002. *Argument and Change in World Politics： Ethics，Decolonization，and Humanitarian Intervention*. New York： Cambridge University Press.

Daalder, Ivo H. , and James M. Lindsay. 2003a. *America Unbound: The Bush Revolution in Foreign Policy*. Washington, DC: Brookings Institution Press.

——. 2003b. American Empire, Not "If" but "What Kind". *New York Times*, May 10, A19.

Dahl, Robert A. 1957. The Concept of Power. *Behavioral Science* 2(3):201—215.

Davis, Franklin M. , Jr. 1967. *Come as a Conqueror: The United States Army's Occupation of Germany, 1945—1949*. New York: Macmillan.

Dawisha, Karen, and Bruce Parrott, eds. 1997. *The End of Empire? The Transformation of the USSR in Comparative Perspective*. Armonk, NY: M. E. Sharpe.

Day, John. 1963. Authority. *Political Studies* 11(3):257—271.

Destler, I. M. , and John S. Odell. 1987. *Anti-Protection: Changing Forces in United States Trade Politics*. Washington, DC: Institute for International Economics.

Deudney, Daniel H. 2007. *Bounding Power: Republican Security Theory from the Polis to the Global Village*. Princeton, NJ: Princeton University Press.

Deutsch, Karl. 1957. *Political Community and the North Atlantic Area*. Princeton, NJ: Princeton University Press.

Dickenson, Edwin DeWitt. 1972. *The Equality of States in International Law*. New York: Arno Press.

Diehl, Michael W. , ed. 2000. *Hierarchies in Action: Cui Bono?* Carbondale: Center for Archaeological Investigations, Southern Illinois University.

Dixit, Avinash, and Susan Skeath. 1999. *Games of Strategy*. New York: W. W. Norton.

Donnelly, Jack. 2006. Sovereign Inequalities and Hierarchy in Anarchy: American Power and International Society. *European Journal of International Relations* 12(2):139—170.

Doran, Charles F. 1991. *Systems in Crisis: New Imperatives of High Politics at Century's End*. New York: Cambridge University Press.

Downing, Brian M. 1992. *The Military Revolution and Political Change: Origins of Democracy and Autocracy in Early Modern Europe*. Princeton, NJ: Princeton University Press.

Downs, Anthony. 1957. *An Economic Theory of Democracy*. New York: Harper and Row.

Downs, George W. , David M. Rocke, and Peter N. Barsoom. 1996. Is the Good News About Compliance Good News About Cooperation? *International Organization* 50(3):379—406.

Downs, George W., David M. Rocke, and Randolph M. Siverson. 1986. Arms Races and Cooperation. In *Cooperation Under Anarchy*, edited by Kenneth A. Oye, 118—146. Princeton, NJ: Princeton University Press.

Doyle, Michael W. 1986. *Empires*. Ithaca: Cornell University Press.

——. 1997. *Ways of War and Peace*. New York: W. W. Norton.

Drezner, Daniel W. 2007. The New New World Order. *Foreign Affairs* 86(5): 34—46.

Dumbrell, John. 2001. *A Special Relationship: Anglo-American Relations in the Cold War and After*. New York: St. Martin's Press.

Dunne, Tim. 2003. Society and Hierarchy in International Relations. *International Relations* 17(3):303—320.

Durhan, Yvonne, Jack Hirshleifer, and Vernon L. Smith. 1998. Do the Rich Get Richer and the Poor Poorer? Experimental Tests of a Model of Power. *American Economic Review* 88(4):970—983.

Dworkin, R. M. 1990. Obligations of Community. In *Authority*, edited by Joseph Raz, 218—239. New York: New York University Press.

Earle, Timothy. 1997. *How Chiefs Come to Power: The Political Economy in Prehistory*. Stanford, CA: Stanford University Press.

Efraim, Athena Debbie. 2000. *Sovereign(in)Equality in International Organizations*. Boston: Martinus Nijhoff Publishers.

Ertman, Thomas. 1997. *Birth of the Leviathan: Building States and Regimes in Medieval and Early Modern Europe*. New York: Cambridge University Press.

Evans, Gareth, and Mohamed Sahnoun. 2001. *The Responsibility to Protect*. Ottawa, Canada: International Development Research Centre.

Evans, Peter B., Dietrich Rueschemeyer, and Theda Skocpol, eds. 1985. *Bringing the State Back In*. New York: Cambridge University Press.

Eyerman, Joe, and Robert A. Jr. Hart. 1996. An Empirical Test of the Audience Cost Proposition: Democracy Speaks Louder than Words. *Journal of Conflict Resolution* 40(3):597—616.

Fearon, James D. 1991. Counterfactuals and Hypothesis Testing in Political Science. *World Politics* 43(2):169—195.

——. 1994. Domestic Political Audiences and the Escalation of International Disputes. *American Political Science Review* 88(3):577—592.

——. 1995. Rationalist Explanations for War. *International Organization* 49(3):379—414.

Fearon, James D., and David D. Laitin. 2003. Ethnicity, Insurgency, and Civil War. *American Political Science Review* 97(1):75—90.

Feinman, Gary M., and Joyce Marcus, eds. 1998. *Archaic States*. Santa Fe,

NM: School of American Research Press.

Ferguson, Niall. 2002. *Empire: The Rise and Demise of the British World Order and the Lessons for Global Power*. New York: Basic Books.

———. 2004. *Colossus: The Price of America's Empire*. New York: Penguin Press.

Finnemore, Martha. 2003. *The Purpose of Intervention: Changing Beliefs About the Use of Force*. Ithaca: Cornell University Press.

Finnemore, Martha, and Kathryn Sikkink. 1998. International Norm Dynamics and Political Change. *International Organization* 52(4):887—917.

Finnis, J. M. 1990. Authority. In *Authority*, edited by Joseph Raz, 174—202. New York: New York University Press.

Flathman, Richard E. 1980. *The Practice of Political Authority: Authority and the Authoritative*. Chicago: University of Chicago Press.

Florini, Ann. 2003. *The Coming Democracy: New Rules for Running a New World*. Washington, DC: Island Press.

Fordham, Benjamin O., and Thomas C. Walker. 2005. Kantian Liberalism, Regime Type, and Military Resource Allocation: Do Democracies Spend Less? *International Studies Quarterly* 49(1):141—157.

Foucault, Michael. 1977. *Discipline and Punish: The Birth of the Prison*. Translated by Alan Sheridan. New York: Vintage Books.

Frank, Andre Gunder. 1966. The Development of Underdevelopment. *Monthly Review* 28(4):17—31.

Friedberg, Aaron L. 2005. The Future of U. S.-China Relations: Is Conflict Inevitable? *International Security* 30(2):7—45.

Friedman, R. B. 1990. On the Concept of Authority in Political Philosophy. In *Authority*, edited by Joseph Raz, 56—91. New York: New York University Press.

Friman, H. Richard. 1996. *Narcodiplomacy: Exporting the U. S. War on Drugs*. Ithaca: Cornell University Press.

Fukuyama, Francis. 2006. *America at the Crossroads: Democracy, Power, and the Neoconservative Legacy*. New Haven, CT: Yale University Press.

Furtado, Celso. 1973. The Concept of External Dependence in the Study of Underdevelopment. In *The Political Economy of Development and Underdevelopment*, edited by Charles K. Wilber, 118—123. New York: Random House.

Galtung, Johan. 1971. A Structural Theory of Imperialism. *Journal of Peace Research* 8(2):81—117.

Gartzke, Erik. 1999. War Is in the Error Term. *International Organization*

53(3):567—587.

Gartzke, Erik, and Kristian S. Gleditsch. 2003. Balancing, Bandwagoning, Bargaining and War. Manuscript. University of California, San Diego. La Jolla, CA.

Ghosn, Faten, Glenn Palmer, and Stuart A. Bremer. 2004. The Mid 3 Data Set, 1993—2001: Procedures, Coding Rules, and Description. *Conflict Management and Peace Science* 21(2):133—154.

Gilley, Bruce. 2006a. The Determinants of State Legitimacy: Results for 72 Countries. *International Political Science Review* 27(1):47—71.

——. 2006b. The Meaning and Measure of State Legitimacy: Results for 72 Countries. *European Journal of Political Research* 45:499—525.

Gilpin, Robert. 1971. The Politics of Transnational Economic Relations. In *Transnational Relations and World Politics*, edited by Robert O. Keohane and Joseph S. Nye, Jr. 48—70. Cambridge, MA: Harvard University Press.

——. 1975. *U. S. Power and the Multinational Corporation : The Political Economy of Foreign Direct Investment*. New York: Basic Books.

——. 1977. Economic Interdependence and National Security in Historical Perspective. In *Economic Issues and National Security*, edited by Klaus Knorr and Frank N. Trager, 19—66. Lawrence: Regents Press of Kansas.

——. 1981. *War and Change in World Politics*. New York: Cambridge University Press.

——. 2001. *Global Political Economy: Understanding the International Economic Order*. Princeton, NJ: Princeton University Press.

Gleditsch, Kristian S. 2002. Expanded Trade and GDP Data. *Journal of Conflict Resolution* 46(5):712—724.

Godelier, Maurice, and Marilyn Strathern, eds. 1991. *Big Men and Great Men : Personifications of Power in Melanesia*. New York: Cambridge University Press.

Goebel, Julius. 1923. *The Equality of States: A Study in the History of Law*. New York: Columbia University Press.

Goldsmith, Benjamin E. 2003. Bearing the Defense Burden, 1886—1989: Why Spend More? *Journal of Conflict Resolution* 47(5):551—573.

——. 2007. Defense Effort and Institutional Theories of Democratic Peace and Victory: Why Try Harder? *Security Studies* 16(2):189—222.

Goldstein, Joshua S. 1988. *Long Cycles: Prosperity and War in the Modern Age*. New Haven, CT: Yale University Press.

Gordon, Michael R. , and Bernard E. Trainor. 2006. *Cobra II: The Inside Story of the Invasion and Occupation of Iraq*. New York: Pantheon.

Gowa, Joanne. 1983. *Closing the Gold Window: Domestic Politics and the End of Bretton Woods*. Ithaca: Cornell University Press.

——. 1994. *Allies, Adversaries, and International Trade*. Princeton, NJ: Princeton University Press.

Green, David. 1971. *The Containment of Latin America*. Chicago: University of Chicago Press.

Green, L. 1990. Commitment and Community. In *Authority*, edited by Joseph Raz, 240—267. New York: New York University Press.

Grieco, Joseph M. 1993. Understanding the Problem of International Cooperation: The Limits of Neoliberal Institutionalism and the Future of Realist Theory. In *Neorealism and Neoliberalism: The Contemporary Debate*, edited by David A. Baldwin, 301—338. New York: Columbia University Press.

——. 1997. Realist International Relations Theory and the Study of World Politics. In *New Thinking in International Relations Theory*, edited by Michael W. Doyle and G. John Ikenberry, 163—201. Boulder, CO: Westview Press.

Gross, Leo. 1948. The Peace of Westphalia, 1648—1948. *American Journal of International Law* 42(1):20—41.

Haas, Ernst B. 1953. The Balance of Power: Prescription, Concept, or Propaganda? *World Politics* 5(4):442—477.

Hager, Robert P. Jr., and David A. Lake. 2000. Balancing Empires: Competitive Decolonization in International Politics. *Security Studies* 9(3):108—148.

Hancock, Kathleen J. 2001. Surrendering Sovereignty: Hierarchy in the International System and the Former Soviet Union. Ph. D. dissertation, University of California, San Diego.

Harris, John F. 2005. *The Survivor: Bill Clinton in the White House*. New York: Random House.

Hartley, Keith, and Todd Sandler. 1999. NATO Burden-Sharing: Past and Future. *Journal of Peace Research* 36(6):665—680.

Hartlyn, Jonathan. 1991. The Dominican Republic: The Legacy of Intermittent Engagement. In *Exporting Democracy: The United States and Latin America*, edited by Abraham F. Lowenthal, 175—214. Baltimore: Johns Hopkins University Press.

Harvey, David. 2003. *The New Imperialism*. New York: Oxford University Press.

Hathaway, Oona. 1998. Positive Feedback: The Impact of Trade Liberalization on Industry Demands for Protection. *International Organization* 52(3):575—612.

Hechter, Michael. 2006. Alien Rule and Its Discontents. Manuscript. Arizona State University, Tempe, AZ.

Hemmer, Christopher, and Peter J. Katzenstein. 2002. Why Is There No NATO in Asia? Collective Identity, Regionalism, and the Origins of Multilateralism. *International Organization* 56(3):575—607.

Hendrickson, David C. 2003. *Peace Pact: The Lost World of the American Founding*. Lawrence: University Press of Kansas.

Herbst, Jeffrey. 2000. *States and Power in Africa: Comparative Lessons in Authority and Control*. Princeton, NJ: Princeton University Press.

Hietala, Thomas R. 2003. *Manifest Design: American Exceptionalism and Empire*. Revised ed. Ithaca: Cornell University Press.

Hinsley, F. H. 1986. *Sovereignty*. 2nd ed. New York: Cambridge University Press.

Hirschman, Albert O. 1980. *National Power and the Structure of Foreign Trade*. Berkeley: University of California Press.

Hirshleifer, Jack. 1991. The Paradox of Power. *Economics and Politics* 3(3): 177—200.

Hobson, John M., and J. C. Sharman. 2005. The Enduring Place of Hierarchy in World Politics: Tracing the Social Logic of Hierarchy and Political Change. *European Journal of International Relations* 11(1):63—98.

Hoffmann, Stanley. 2004. *Gulliver Unbound: America's Imperial Temptation and the War in Iraq*. Lanham, MD: Rowman and Littlefield.

Hollander, Ethan J. 2006. Swords or Shields: Implementing and Subverting the Final Solution in Nazi-Occupied Europe. Ph. D. dissertation, University of California, San Diego.

Howe, Stephen. 2002. *Empire: A Very Short Introduction*. New York: Oxford University Press.

Huth, Paul K. 1988. *Extended Deterrence and the Prevention of War*. New Haven, CT: Yale University Press.

——. 1998. Major Power Intervention in International Crises, 1918—1988. *Journal of Conflict Resolution* 42(6):744—770.

Ikenberry, G. John. 2001. *After Victory: Institutions, Strategic Restraint, and the Rebuilding of Order after Major Wars*. Princeton, NJ: Princeton University Press.

——. 2002. Democracy, Institutions, and American Restraint. In *America Unrivaled: The Future of the Balance of Power*, edited by G. John Ikenberry, 213—238. Ithaca: Cornell University Press.

Ikenberry, G. John, and Michael Mastanduno, eds. 2003. *International Rela-*

tions Theory and the Asia-Pacific. New York: Columbia University Press.

Jackson, Robert H. 1990. *Quasi-States: Sovereignty, International Relations and the Third World*. New York: Cambridge University Press.

James, Harold. 2006. *The Roman Predicament: How the Rules of International Order Create the Politics of Empire*. Princeton, NJ: Princeton University Press.

James, Lawrence. 1994. *The Rise and Fall of the British Empire*. New York: St. Martin's Griffin.

——. 1997. *Raj: The Making and Unmaking of British India*. New York: St. Martin's Press.

James, Scott, and David A. Lake. 1989. The Second Face of Hegemony: Britain's Repeal of the Corn Laws and the American Walker Tariff of 1846. *International Organization* 43(1):1—29.

Jervis, Robert. 1976. *Perception and Misperception in International Politics*. Princeton, NJ: Princeton University Press.

——. 1978. Cooperation under the Security Dilemma. *World Politics* 30(2): 167—214.

——. 1993. International Primacy: Is the Game Worth the Candle? *International Security* 17(4):52—67.

Johnson, Chalmers. 2000. *Blowback: The Costs and Consequences of American Empire*. Boston: Little, Brown and Company.

——. 2004. *The Sorrows of Empire: Militarism, Secrecy, and the End of the Republic*. New York: Metropolitan Books.

Johnson, George. 2008. *The Ten Most Beautiful Experiments*. New York: Alfred A. Knopf.

Johnston, Alastair Iain. 2003. Is China a Status Quo Power? *International Security* 27(4):5—56.

Jung, Danielle, and David A. Lake. 2008. Markets, Hierarchies, and Networks: An Agent-Based Organizational Ecology. Presented at the Annual Meeting of the American Political Science Association. Boston, MA.

Kahler, Miles. 1997. Inventing International Relations: International Relations Theory after 1945. In *New Thinking in International Relations*, edited by Michael W. Doyle and G. John Ikenberry, 20—53. Boulder, CO: Westview Press.

——, ed. 2009. *Networked Politics: Agency, Power, and Governance*. Ithaca: Cornell University Press.

Kahler, Miles, and David A. Lake. 2009. Economic Integration and Global Governance: Why So Little Supranationalism? In *The Politics of Global Regula-*

tion, edited by Ngaire Woods and Walter Mattli, 242—275. Princeton, NJ: Princeton University Press.

Kang, David. 2003a. Hierarchy and Stability in Asian International Relations. In *International Relations Theory and the Asia-Pacific*, edited by G. John Ikenberry and Michael Mastanduno, 163—190. New York: Columbia University Press.

Kang, David C. 2003b. Getting Asia Wrong? The Need for New Analytical Frameworks. *International Security* 27(4):57—85.

———. 2003/04. Hierarchy, Balancing, and Empirical Puzzles in Asian International Relations. *International Security* 28(3):165—180.

Kastner, Scott L. 2009. *Political Conflict and Economic Interdependence Across the Taiwan Strait and Beyond*. Stanford, CA: Stanford University Press.

Katzenstein, Peter J. 2005. *A World of Regions: Asia and Europe in the American Imperium*. Ithaca: Cornell University Press.

———, ed. 1978. *Between Power and Plenty: Foreign Economic Policies of Advanced Industrial States*. Madison: University of Wisconsin Press.

Kaufman, Chaim D., and Robert A. Pape. 1999. Explaining Costly International Moral Action: Britain's Sixty-Year Campaign against the Atlantic Slave Trade. *International Organization* 53(4):631—668.

Keck, Margaret E., and Kathryn Sikkink. 1998. *Activists Beyond Borders: Advocacy Networks in International Politics*. Ithaca: Cornell University Press.

Keene, Edward. 2002. *Beyond the Anarchical Society: Grotius, Colonialism and Order in World Politics*. New York: Cambridge University Press.

———. 2007. A Case Study of the Construction of International Hierarchy: British Treaty-Making against the Slave Trade in the Early Nineteenth Century. *International Organization* 61(2):311—339.

Kennedy, Paul. 1987. *The Rise and Fall of the Great Powers: Economic Change and Military Power from 1500 to 2000*. New York: Random House.

Keohane, Robert O. 1971. The Big Influence of Small Allies. *Foreign Policy*(2): 161—182.

———. 1984. *After Hegemony: Cooperation and Discord in the World Political Economy*. Princeton, NJ: Princeton University Press.

Keohane, Robert O., and Lisa L. Martin. 1995. The Promise of Institutionalist Theory. *International Security* 20(1):39—51.

Keohane, Robert O., and Joseph S. Nye Jr.. 1977. *Power and Interdependence: World Politics in Transition*. Boston: Little, Brown.

Kindleberger, Charles P. 1973. *The World in Depression, 1929—1939*. Berkeley: University of California Press.

King, Gary, Robert O. Keohane, and Sidney Verba. 1994. *Designing Social Inquiry: Scientific Inference in Qualitative Research*. Princeton, NJ: Princeton University Press.

King, Gary, and Langche Zeng. 2001. Explaining Rare Events in International Relations. *International Organization* 55(3):693—715.

Klein, Benjamin, Robert G. Crawford, and Armen A. Alchian. 1978. Vertical Integration, Appropriable Rents, and the Competitive Contracting Process. *Journal of Law and Economics* 21(2):297—326.

Knock, Thomas J. 1992. *To End All Wars: Woodrow Wilson and the Quest for a New World Order*. New York: Oxford University Press.

Krasner, Stephen D. 1976. State Power and the Structure of International Trade. *World Politics* 28(3):317—347.

——. 1978. *Defending the National Interest: Raw Materials Investments and U.S. Foreign Policy*. Princeton, NJ: Princeton University Press.

——. 1993. Westphalia and All That. In *Ideas and Foreign Policy: Beliefs, Institutions, and Political Change*, edited by Judith Goldstein and Robert O. Keohane, 235—264. Ithaca: Cornell University Press.

——. 1999. *Sovereignty: Organized Hypocrisy*. Princeton, NJ: Princeton University Press.

——, ed. 1983. *International Regimes*. Ithaca: Cornell University Press.

——, ed. 2001. *Problematic Sovereignty: Contested Rules and Political Possibilities*. New York: Columbia University Press.

Krauthammer, Charles. 1990/91. The Unipolar Moment. *Foreign Affairs* 70(1):23—33.

Kreps, David M. 1990. *A Course in Microeconomic Theory*. Princeton, NJ: Princeton University Press.

Kuran, Timur. 1991. Now Out of Never: The Element of Surprise in the East European Revolution of 1989. *World Politics* 44(1):7—48.

LaFeber, Walter. 1983. *Inevitable Revolutions: The United States in Central America*. New York: W. W. Norton.

——. 1985. *America, Russia, and the Cold War, 1945—1984*. 5th ed. New York: Knopf.

——. 1994. *The American Age: U.S. Foreign Policy at Home and Abroad, 1750 to the Present*. 2nd ed. New York: W. W. Norton.

——. 1997. *The Clash: U.S.-Japanese Relations Throughout History*. New York: W. W. Norton.

Laitin, David D. 2006. Legitimate Domination: Quasi-Performatives and Neo-Trusteeship. Memo presented at the Workshop on Legitimacy in the Modern

World. University of California, San Diego.

Lakatos, Imre. 1978. *The Methodology of Scientific Research Programmes: Philosophical Papers, Volume 1*. Edited by John Worrall and Gregory Currie. New York: Cambridge University Press.

Lake, David A. 1988. *Power, Protection, and Free Trade: The International Sources of American Commercial Strategy, 1887—1939*. Ithaca: Cornell University Press.

——. 1992. Power Pacifists: Democratic States and War. *American Political Science Review* 86(1):24—37.

——. 1993. Leadership, Hegemony, and the International Economy: Naked Emperor or Tattered Monarch with Potential? *International Studies Quarterly* 37(4):459—489.

——. 1996. Anarchy, Hierarchy, and the Variety of International Relations. *International Organization* 50(1):1—33.

——. 1999a. *Entangling Relations: American Foreign Policy in Its Century*. Princeton, NJ: Princeton University Press.

——. 1999b. Global Governance: A Relational Contracting Approach. In *Globalization and Governance*, edited by Aseem Prakash and Jeffrey A. Hart, 31—53. New York: Routledge.

——. 2001. Beyond Anarchy: The Importance of Security Institutions. *International Security* 26(1):129—160.

——. 2003. The New Sovereignty in International Relations. *International Studies Review* 5(3):303—323.

——. 2009. Regional Hierarchies: Authority and the Local Production of International Order. *Review of International Studies* 35(supplement):35—58.

Lake, David A., and Matthew A. Baum. 2001. The Invisible Hand of Democracy: Political Control and the Provision of Public Services. *Comparative Political Studies* 34(6):587—621.

Lal, Deepak. 2004. *In Praise of Empires: Globalization and Order*. New York: Palgrave Macmillan.

Lasswell, Harold D., and Abraham Kaplan. 1950. *Power and Society: A Framework for Analysis*. New Haven, CT: Yale University Press.

Layne, Christopher. 1993. The Unipolar Illusion: Why New Great Powers Will Rise. *International Security* 17(4):5—51.

Lemke, Douglas. 2002. *Regions of War and Peace*. New York: Cambridge University Press.

Levi, Margaret. 1988. *Of Rule and Revenue*. Berkeley: University of California Press.

———. 1997. *Consent, Dissent, and Patriotism*. New York: Cambridge University Press.

Levi, Margaret, and Audrey Sacks. 2006. Achieving Good Government—and, Maybe, Legitimacy. Manuscript. University of Washington.

Levy, Jack S., and William R. Thompson. 2005. Hegemonic Threats and Great-Power Balancing in Europe, 1495—1999. *Security Studies* 14(1):1—30.

Lieber, Keir A., and Gerard Alexander. 2005. Waiting for Balancing: Why the World Is Not Pushing Back. *International Security* 30(1):109—139.

Lieber, Robert J. 2005. *The American Era: Power and Strategy for the 21st Century*. New York: Cambridge University Press.

Lipson, Charles. 2003. *Reliable Partners: How Democracies Have Made a Separate Peace*. Princeton, NJ: Princeton University Press.

Lohmann, Susanne. 1994. The Dynamics of Informational Cascades: The Monday Demonstrations in Leipzig, East Germany, 1989—1991. *World Politics* 47(1):42—101.

Louis, Wm. Roger. 1977. *Imperialism at Bay: The United States and the Decolonization of the British Empire, 1941—1945*. New York: Oxford University Press.

Louis, Wm. Roger, and Hedley Bull, eds. 1986. *The "Special Relationship": Anglo-American Relations since 1945*. Oxford: Clarendon Press.

Lowenthal, Abraham F. 1995. *The Dominican Intervention*. Baltimore: Johns Hopkins University Press.

Lukes, Steven. 1977. *Power: A Radical View*. London: Macmillan.

———. 1990. Perspectives on Authority. In *Authority*, edited by Joseph Raz, 203—217. New York: New York University Press.

Lundestad, Geir. 1990. *The American "Empire."* New York: Oxford University Press.

MacDonald, Paul K. 2008. The Role of Hierarchy in International Politics. *International Security* 32(4):171—180.

MacIntyre, Andrew. 2001. Institutions and Investors: The Politics of Economic Crisis in Southeast Asia. *International Organization* 55(1):81—122.

Mandelbaum, Michael. 2005. *The Case for Goliath: How America Acts as the World's Government in the 21st Century*. New York: Public Affairs.

Mann, James. 2004. *Rise of the Vulcans: The History of Bush's War Cabinet*. New York: Penguin Books.

Mann, Michael. 1986. *The Sources of Social Power, Volume 1: A History of Power from the Beginning to A.D. 1760*. New York: Cambridge University Press.

——. 2003. *Incoherent Empire*. New York: Verso.

Mansfield, Edward D. 1994. *Power, Trade, and War*. Princeton, NJ: Princeton University Press.

Mares, David R. 2001. *Violent Peace: Militarized Interstate Bargaining in Latin America*. New York: Columbia University Press.

——. 2005. *Drug Wars and Coffeehouses: The International Political Economy of the Drug Trade*. Washington, DC: Congressional Quarterly Press.

Marshall, Monty G., and Keith Jaggers. 2002. Polity IV Project: Data Users' Manual. In *Polity IV Dataset Version 2002*. University of Maryland, College Park: Integrated Network for Societal Conflict Research, Center for International Development and Conflict Management.

Martin, Lisa L. 2000. *Democratic Commitments: Legislatures and International Cooperation*. Princeton, NJ: Princeton University Press.

Martin, Lisa L., and Beth A. Simmons. 1998. Theories and Empirical Studies of International Institutions. *International Organization* 52(4):729—757.

Mastanduno, Michael. 2002. Incomplete Hegemony and Security Order in the Asia-Pacific. In *America Unrivaled: The Future of the Balance of Power*, edited by G. John Ikenberry, 181—210. Ithaca: Cornell University Press.

——. 2005. Hegemonic Order, September 11, and the Consequences of the Bush Revolution. *International Relations of the Asia Pacific* 5(2):177—196.

McKeown, Timothy J. 1989. Hegemonic Stability Theory and 19th-Century Tariff Levels in Europe. *International Organization* 37(1):73—91.

Mearsheimer, John J. 1990. Back to the Future: Instability in Europe after the Cold War. *International Security* 15(1):5—56.

——. 1993. The Case for a Ukrainian Nuclear Deterrent. *Foreign Affairs* 72(3):50—66.

——. 1994. The False Promise of International Institutions. *International Security* 19(3):5—49.

——. 2001. *The Tragedy of Great Power Politics*. New York: W. W. Norton.

Meissner, Christopher M., and Nienke Oomes. 2004. Why Do Countries Peg the Way They Peg? The Determinants of Anchor Currency Choice. Paper presented at the Political Economy of Finance, February, University of California, San Diego, La Jolla, CA.

Miller, James Edward 1986. *The United States and Italy, 1940—1950: The Politics and Diplomacy of Stabilization*. Chapel Hill: University of North Carolina Press.

Milner, Helen V. 1988. *Resisting Protectionism: Global Industries and the Politics of International Trade*. Princeton, NJ: Princeton University Press.

——. 1991. The Assumption of Anarchy in International Relations: A Critique. *Review of International Studies* 17(1):67—85.

Milner, Helen V. , and Keiko Kubota. 2005. Why the Move to Free Trade? Democracy and Trade Policy in Developing Countries. *International Organization* 59:107—143.

Modelski, George. 1987. *Long Cycles in World Politics*. Seattle: University of Washington Press.

Moore, Thomas G. , and Dixia Yang. 2001. Empowered and Restrained: Chinese Foreign Policy in the Age of Economic Interdependence. In *The Making of Chinese Foreign and Security Policy in the Era of Reform*, edited by David M. Lampton. Stanford, CA: Stanford University Press.

Morrow, James D. 1991. Alliances and Asymmetry: An Alternative to the Capability Aggregation Model of Alliances. *American Journal of Political Science* 35(4):904—933.

——. 1993. Arms Versus Allies: Trade-Offs in the Search for Security. *International Organization* 47(2):207—233.

——. 1994a. *Game Theory for Political Scientists*. Princeton, NJ: Princeton University Press.

——. 1994b. Alliances, Credibility, and Peacetime Costs. *Journal of Conflict Resolution* 38(2):270—297.

Murdoch, James C. , and Todd Sandler. 1982. A Theoretical and Empirical Study of NATO. *Journal of Conflict Resolution* 26(2):237—263.

Nearing, Scott, and Joseph Freeman. 1994. Dollar Diplomacy. In *Money Doctors, Foreign Debts, and Economic Reforms in Latin America from the 1890s to the Present*, edited by Paul W. Drake, 3—25. Wilmington, DE: Scholarly Resources.

North, Douglass C. 1981. *Structure and Change in Economic History*. New York: W. W. Norton.

North, Douglass C. , and Barry R. Weingast. 1989. Constitutions and Credible Commitments: The Evolution of the Institutions of Public Choice in 17th-Century England. *Journal of Economic History* 49(4):803—832.

Norton, Anne. 2004. *Leo Strauss and the Politics of American Empire*. New Haven, CT: Yale University Press.

Nye, Joseph S. Jr. 2002. *The Paradox of American Power: Why the World's Only Superpower Can't Go It Alone*. New York: Oxford University Press.

Odom, William E. , and Robert Dujarric. 2004. *America's Inadvertent Empire*. New Haven, CT: Yale University Press.

Olson, Mancur. 1965. *The Logic of Collective Action: Public Goods and the*

Theory of Groups. Cambridge, MA: Harvard University Press.

——. 2000. *Power and Prosperity: Outgrowing Communist and Capitalist Dictatorships*. New York: Basic Books.

Olson, Mancur, and Richard Zeckhauser. 1966. An Economic Theory of Alliances. *Review of Economics and Statistics* 48(3):266—279.

Oneal, John R., and Hugh Carter Whatley. 1996. The Effect of Alliance Membership on National Defense Burdens, 1953—1988: A Test of Mancur Olson's Theory of Collective Action. *International Interactions* 22(2):105—122.

Onuf, Nicholas, and Frank F. Klink. 1989. Anarchy, Authority, Rule. *International Studies Quarterly* 33, 2(June):149—173.

Organski, A. F. K. 1968. *World Politics*. 2nd ed. New York: Alfred A. Knopf.

Organski, A. F. K., and Jacek Kugler. 1980. *The War Ledger*. Chicago: University of Chicago Press.

Osiander, Andreas. 2001. Sovereignty, International Relations, and the Westphalian Myth. *International Organization* 55(2):251—287.

Ostrom, Elinor. 1990. *Governing the Commons*. New York: Cambridge University Press.

Oye, Kenneth A., ed. 1985. *Cooperation under Anarchy*. Princeton, NJ: Princeton University Press.

Packer, George. 2005. *The Assassins' Gate: America in Iraq*. New York: Farrar, Straus and Giroux.

Palma, G. 1978. Dependency: A Formal Theory of Underdevelopment or a Methodology for the Analysis of Concrete Situations of Dependency. *World Development* 6(7—8):881—924.

Pape, Robert A. 2005. Soft Balancing against the United States. *International Security* 30(1):7—45.

Partell, Peter J., and Glenn Palmer. 1999. Audience Costs and Interstate Crises: An Empirical Assessment of Fearon's Model of Dispute Outcomes. *International Studies Quarterly* 43(2):389—405.

Paul, T. V. 2005. Soft Balancing in the Age of U. S. Primacy. *International Security* 30(1):46—71.

Persson, Torsten, and Guido Tabellini. 2000. *Political Economics: Explaining Economic Policy*. Cambridge, MA: MIT Press.

Philpott, Daniel. 2001. *Revolutions in Sovereignty: How Ideas Shaped Modern International Relations*. Princeton, NJ: Princeton University Press.

Pitkin, Hanna. 1972. *Wittgenstein and Justice*. Berkeley: University of California Press.

Powell, Robert. 1999. *In the Shadow of Power: States and Strategies in International Politics*. Princeton, NJ: Princeton University Press.

Powell, Walter W. 1990. Neither Market nor Hierarchy: Network Forms of Organization. *Research in Organizational Behavior* 12:295—336.

Press, Daryl. 2005. *Calculating Credibility: How Leaders Assess Military Threats*. Ithaca: Cornell University Press.

Prestowitz, Clyde. 2003. *Rogue Nation: American Unilateralism and the Failure of Good Intentions*. New York: Basic Books.

Rabkin, Jeremy A. 2004. *The Case for Sovereignty: Why the World Should Welcome American Independence*. Washington, DC: AEI Press.

———. 2005. *Law without Nations? Why Constitutional Government Requires Sovereign States*. Princeton, NJ: Princeton University Press.

Ray, James Lee. 1989. The Abolition of Slavery and the End of International War. *International Organization* 43(3):405—439.

Raz, Joseph. 1990a. Authority and Justification. In *Authority*, edited by Joseph Raz, 115—141. New York: New York University Press.

———, ed. 1990b. *Authority*. New York: New York University Press.

Rector, Chad. 2009. *Federations: The Political Dynamics of Cooperation*. Ithaca: Cornell University Press.

Redmond, Elsa M., ed. 1998. *Chiefdoms and Chieftaincy in the Americas*. Gainsville: University of Florida Press.

Reid, Helen Dwight. 1932. *International Servitudes in Law and Practice*. Chicago: University of Chicago Press.

Reinhart, Carmen M., and Kenneth S. Rogoff. 2004. The Modern History of Exchange Rate Arrangements: A Reinterpretation. *Quarterly Journal of Economics* 69(1):1—48.

Reiter, Dan, and Allan C. Stam. 2002. *Democracies at War*. Princeton, NJ: Princeton University Press.

Reus-Smit, Christian. 1999. *The Moral Purpose of the State: Culture, Social Identity, and Institutional Rationality in International Relations*. Princeton, NJ: Princeton University Press.

———. 2007. International Crises of Legitimacy. *International Politics* 44(2/3): 157—174.

Richards, John. 1999. Toward a Positive Theory of International Institutions: Regulating International Aviation Markets. *International Organization* 53(1):1—37.

Ricks, Thomas E. 2006. *Fiasco: The American Military Adventure in Iraq*. New York: Penguin Press.

Riddell, Peter. 2004. *Hug Them Close: Blair, Clinton, Bush and the "Special Relationship"*. Revised ed. London: Politico's.

Rieff, David. 2008. Will Little Havana Go Blue? In *New York Times Magazine*, July 13, 46—51.

Risse, Thomas. 2002. U. S. Power in a Liberal Security Community. In *American Unrivaled: The Future of the Balance of Power*, edited by G. John Ikenberry, 260—283. Ithaca: Cornell University Press.

Rose, Andrew K. 2004. Do We Really Know That the WTO Increases Trade? *American Economic Review* 94(1):98—114.

Rosecrance, Richard N., and Chih-Cheng Lo. 1996. Balancing, Stability, and War: The Mysterious Case of the Napoleonic International System. *International Studies Quarterly* 40(4):479—500.

Ross, Michael L. 1999. The Political Economy of the Resource Curse. *World Politics* 51(2):297—322.

Ruggie, John G. 1986. Continuity and Transformation in the World Polity: Toward a Neorealist Synthesis. In *Neorealism and Its Critics*, edited by Robert O. Keohane, 131—157. New York: Columbia University Press.

———, ed. 1993. *Multilateralism Matters: The Theory and Praxis of an Institutional Form*. New York: Columbia University Press.

Sachs, Jeffrey D., and Andrew M. Warner. 2001. The Curse of Natural Resources. *European Economic Review* 45(4—6):827—838.

Sahlins, Marshall. 2000. *Culture in Practice: Selected Essays*. New York: Zone Books.

Sandler, Todd. 1992. *Collective Action: Theory and Applications*. Ann Arbor: University of Michigan Press.

———. 2004. *Global Collective Action*. New York: Cambridge University Press.

Sanger, David E. 2006. In Global Shift, Bush Rethinks Going It Alone. In *New York Times*, March 13, A1 and 6. National Edition.

Schelling, Thomas C. 1966. *Arms and Influence*. New Haven, CT: Yale University Press.

Schmidt, Brian C. 1998. *The Political Discourse of Anarchy: A Disciplinary History of International Relations*. Albany: State University of New York Press.

Schroeder, Paul. 1976. Alliances, 1815—1945: Weapons of Power and Tools of Management. In *Historical Dimensions of National Security Problems*, edited by Klaus Knorr, 227—262. Lawrence, KN: University Press of Kansas.

———. 1992. Did the Vienna Settlement Rest on a Balance of Power? *American Historical Review* 97(3):683—706.

——. 1994. Historical Reality vs. Neo-Realist Theory. *International Security* 19(1):108—148.

Schultz, Kenneth A. 2001a. *Democracy and Coercive Diplomacy*. New York: Cambridge University Press.

——. 2001b. Looking for Audience Costs. *Journal of Conflict Resolution* 45:32—60.

Schweller, Randall L. 1994. Bandwagoning for Profit: Bringing the Revisionist State Back In. *International Security* 19(1):72—107.

——. 1997. New Realist Research on Alliances: Refining, Not Refuting, Waltz's Balancing Proposition. *American Political Science Review* 91(4):927—930.

Scott, James C. 1985. *Weapons of the Weak: Everyday Forms of Peasant Resistance*. New Haven, CT: Yale University Press.

Shanker, Thom. Iraq Ally Lists Were Altered, Study Shows. New York Times, November 24. Available at: http://www. nytimes. com/2008/11/25/washington/25documents. html? _r = 1&scp = 2&sq = coalition% 20of% 20the% 20willing&st = cse.

Shirk, Susan. 2007. *China: Fragile Superpower: How China's Internal Politics Could Derail Its Peaceful Rise*. New York: Oxford University Press.

Signorino, Curtis S. , and Jeffrey M. Ritter. 1999. Tau-B or Not Tau-B: Measuring the Similarity of Foreign Policy Positions. *International Studies Quarterly* 43(1):115—144.

Signorino, Curtis S. , and Ahmer Tarar. 2006. A Unified Theory and Test of Extended Immediate Deterrence. American Journal of Political Science 50(3): 586—605.

Simmons, John A. 2002. Political Obligation and Authority. In *Blackwell Guide to Social and Political Philosophy*, edited by Robert L. Simon, 17—37. Malden, MA: Blackwell.

Simon, Herbert A. 1976. *Administrative Behavior: A Study of Decision-Making Processes in Administrative Organization*. 3rd ed. New York: Free Press.

Simpson, Gerry. 2004. *Great Powers and Outlaw States: Unequal Sovereigns in the International Legal Order*. New York: Cambridge University Press.

Siverson, Randolph M. , and Juliann Emmons. 1991. Birds of a Feather: Democratic Political Systems and Alliance Choices in the Twentieth Century. *Journal of Conflict Resolution* 35(2):285 306.

Siverson, Randolph M. , and Joel King. 1980. Attributes of National Alliance Membership and War Participation, 1815—1965. *American Journal of Political Science* 24(1):1—15.

Siverson, Randolph M. , and Harvey Starr. 1991. *The Diffusion of War : A Study of Opportunity and Willingness*. Ann Arbor: University of Michigan Press.

Slaughter, Anne-Marie. 2004. *A New World Order*. Princeton, NJ: Princeton University Press.

Smith, Alastair. 1998. International Crises and Domestic Politics. *American Political Science Review* 92(3):623—638.

Smith, Peter H. 1996. *Talons of the Eagle : Dynamics of U. S. -Latin American Relations*. New York: Oxford University Press.

Smith, Ron. 1995. The Demand for Military Expenditure. In *Handbook of Defense Economics*, edited by Keith Hartley and Todd Sandler, 69—87. New York: Elsevier.

Snidal, Duncan. 1985. The Limits of Hegemonic Stability Theory. *International Organization* 39(4):579—614.

Snyder, Jack. 1991. *Myths of Empire : Domestic Politics and International Ambition*. Ithaca: Cornell University Press.

Sobek, David, and Alex Braithwaite. 2005. Victim of Success: American Dominance and Terrorism. *Conflict Management and Peace Science* 22(2):135—148.

Soderberg, Nancy. 2005. *The Superpower Myth : The Use and Misuse of American Might*. Hoboken, NJ: John Wiley & Sons.

Solingen, Etel. 1998. *Regional Orders at Century's Dawn : Global and Domestic Influences on Grand Strategy*. Princeton, NJ: Princeton University Press.

Stein, Arthur A. 1990. *Why Nations Cooperate : Circumstance and Choice in International Relations*. Ithaca: Cornell University Press.

Sunkel, Osvaldo. 1969. National Development Policy and External Dependence in Latin America. *Journal of Development Studies* 6(1):23—48.

Sweig, Julia E. 2006. *Friendly Fire : Losing Friends and Making Enemies in the Anti-American Century*. New York: Public Affairs.

Tago, Atsushi. 2007. Why Do States Join US-Led Military Coalitions? The Compulsion of the Coalition's Missions and Legitimacy. *International Relations of the Asia Pacific* 7(2):179—202.

Tammen, Ronald L. , Jacek Kugler, Douglas Lemke, and Allan C. Stam. 2000. *Power Transitions Strategies for the 21st Century*. New York: Chatham House.

Tetlock, Philip E. , and Aaron Belkin, eds. 1996. *Counterfactual Thought Experiments in World Politics : Logical , Methodological , and Psychological Perspectives*. Princeton, NJ: Princeton University Press.

Tetlock, Philip E. , Richard Ned Lebow, and Geoffrey Parker, eds. 2006.

Unmaking the West : Counterfactual Narratives and Contingency in World History. Ann Arbor : University of Michigan Press.

Thompson, Alexander. 2006. Screening Power : International Organizations as Informative Agents. In *Delegation and Agency in International Organizations*, edited by Darren G. Hawkins, David A. Lake, Daniel L. Nielson and Michael J. Tierney, 229—254. New York : Cambridge University Press.

Thucydides. 1972. *History of the Peloponnesian War*. Translated by Rex Warner. New York : Penguin Books.

Tilly, Charles. 1990. *Coercion, Capital, and European States, AD 990— 1990*. Cambridge, MA : Basil Blackwell.

Timmons, Jeffrey. 2004. The Fiscal Contract : States, Taxes, and Public Services. Ph. D. dissertation, University of California, San Diego.

Tomz, Michael. 2007a. Domestic Audience Costs in International Relations : An Experimental Approach. *International Organization* 61(4) :821—840.

——. 2007b. *Reputation and International Cooperation : Sovereign Debt across Three Centuries*. Princeton, NJ : Princeton University Press.

Tomz, Michael, Judith Goldstein, and Douglass Rivers. 2007. Membership Has Its Privileges : The Impact of the GATT on International Trade. *American Economic Review* 97(5) :2005—2018.

Trochim, William M. K. 2001. *The Research Methods Knowledge Base*. 2nd ed. Cincinnati, OH : atomicdogpublishing. com.

Tsebelis, George. 2002. *Veto Players : How Political Institutions Work*. Princeton, NJ : Princeton University Press.

Tucker, Robert W. 1977. *The Inequality of Nations*. New York : Basic Books.

Tucker, Robert W., and David C. Hendrickson. 1982. *The Fall of the First British Empire : Origins of the War of American Independence*. Baltimore : Johns Hopkins University Press.

——. 1990. *Empire of Liberty : The Statecraft of Thomas Jefferson*. New York : Oxford University Press.

——. 2006. The Sources of American Legitimacy, *Foreign Affairs* 83, 6 (November/December) :18—32.

Tyler, Tom R. 1990. Justice, Self-Interest, and the Legitimacy of Legal and Political Authority. In *Beyond Self-Interest*, edited by Jane Mansbridge, 171— 179. Chicago : University of Chicago Press.

——. 2001. A Psychological Perspective on the Legitimacy of Institutions and Authorities. In *The Psychology of Legitimacy : Emerging Perspectives on Ideology, Justice, and Intergroup Relations*, edited by John T. Jost and Barbara Major, 416—436. New York: Cambridge University Press.

Wall, Irwin M. 1991. *The United States and the Making of Postwar France, 1945—1954*. New York: Cambridge University Press.

Wallander, Celeste A. 2000. Institutional Assets and Adaptability: NATO after the Cold War. *International Organization* 54(4):705—735.

Wallander, Celeste A., and Robert O. Keohane. 1999. Risk, Threat, and Security Institutions. In *Imperfect Unions: Security Institutions over Time and Space*, edited by Helga Haftendorn, Robert O. Keohane, and Celeste A. Wallander, 21—47. New York: Oxford University Press.

Wallerstein, Immanuel. 1979. *The Capitalist World-Economy*. New York: Cambridge University Press.

Walt, Stephen M. 1987. *The Origins of Alliances*. Ithaca: Cornell University Press.

——. 2002. Keeping the World "Off Balance": Self Restraint and U. S. Foreign Policy. In *America Unrivaled: The Future of the Balance of Power*, edited by G. John Ikenberry, 121—154. Ithaca: Cornell University Press.

——. 2005. *Taming American Power: The Global Response to U. S. Primacy*. New York: W. W. Norton.

Walter, Barbara F. 2006. Building Reputation: Why Governments Fight Some Separatists but Not Others. *American Journal of Political Science* 50(2): 313—330.

Waltz, Kenneth N. 1979. *Theory of International Politics*. Reading, MA: Addison-Wesley.

——. 1993. The Emerging Structure of International Politics. *International Security* 18(2):44—79.

——. 2002. Structural Realism after the Cold War. In *America Unrivaled: The Future of the Balance of Power*, edited by G. John Ikenberry, 29—67. Ithaca: Cornell University Press.

Watson, Joel. 2002. *Strategy: An Introduction to Game Theory*. New York: W. W. Norton.

Weber, Katja. 2000. *Hierarchy Amidst Anarchy: Transaction Costs and Institutional Choice*. Albany: State University of New York Press.

Weber, Max. 1978. *Economy and Society*. 2 vols. Berkeley: University of California Press.

Wendt, Alexander. 1992. Anarchy Is What States Make of It: The Social Construction of Power Politics. *International Organization* 46(2):391—425.

——. 1999. *Social Theory of International Politics*. New York: Cambridge University Press.

Wendt, Alexander, and Daniel Friedheim. 1995. Hierarchy under Anarchy: Informal Empire and the East German State. *International Organization* 49 (4):689—721.

Werner, Suzanne. 2000. Deterring Intervention: The Stakes of War and Third-Party Intervention. *American Journal of Political Science* 44(4):720—732.

Williams, Michael C. 2006. The Hobbesian Theory of International Relations: Three Traditions. In *Classical Theory in International Relations*, edited by Beate Jahn, 253—276. New York: Cambridge University Press.

Williams, William Appleman. 1972. *The Tragedy of American Diplomacy.* 2nd ed., Rev. and enlarged. New York: Dell.

Williamson, Oliver E. 1975. *Markets and Hierarchies: Analysis and Antitrust Implications.* New York: Free Press.

———. 1985. *The Economic Institutions of Capitalism: Firms, Markets, and Relational Contracting.* New York: Free Press.

Willoughby, W. W., and Charles G. Fenwick. 1974. *The Inquiry Handbooks, Volume 16.* Reprint ed. Wilmington, DE: Scholarly Resources.

Wimberley, Laura. 2007. Pyrrhic Peace: Governance Costs and the Expected Utility of War. Ph. D. dissertation. University of California, San Diego.

Young, John W., and John Kent. 2004. *International Relations since 1945: A Global History.* New York: Oxford University Press.

图书在版编目(CIP)数据

国际关系中的等级制/(美)戴维·莱克
(David A. Lake)著;高婉妮译.—2版.—上海:
上海人民出版社,2021
(东方编译所译丛)
书名原文:Hierarchy in International Relations
ISBN 978-7-208-15917-4

Ⅰ.①国… Ⅱ.①戴…②高… Ⅲ.①国际关系-等
级制-研究 Ⅳ.①D81

中国版本图书馆 CIP 数据核字(2020)第 256824 号

责任编辑 王 冲
封面设计 小阳工作室

.

东方编译所译丛
国际关系中的等级制
[美]戴维·莱克 著
高婉妮 译

出 版 上海人民出版社
     (200001 上海福建中路 193 号)
发 行 上海人民出版社发行中心
印 刷 上海商务联西印刷有限公司
开 本 635×965 1/16
印 张 16.25
插 页 2
字 数 230,000
版 次 2021 年 1 月第 2 版
印 次 2021 年 1 月第 1 次印刷
ISBN 978-7-208-15917-4/D·3433
定 价 69.00 元

东方编译所译丛·世界政治与国际关系